认知语言学与汉语研究丛书

构式语法与汉语构式

吴为善　著

学林出版社

出 版 前 言

"认知语言学与汉语研究丛书"终于和读者见面了!

近三十多年来,我国的语言学研究获得了长足的进展,各地出版社纷纷推出了一些语言学丛书,对汉语研究和教学起到了推动和促进的作用。显然,作为一套新的语言学丛书,要想在前人基础上更上层楼,就必须要有新的突破,关键是主题定位和作者选择要切合当前汉语研究的主流和热点,具有示范性和时效性,起到指导和引领作用,产生导向效应。

主题定位指的是汉语研究理念应该立足什么学派。20 世纪 80 年代,随着改革大潮的兴起,学术研究开始复苏,语言学也不例外。但当时的汉语研究停留在传统研究的框架,很难有所突破。有的学者曾试图借鉴从西方语言提炼出来的形式学派的理论和方法来描写、分析和解释汉语,事实证明不可行。因为西方语言具有丰富的形态标记,属于"形合"类语言;而汉语有其独特的个性,属于"意合"类语言。直到近二十年,学界从国外引进了功能学派新兴的理论和方法,即认知语言学,汉语研究才突飞猛进,取得了丰硕的成果,这主要因为认知语言学的理论和方法更适合以"意合"为特征的汉语。因此,本丛书将定位确定为展示基于认知语言观的汉语研究成果以紧密切合当前汉语研究实际。

主题定位明确了,选择作者很重要,丛书要有特色,在这方面要有突破,不能论资排辈,而要破除门户之见,一切实事求是,才能真正推出一套有价值的丛书。出于上述考虑,我们在选择作者时依据如下四项基本原则:第一,作者为年纪在 50—60 岁上下的正教授、博士生导师,在学界有影响,能与时俱进,目前还在带学生、搞研究、发论文的。这样的学者研究成果既有权威性,又有成熟度,能让学界信服。第二,作者限于大陆本土,境外、海外汉语学者的研究成果暂不考虑(拟另出专辑)。这样能让大陆本土学者的研究成果充分亮相,具有鲜明的本土化特色。第三,作者主要从事汉语研究的,外语学界学者的成果暂不考虑。这样可以避免单纯介绍国外理论、脱离汉语研究实际的倾向。第四,作者的专著必须具有原创性,是独立的系统研究成果,不是主编他人的研究成果,也不是铺排罗列的自选论文集。在广泛征询学界专家意见的基础上,我们获得了比较一致的推荐名录,经过与作者的直接沟通,并妥善处理相关版权事宜,最终确定了七位作者的七本专著,构成了这套丛书。"七"是一个富有神秘色彩的"常数",似乎暗示了自然界及人类社会的某种"密码",我们推出的第一套丛书就正好落实了七本,这也许预示着什么特殊意义吧!

　　该丛书的七本专著各有特色,从主题选择到内容组合,可以从如下三个层面加以推介。

　　中国社会科学院语言研究所沈家煊教授的《语法六讲》,是作者近些年来在国内外一些大学和研究所所做的演讲报告的汇总,也是我们这套丛书的"提纲挈领"之作。第一讲呼吁汉语语法研究必须摆脱印欧语的眼光,这是当前汉语研究亟须解决的问题;第二讲阐释"摆事实和讲道理",以此作为语法研究方法的示例;第三讲论证为什么汉语的动词也是名词,展示了汉语语法研究的"破"和"立";第四讲讨论"说,还是不说?"提出了虚词研究的一个重要问题;第五讲解析"语法隐喻"和"隐喻语法",将隐喻提升到句法层面加以考察;第六讲解释为什么要研究语言中的整合现象,借鉴概念整合理论对汉语的整合现象做了全面展示。该书涉及的论题都是作者对汉语研究的思考和尝试,属于理论框架和方法论的层面,尽管某些具体的结论、观点还可以进行学术争鸣,但毫无疑问,作者提出的研究理念具有针对性、指导性和统摄性的现实意义。摆脱西方语言体系的束缚,解放思想,创新理念,立足汉语事实,构建具有汉语特色的语言体系,正是当前汉语研究者必须完成的历史使命。

　　北京其他四位学者的研究,也许由于地缘和业缘关系,形成了某种互补的态势。中国社会科学院语言研究所还有两位学者的专著收录进本丛书。张伯江教授的《从施受关系到句式语义》集中探索句式内部的语义关系,论述了施事和受事的语义和语用特征、与施受有关的句式语义问题、篇章信息与句式语义等论题,并对理论方法进行了回顾与思考。如果说张伯江教授的研究立足于汉语的句式范畴,那么张国宪教授的《现代汉语动词的认知与研究》则立足于汉语的词类范畴,集中探索现代汉语动词的句法、语义特征及语用属性,论述了与动词相关的韵律与功能的互动(即汉语动词的音节与句法、组配、语用的关联及其单双音节的功能差异),借鉴动词配价理论考察了与汉语动词有关的配价分析及其方法思考,并集中探索汉语句法位置的语义因素,提出了句位义的重要概念。北京语言大学也有两位学者的专著入选。张旺熹教授的《汉语句法的认知结构研究》重点选择"把"字句、"连"字句、重动句、句法重叠、介词衍生"V着"结构等重要句法现象,围绕句法的认知结构展开研究,旨在探求汉语句法的语义结构的认知基础,强调特定句法的语义结构来自人们把握外部世界的某种认知方式。如果说张旺熹教授是从人们话语"编码"的角度来考察汉语句式,那么崔希亮教授的《语言理解与认知》则是从人们话语"解码"的角度来考察汉语句式,解释人们语言解码机制中蕴含的认知动因,论述了功能主义与信息结构、语法的形式与意义、汉语语法的认知研究等论题,并探讨了语法研究的方法和立场。

上海两位学者的研究体现了南方的风格,共同特点是研究对象集中,成果颇有特色。上海师范大学吴为善教授的《构式语法与汉语构式》,借鉴 Goldberg 创立的认知构式语法理论,以作者多年来探索汉语构式的研究成果为基础,通过典型示例解析的方式,对汉语构式及其承继关系进行了较为全面、系统的梳理和阐释。除了"绪论""结语和思考"之外,分别对汉语构式的相关问题加以分析和解释。内容包括:(一)概念整合与框架构式;(二)构式原型与扩展承继;(三)句法同构与多义解读;(四)构式赋义与话语功能;(五)语用心理与语境适切度;(六)参数变量与构式变异。复旦大学刘大为教授的《比喻、近喻与自喻——辞格的认知性研究》,引入了当代认知科学的理念和研究成果,对传统修辞学中与认知相关的辞格进行了重新审视。作者认为不可能特征是从语言性质过渡到深层认知心理的关键概念,为此该书引入了认知心理研究中原发过程和模式识别的理论,进一步从相似关系、接近关系、自变关系和有无认知的介体几个因素出发,论证了不可能特征的形成以及辞格在认知上的三种类型:比喻、近喻和自喻,并将它们作了一体化的处理,展示了认知性辞格是如何在创造性思维、创造性直觉和创造性想象中得到实现的。

综上所述,虽然各位学者的研究都立足汉语事实,但由于选择角度不同,考察重点不同,使我们能从不同的侧面来领略汉语的特点,正所谓"横看成岭侧成峰,远近高低各不同"。而另一方面,我们又从不同中感悟到某种同一性,有"水光潋滟晴方好,山色空蒙雨亦奇"的况味。这是因为虽然研究的角度和重点不同,但都是基于认知语言观的研究成果,渗透的理念是一致的。

现在,这套丛书终于出版了,虽然我们投入了充分的时间和精力,经历了规范的程序和运作,但疏漏和不足之处在所难免,敬请各位学界同人谅解,并不吝赐教。

序

学林出版社历来以出版学术专著为己任,2016 年新年伊始,出版社又推出"认知语言学与汉语研究"的专著丛书,这对于引领当前国内的汉语研究具有充分的现实意义。该套丛书有一种是关于构式语法理论和汉语构式研究的,出版社希望笔者撰写,于是就有了这本小书。

近些年来,笔者一直致力于汉语构式的研究,做了一系列的个案探索以彰显该理论框架的合理性和解释力(参见本书附录《基础文献》)。但在此过程中,也经常面临一些学界同仁的质疑,主要是两个问题,正好趁这个机会解释一下。

一个问题是:你研究的明明是"句式",为什么一定要叫"构式"呢?关于这个问题,笔者是基于以下两个方面的考虑:第一,两者的概括范围不同。传统语法对句式的界定,通常是指形式上具有某种特征或某种标志的句子格局,是对部分句子概括的结果,如"把"字句、"被"字句、"连"字句、"比"字句、连动句、兼语句、存现句、重动句等等。可是如何来判定一个句子是否具有某种特征或某种标志,并没有明确的依据,因此传统语法中的"句式"是一个模糊的集合,外延并不清楚。而"构式"的英文是 construction,显然指的是结构式,包括所有形式和意义匹配的结构形式。因此一个"句式"显然是一个"构式",可"构式"却不一定就是"句式",还涵盖了其他所有的结构形式。事实表明,两个或两个以上语言单位组合,小到复合词,大到复合句,都是一种特定的"构式",它们以一个非离散性的连续统,形成了某种语言特定的构式网络"清单"。第二,两者的研究理念不同。传统语法对"句式"的研究立足于语言中组词成句的规律,以解释句子结构成分之间的各种关系及其编码序列规则为目的。

就研究理念来说,注重句法语义及其语用功能的"分析"。而构式语法在传统语法研究的基础上借鉴认知心理学的"完形"理论,坚持"整体大于部分之和"的理念,注重句法语义及其语用功能的"整合"。因此,与传统的汉语句式研究相比,构式语法研究注重如下的一些方面:其一,注重对构式义(constructional meaning)的提炼,即在句法框架(frame)的基础上准确地把握整体大于部分的构式义,并进而揭示该构式的语用功能。这不仅是语义层面的概括,更是语用层面的概括。其二,注重构式的能产性(productivity),即构式内部原型与变体之间的差异,依据最大理据性原则(principle of maximized motivation)考察相关构式之间的承继链接(inheritance links)。其三,注重构式的话语功能,即立足说话人对情境(scene)的"识解"(construal),也就是特定构式对于特定语境的适切度,解释人们在什么样的语境条件下会选择什么样的构式来表情达意。当然,如果研究的对象本身是某类句子,那么叫"句式"也完全可以,事实上"构式语法"当初被引进时就称作"句式语法",这本来就是个名称的问题。

另一个问题是:"承继"这个概念是一个历时的概念,而你的研究明明是属于共时平面的,怎么能用这个概念呢?笔者认为这里有个误解,按照一般通用义的理解,汉语的"承继"应该是一个历时概念。但构式语法理论中的"承继"(inheritance)概念是个专门术语,这个术语源于计算机 Java 语言,代表的是一种"面向对象"的概括理念。其反映的实质是范畴不能以一套必要而充分的特征来界定,而是由一组聚集在一起的特征束来定义的。因此,从某种意义上来说,构式语法理论中的"承继"是基于共时语法化的概念范畴,即通过共时平面合理的逻辑推导而发现的构式与构式之间的理据性承继链接。构式承继的理据描写是一种语言概括的方法,描写并解释了构式之间的"同中有异"或"异中有同"这一语言事实。

本书的研究思路和整体框架表述如下:基于笔者多年来自己或指导研究生探索汉语构式的一些成果(详见书后所列"基础文献"),以典型示例分析的方式,分别论述了基于认知构式语法理论的汉语构式的一些相关问题。包括:概念整合与框架构式、构式原型与扩展承继、句法同构与多义解读、构式赋义与话语功能、语用心理与语境适切度、参数变量与构式变异。通过对这些相关问题的梳理和阐释,达到抛砖引玉,求教于学界同人的目的。

最后,有必要声明一下,笔者的研究宗旨是立足汉语事实,不拘泥于国外理论,更不生搬硬套,削足适履。借鉴是一回事,怎么借鉴,借鉴多少,完全看国外理论对汉语的合理性和解释力,或者说本人的态度是典型的实用主义。因此,虽然书名是《构式语法与汉语构式》,但除了在第一章"绪论"中简明提及构式语法的学术背景、研究理念和基本观点之外,本书没有全面、系统地介绍构式语法理论。如果想全面、系统地了解构式语法理论,笔者推荐两本书:

王　寅《构式语法研究(上卷):理论探索》(上海外语教育出版社 2011 年)

牛保义《构式语法理论研究》(上海外语教育出版社 2011 年)

此外,如果想深入了解 Goldberg 的认知构式语法,可以直接阅读她的两本专著或国内的中译本:

Goldberg, Adele. E. 1995 . *Constructions: A Construction Grammar Approach to Argument Structure*. Chicago and London：The University of Chicago Press.

《构式:论元结构的构式语法研究》,Goldberg 著,吴海波译,北京大学出版社 2007。

Goldberg, Adele. E. 2006. *Constructions at work: the Nature of Generalization in Language*. Oxford University Press.

《运作中的构式:语言概括的本质》,Goldberg 著,吴海波译,商务印书馆 2015。

吴为善

目　　录

第一章
绪　论

　　构式语法并不是指某种单一的语法理论,它代表了一种语法研究理念,表现为一种语法理论模型。它不仅指国内介绍较多的 Goldberg 为代表的认知构式语法,还包括 Kay & Fillmore 为代表的框架构式语法、近年来 Croft 提出的激进构式语法以及 Bergen & Chang 提出的体验构式语法,而 Langacker 也把他的认知语法作为构式语法的一种。构式语法理论被引进汉语语法研究以来,引起了学界的广泛关注,也引起了一些争议,陆俭明(2007)在 Goldberg(1995)中译本的序言中对此作了较为中肯的评价,在此不再赘述。笔者认为,任何语言学理论都不可能是绝对完美的,对于语言的解释力总是有局限的,构式语法理论也不例外。但是构式语法理论作为一种功能学派的立场、整合研究的理念、完形认知的视角是非常显著的。Croft(2009[2001])指出:构式语法的语言描写应包括每个构式的语义、语用和话语功能,这些方面跟构式形态和句法分布的描写是同样重要的。尤其值得关注的是进入构式的词或短语的语义阐释经常随构式的不同而不同,继而构式的语义随填充的词或短语的不同而不同(参见张伯江"导读")。这无疑是值得我们思考的,对汉语句式研究的深化具有借鉴价值。

　　本专著是笔者近些年来自己或指导研究生对汉语构式语法探索的一个总结,选择了不同类型的部分汉语构式作为案例,借鉴认知构式语法理论来考察汉语构式,分别论述了与汉语构式相关的一些问题。内容包括:概念整合与框架构式、构式原型与扩展承继、句法同构与多义解读、构式赋义与话语功能、语用心理与语境适切度、参数变量与构式变异。笔者认为,与传统的句式研究相比,构式语法理论注重以下一些方面的研究:

　　(一)构式语法理论注重对"构式义"的提炼,即在句法"框架"和"构件"描写的基础上准确地把握整体大于部分的构式义,这不仅是语义层面

的概括,更是语用层面的概括;

(二)构式语法理论注重构式的"能产性"(productivity),即构式内部的差异,以及依据"最大理据性原则"(principle of maximized motivation)考察相关构式之间的"承继链接"(inheritance links);

(三)构式语法理论注重构式的话语功能,即立足说话人对"情境"(scene)的"识解"(construal),也就是特定构式对于特定语境的适切度,解释人们在什么样的语境条件下会选择什么样的构式来表情达意。

本章主要是阐释认知构式语法及其理论要点,并对近些年汉语构式语法的研究加以综述,选择一些典型的研究成果作为范式示例。

第一节 构式语法及其理论要点

一、构式语法的理论渊源

构式语法理论的产生有其深厚的理论渊源。国际语言学界普遍认为构式语法理论显然是从"格语法"演化而来的。"格语法"(Case Grammar)是 Fillmore 20 世纪 60 年代末和 70 年代初提出的句法语义研究模式,对于语法研究具有重要意义。此后 Fillmore 又在此基础上建立了"框架语义学"(Frame Semantics)理论,不但成为认知语言学的重要组成部分,也为构式语法的语义建构提供了重要的平台。构式语法的另一渊源是 Lakoff 20世纪 70 年代建立的"格式塔语法"(Gestalt Grammar)。在格式塔语法中,没有转换生成语法中深层结构向表层结构的转换,而是被动(passive)、词序(word order)等模板(template)作为一个整体,涵盖了一个句式的深层结构和表层结构。这种把句子结构视为整体而不是各个部分的组合的思路,成为构式语法理论的基础。20 世纪 90 年代中期至 21 世纪初,学界开始运用语法理论模型来解释构式之间的承继关系。Croft(2009[2001])的语义地图模型反映了特定句法结构在具有共性的概念空间中的走向,个别语言的差异类型被投射到了具有共性的概念空间之上。Langacker(1991)提出的意象图式(image、imagery)范畴理论较为详细地论述了象征单位之间的关系,为从认知角度解释构式间的承继链接提供了重要的心理依据。

构式贯穿了语言的各个层面,打破了传统的模块式语法观(Modular

Grammar）。转换生成语法采用的模块式语法观是一种"词汇＋规则"（word and rules）的模式，即把语言知识分为语音（phonology）、句法（syntax）、语义（semantics）各个不同的模块，不同的模块之间靠连接规则（linking rules）沟通。在这种模式中，语言的基本单位是词汇（lexicon），词（word）具有语音、句法、语义信息，并受这三个层面的规则制约，组成短语和句子。句子的意义是由构成它的单词的意义组合而成的，而且这一模式不包括语用范畴。

Fillmore（1988）认为，这一模式只能解释语言中常规的现象，但不能解释语言中的习语。比如 kick the bucket 这个习语，模块式语法观无法解释 kick、the、buthe 这三个词如何根据语音、句法、语义的规则组成这个习语的形式，构成它的意义。因为无法解释，习语被视为例外，或语法的附属品。但是 Fillmore 并不认为习语只是语法的附属品，而是希望能通过研究习语，从新的角度揭示语言的运作机制。他们对上述模块式语法观或"词汇＋规则"的模式提出质疑，反对把语言知识进行分层（layering），反对词汇根据句法规则组成、词汇意义组合构成短语或句子意义的观点。据此，他们提出了如下的构式语法观：

> 我们似乎已经发现，语言使用者的大部分能力应描述为一个信息群的集合，这个信息集合同时包括：形态句法模式、描述这些模式所依据的语义阐释原则，在很多情况下还包括具体的语用功能，这些形态句法模式的存在就是为这些语用功能服务的。

Langacker 为代表的认知语法强调构式是有结构的习惯性语言表达单位库，而习惯性语言表达单位就是构式，语法就是由大小不同的构式组成的。在此基础上 Langacker（2007）提出了他的构式定义：

> 构式是一个语言表达式（可以是任何大小），或者是一个从许多语言表达式中抽象出来的图式，该图式能够代表这些语言表达的共性（以详略度而言，该图式可详可略）。

二、Goldberg 的构式语法

从上文阐述可见构式语法既有很深厚的学术渊源，也有很多各显特色的流派。本专著主要借鉴的是以 Goldberg 为代表的认知构式语法。她的理论框架和主要观点表现为如下两个阶段。

（一）基础阶段的理论要点

Goldberg 在 1995 年的专著 *Constructions: A Construction Grammar Approach to Argument Structure*（《构式：论元结构的构式语法研究》）一书中明确指出，构式语法不仅代表了一种语法研究理念，更表现为一种语法理论模型。她声明构式语法在很大程度上来源于框架语义学（Fillmore 1975，1985）和基于体验的语言研究方法（Lakoff 1973，1987），她所采用的语义研究方法强调 Langacker(1991)所提倡的以说话者为中心的对"情境"的"识解"。因此，她明确地概括了构式语法理论的三个特征：

> （1）在构式语法中，词库和句法之间不存在严格的分界线。词汇构式和句法构式的内部复杂性有所不同，在语音形式的表述上也有所不同，然而词汇构式和句法构式实质上是同一类明确表达的数据结构：二者都是形式和意义的配对。
>
> （2）在构式语法中，语义和语用之间也不存在严格的分界线。焦点成分、话题性以及语域等语用信息和语义信息一起都会在构式中得到表达。
>
> （3）构式语法是生成性的而非转换性的。因为该语法力图解释为什么语法允许无穷的合乎语法的表达式存在，同时也力图解释为什么还有无数的其他表达式不合语法。在构式语法中不存在底层句法形式或语义形式，不存在底层向表层的转换，是单层次的语法理论。

在这本被称为具有里程碑意义的专著中，Goldberg 开宗明义地表明了自己的观点：

> 本书的一个中心观点认为基本句子就是一种构式，即形式——意义的对应体，它们独立于具体的动词而存在。即本书认为，构式本身具有意义，且独立于句子中的词存在。

基于这种观点，她对"构式"做出了如下的定义：

> 当且仅当 C 作为形式与意义的结合体〈Fi，Si〉，Fi 的某些方面或 Si 的某些方面不能从 C 的构成成分或从已经确立的构式中精确地推导出来时，C 就是一个构式。

因此 Goldberg 不再像 Kay 和 Fillmore 等人一样研究习语，而是研究普通的句式。在该专著的前言部分,她认为句子的论元结构是构式的一个特殊子类,并且是语言中句法表达的基本手段。她立足英语事实,认为论元结构构式包括以下基本类型:

1. 双及物构式(Ditransitive)

   X 致使 Y 收到 Z(主语　动词　宾语₁　宾语₂)

   Pat faxed Bill the letter.(帕特把信传真给比尔。)

2. 致使—移动构式(Caused Motion)

   X 致使 Y 移向 Z(主语　动词　宾语　旁语)

   Pat sneezed the napkin off the table.(帕特打喷嚏时把纸喷到桌下。)

3. 动结构式(Resultative)

   X 致使 Y 变成 Z(主语　动词　宾语　补语)

   She kissed him unconscious.(她把他吻晕了。)

4. 不及物移动构式(Intrans. Motion)

   X 移向 Y(主语　动词　旁语)

   The fly buzzed into the room.(苍蝇飞进房间。)

5. 及物构式(Conative)

   X 向 Y 做出动作(主语　动词　旁语)

   Sam kicked at Bill.(山姆踢了比尔一脚。)

她指出:在论元结构的构式语法研究中,出现在不同构式中的同一个动词意义上的系统差别被直接归结于具体的构式。如果按照其自身的特点来研究构式,即可发现有意义的概括和对构式的细致的语义限制。跟词项的多义性一样,某些构式的语义共同组成一个家族,这些语义虽各不相同,但又互相联系。

(二)发展阶段的理论要点

Goldberg 2006 年出版的 *Constructions at Work: the Nature of Generalization in Language*(《运作中的构式:语言概括的本质》),确立了基于语用功能的认知构式语法流派。她对这本专著主要涉及的研究领域作了如下的说明:

在早期的《构式》一书中,我使用了基于论元结构的构式语法分析论元结构的构式(Goldberg 1995)。本书的主要目的是为了调查语言概括的本质,包括成人的语言知识和儿童的语言习得。即解释跨语言的和语言内部的概括。

全书内容共分三大部分:第一部分(1—3 章)主要回顾了构式语法的发展过程与研究现状,强调了构式语法是源于认知语言学的,是以使用为基础的语法流派;第二部分(4—6 章)主要论述了构式的习得和制约,对构式部分能产性机制的限制作用进行了更深入地研究,同时指出在语言的概括过程中避免过度概括的基本因素;第三部分(7—11 章)提出功能和信息处理过程的结合能够有效地解释跨语言的以及语言内部的概括,并介绍了当前构式语法的主要流派。

在该专著中,Goldberg 强调构式是"形式和功能"的匹配体,在此基础上重申构式是语言最基本的单位,因此是语言习得的载体,体现了语言的概括性。她强调所有层面的语法分析都涉及构式:构式就是形式与语义或话语功能的匹配体,包括语素或词、习语、部分和完整的短语结构。为此 Goldberg 修正了自己对构式的定义:

> 任何语言结构,只要在形式或功能的某个方面不能从其组成部分或其他已知构式中严格预测出来,就可视为构式。即使是能够被完全预测出来的语言结构,只要有足够的出现频率,也可被视为构式。

Goldberg 对于构式定义的修正体现了她对构式的理解进入了一个更高的层面。"不可预测性"不再作为构式界定的必要条件,根据"人类识解世界的方式"与"所见即所得"的原则,只要有足够使用频率,可以完全预测的语言结构也可被视为构式。这样构式的定义就从"形式与意义"的匹配延伸到"形式与功能"的匹配,功能所涵盖的范围包括语义、语用和认知,而不局限于单纯的语义分析。Goldberg 的思想转变彰显了认知语言学的语言使用观,由此她把自己原先探索的论元结构的构式语法重新命名为"认知构式语法"(Cognitive Construction Grammar,简称 CCG)。

第二节　构式研究综述及其示例

Goldberg 等提出了构式语法的理论,强调特定的构式表达特定的意义,其实在传统语法研究中早就有人尝试过这样的思路。即以汉语句式研究来说,早在 20 世纪 40 年代王力(1945)就将"把"字句称为"处置式",认为该句式表示处置义,这实际上概括的就是"NP[施事] ＋ 把 ＋ NP[受事] ＋ VP[结果]"这个"把"字句构式的构式义。朱德熙(1982)认为"NP[处所] ＋ V着 ＋ NP"是个多义句式,可以分化为 C_1 和 C_2 两式。C_1 式表示存在,表静态,如"墙上贴着标语";C_2 式表示活动,表动态,如"台上唱着戏"。这实际上就是指出了"NP[处所] ＋ V着 ＋ NP"这个存在句构式内部的多义变式,及其两者之间的隐喻承继关系。自从认知构式语法理论被引进汉语研究,不少学者借鉴该语法理论,对传统的汉语句式研究进行了重新审视,提出了不少新的分析和解释,成果颇丰。下面仅根据笔者所涉猎的范围,介绍一些有代表性的研究成果。

一、汉语构式研究综述

根据文献资料的不完全统计,20 世纪 90 年代中期以后,专门探究汉语构式并重在探索构式理据及其承继关系的论文,发表在核心期刊的大约有 40 多篇。进入新世纪以来,汉语构式研究有了长足的进展,一批相关专著相继问世,相关论文更多达数百篇。尤其是很多年轻的硕士生和博士生,选择汉语构式作为学位论文的研究课题,使得汉语构式研究成为学界的新热点。就总体而言,立足汉语特点,汉语构式研究的重点主要集中在两个方面:一个是揭示汉语构式内部基于"同构性"的多义变体形式;另一个是探索汉语构式之间基于"理据性"的承继链接关系。

首先,国内学者出版了介绍构式语法理论或探索汉语构式的专著,深化了学界对构式语法理论的认识。有的学者对国外的构式语法理论进行了介绍、梳理、总结与归纳,比如王寅的《构式语法研究(上卷):理论思索》(2011)、牛保义的《构式语法理论研究》(2011)等;有的学者从汉语构式角度论证构式语法理论的适切性,比如王寅的《构式语法研究(下卷):分析应用》(2011)、刘正光主编的《构式语法研究》(2011)等;有的学者从认知语言学派的大背景下对构式语法理论进行了评述,比如李福印的《认知语言学概论》(2009)第二十三章"构式语法理论"、吴为善《认知语言学与汉语研究》(2011)第九章"构式语法与句法构式"等。

同时,探索汉语构式的实例性研究的论文大量出现,推动了汉语构式研究的深化。张伯江(1999)运用构式语法理论对汉语双及物构式(即双宾句)的构式原型进行了解析,并分析了基于隐喻机制的构式内部的同构多义现象。这引发了国内学者对汉语构式探索的兴趣,并在探索实践中逐渐掌握了构式语法理论的方法,对汉语构式进行了广泛的研究,重点是对构式内部子类变式的能产性解析。比如沈家煊(1999)对"在"字句和"给"字句的研究,张伯江(2000)关于"把"字句的句式语义提炼,林晓恒(2006)对"都 + V + 的 + N"构式的解析,吴长安(2007)对"爱咋咋地"构式的特点归纳,李云靖(2008)对"NP + 的 + VP"构式的句法阐释,熊学亮、杨子(2008)对"V + NP + NP"构式的语用解读,吴为善(2010)对自致使义动结构式"NP + VR"的句法语义考察,等等。在运用构式语法理论对汉语构式进行全面探索的过程中,国内学者把研究重点进一步转向汉语构式的理据性承继及其语用心理的探究。比如沈家煊(2002)通过与动宾句的对比,证明了汉语"把"字句的"主观处置义",李勇忠(2004)描写了构式压制中的转喻动因,刘丹青(2005)分析了作为典型构式的非典型"连"字句;高增霞(2006)对汉语双谓词构式(即连动式)进行了全面考察,提出了先后顺序的三个层面。张韧(2007)探索了转喻的构式化表征;陆俭明(2009)考察了构式承继中隐喻和转喻的作用;吴为善、夏芳芳(2011)概括并分析了"A 不到哪里去"的话语功能及其成因;等等。

值得指出的是,近 30 年来汉语语法研究中出现了一些值得关注的创新成果。比如戴浩一(1988)考察了汉语语序和客观时间顺序的关系,提出了"时间顺序原则"和"时间范围原则";沈家煊(1995、2004)引进国外"界论"概念,分析了汉语名词、动词、形容词三大实词范畴类"有界"、"无界"的属性;刘丹青(2002)借鉴 Dik"联系项居中"原则,解释了汉语"框式介词"的成因及其认知机制;陆丙甫(2005)基于优势语序的认知解释,提出了制约汉语语序的"可别度领先原则";吴为善(2010)通过对汉语音节结构的微观考察,从认识论和语言观的角度,提出了语言系统信息同构的观点。这些学者的研究成果是立足汉语事实的一种考察和探索,虽然不是直接基于构式语法理论展开的,但事实上对汉语构式多重承继关系的理据性解释,具有重大意义,所以当我们来关注汉语构式多重承继的理据性时,应该充分考量这些研究成果的价值(参见第八章阐述)。

二、典型研究范式示例

总体而言,进入新世纪以来,基于构式语法理论的汉语构式研究成果丰硕,取得了长足的进步。无论借鉴、运用某种理论和方法来研究汉语,在探索的过程中总会逐渐形成一些范式作为有效的研究途径。对汉语构式研究来说,据笔者自身探索的体会,一般必须遵循如下的步骤:

1. 对构式及其组配构件进行句法语义属性的精确描写;

2．在原型构式解析的基础上发现、梳理同构多义变体；

3．在事实描写的基础上对构式整体的构式义加以提炼；

4．在语境中分析、论证构式的话语功能及其语境适切度；

5．基于认知心理对构式及其变体的承继理据加以解释。

下面笔者选择一些比较成功的构式研究成果，作为典型研究范式示例。包括双及物构式的能产性阐释，双谓词构式的理据性承继，处置义构式的主观性印记，强调义构式的非典型变异。下面分别予以介绍。

（一）双及物构式：能产性阐释

双及物构式即传统句式研究中的双宾语句，形式上表现为(S) + VP + NP_1 + NP_2。由于传统研究对双宾语句的考察立足于结构形式的"分解"，因而在范围界定上标准不一，没有一个令人满意的统一解释。构式语法认为任何构式都是一个整体范式，特定构式义是不能从动词或相关成分的意义简单推导出来的。张伯江(1999)借鉴构式语法的理论对汉语的双及物构式进行了重新审视，立足构式原型描写出构式内部基于隐喻的能产性扩展。

1．"双宾语结构"和"双及物构式"

张伯江认为现代汉语的双宾语问题一直没有很好解决，主要是它的范围界定不尽合理，以往的研究多是从"位置"角度定义的。如马庆株(1983)将该格式定义为"述宾结构带宾语"，把动词后面出现的名词性成分都看作宾语，这宾语类型就既包括一般公认的受事等成分，同时也包括处所、时间、工具、数量等外围语义成分，计有十余种。例如：1) 给予类(送你一支笔)，2) 取得类(买小王一只鸡)，3) 准予取类(我问你一道题)，4) 表称类(人家称他呆霸王)，5) 结果类(开水烫了他好几个泡)，6) 原因类(喜欢那个人大眼睛)，7) 时机类(考你个没准备)，8) 交换类(换他两本书)，9) 使动类(急了我一身汗)，10) 处所类(挂墙上一幅画)，11) 度量类(他们抬了伤员好几里路)，12) 动量类(给他一巴掌)，13) 时量类(吃饭半天了)，14) O_1为虚指宾语(逛他两天北京城)。李临定(1984)将该格式定义为"谓语动词后边有两个独立的名词性成分的句式"，着眼于动词的语义类型，分为"给"类、"送"类、"拿"类、"吐/吓"类、"问"类、"托"类、"叫"类、"欠/限/瞒"类等。这些描写所覆盖的事实，为我们研究双宾语结构的内在机制提供了很好的基础，但这样为双宾语式界定和分类，有三个关乎句式性质的问题还没有得到解决：

（1）这样的界定和分类，让我们找不到适合于所有类型的一条或几条句法特征,双宾语式除了"VNN"这个词序特点以外,几乎是个毫无内在联系的类别了。

(2)在这样的范围内,似乎也无法看出能够进入这一格式的动词有什么可以概括的特点,尤其是人们习惯用双宾语式和"三价"动词相互界定,不能不说有循环论证的嫌疑。

(3)此前也没有看到对双宾语句式的概括的语义描述。

为此,张伯江按照构式语法的主张,提出汉语里存在着一个叫作双及物的语法结构式,其结构形式为 V + N₁ + N₂,其核心构式义为"有意的给予性转移"。以"张三卖给邻居一套旧家具"为例,最自然的解释是"张三有意把自己的家具通过出售的方式转让给邻居"。为了突出这个构式整体的句法语义独立性,他提出放弃带有强烈结构分解色彩的"双宾语"的说法,而使用"双及物构式"(ditransitive construction)这个术语来指称讨论的对象。前者是分解的视点,后者是整合的视点,它们有实质的区别,这个区别可以用下图表示:

双宾语	双及物格式
V ¦ N1 ¦ N2	V ¦ N1 ¦ N2

2. 双及物构式及其隐喻扩展类型

张伯江进而集中讨论了构式义制约下的构式隐喻机制。他认为"给予义"是由句式带来的,未必来自于每一个个别的动词。观察出现在句式中的动词,可以发现既有自身表示给予义的,也有从给予的方式角度体现给予义的,更多的则是本身并没有狭义的给予义而借助于句式表示给予的。给予方式的隐喻主要有以下几种类型:

(1)现场给予类。这一类动词有:给、借、租、让、奖、送、赔、还、帮、赏、退、优待、援助、招待、支援等。它们都符合双及物式的原型特征,尤其值得注意的是,由于这些动词都在语义上要求有明确的方向和目的,所以不需要特意事先规定其目的物,因此都不能变换成"A 给 R + VP"式。例如:

他交给老师一份作业。　→　＊他给老师交了一份作业。
老王卖给我一套旧书。　→　＊老王给我卖了一套旧书。
小刘递给我一块橡皮。　→　＊小刘给我递了一块橡皮。

(2)瞬时抛物类。这一类动词有:扔、抛、丢、甩、拽、塞、捅、射、吐、喂等。它们本身语义并不要求一定要有一个接受者,但用在双及物构式里,由于固有的方向性特点,所以目的性十分明确;又由于固有的短时特点,所以现场性也是必然的。使用上的句法特点与上一类相近,往往不必事先规定目的物。例如:

他扔给我一个纸团儿。 → ？他给我扔了一个纸团儿。

柱子拽给媳妇一个包袱。 → ？柱子给媳妇拽了一个包袱。

（3）远程给予类。这一类动词有:寄、邮、汇、传等。它们由于语义上涉及远距离间接交予,目标性有所弱化,句法上可以加上前置的"给"短语。例如:

爸爸寄给我一封信。 → 爸爸给我寄了一封信。

我汇给家里二百块钱。 → 我给家里汇了二百块钱。

（4）传达信息类。这一类就是把物质空间的给予过程投射到话语空间的现象,是明显的"给予"类引申。这一类动词有:报告、答复、奉承、告诉、回答、交代、教、提醒、通知、委托、责怪等。他们虽然一般也具有现场性和目标性,但由于给予物不是具体的物质,所以人们一般不把这种给予看得很实,故而下面标 * 的句子一般不说。例如:

侦察员报告团长一件事。

→ ＊侦察员给团长报告一件事。 ／＊侦察员报告一件事给团长。

老师回答我一个问题。

→ ＊老师给我回答一个问题。 ／＊老师回答一个问题给我。

（5）允诺、指派类。这一类动词有:答应、许、拨、发、安排、补、补充、补助、分、分配、批、贴、准等。它们的特点是其交予的现实要在不远的未来实现,反映在句法上,可以观察到它们变换为结果目标式要受一定的限制。例如:

老王答应我两张电影票。 → ？老王答应两张电影票给我

班长安排我们两间营房。 → ？班长安排两间营房给我们

老师准我两天假。 → ？老师准了两天假给我

（6）命名类。这一类动词有:称、称呼、叫、骂等。它们的给予物是一个名称,但动词本身没有明确的给予意义,给予意义是由句式带来的,所以

动词不能以任何形式与"给"相伴。例如：

爸爸叫他小三儿。

→ ＊爸爸给他叫小三儿。 ／＊爸爸叫给他小三儿。 ／＊爸爸叫小三儿给他。

综观上面描述的 2—6 五种引申方式，可以说都是从第 1 类呈放射状引申出来的。其中最为主要的是两点：一是从现场给予到非现场给予的隐喻映射，二是从物质空间到话语空间的隐喻映射。这两种方式共同作用导致上述种种引申途径。我们可以用了一个简单的图来概括这个语义网络：

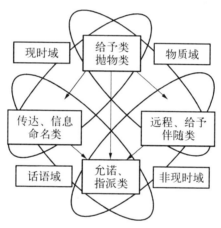

(二)双谓词构式：理据性承继

双谓词构式即通常所谓的连动式，形式上由(S)＋VP$_1$＋VP$_2$构成。按照认知范畴观，任何构式都是一种句法范畴，具有范畴的一系列特征，这是研究构式首先必须关注的要点。汉语连动式历来是汉语句式研究的重点，争议也较大，主要对连动式的界定以及各类变体的归属有不同的看法。究其缘由，是没有从范畴观的角度把握连动的属性。

高增霞(2006)对汉语连动式进行了重新审视，指出连动式也是一个典型范畴，并提出了先后顺序的三个层面，分析了汉语连动式的典型性特征。由于连动式是对三个不同层面的先后顺序临摹的结果，所以连动式各个成员的典型程度也不同，充分体现了构式的理据性扩展链接。先后顺序的三个层面与双谓词构式的典型性之间的关系具体表现为：

客观层面的先后顺序：典型的连动式

逻辑层面的先后顺序：非典型的连动式

认知层面的先后顺序：边缘的连动式

1. 客观层面与典型连动式

典型的连动式临摹了客观层面上的先后关系，即连用的动词或动词结构表达了时间轴上具有先后关系的几个动作或事件。这种连动式的两个动词都可以放到"先…后…""…完了(接着就)…""…之后…"这类表示时间先后的语义框架中理解。主要有以下几种情况：

(1) 先后序列动作：下午吃了饭看电影　　他画完了把瓦碴子一扔

　　　　　　　　　听了哈哈大笑　　　　回到家发现门开着

　　　　　　　　　回来看到奶奶不在　　低头叹了口气

(2) 来/去—动作：前来拜访　去看病

　　　工具—动作：借把起子用一下　找个塑料袋装上

　　　　　　　　　坐火车回上海

　　　处所—动作：上街卖菜　不时放到耳朵上听听

　　　对象—处置：做饭吃　给支烟抽抽　抱过孩子使劲亲了一口

(1)类两个动词之间不存在一种内在的、必然的关系，只是单纯地表示先后发生的两个动作或事件。V_1往往只用来表示 V_2 发生的时间，如"吃了饭"仅仅是用来说明"看电影"发生的时间，是连动式最具有原型性的成员，可以描写为[先后]。时间关系是先后说出来的两个动作、事件之间存在的最基本的一种关系，但正是因为最基本，也最容易被忽略。两个事件紧接着发生了，人们总是首先认为这两者之间有某种条件、因果、目的等关系。而条件、因果、目的等关系与时间先后关系是一种蕴含关系。因此尽管时间先后关系是连动式最具有原型性的语义关系，但并不是连动式最显著的语义关系，人们更喜欢把这种结构形式用来表达或理解成条件、因果、目的等更高一层的语义关系。例如"他吃了这种药死了"，也许说话人只是在客观地报道现实中确实先后发生的两件事情，并不想说明两者之间有除了时间之外的关联。但是在听到这样一个句子的时候，人们一般会判断"他吃了这种药"是造成"死了"的原因，自然地认为这两个事件之间有一种因果关系。这样的关联常常是不自觉的，所以从跨语言的角度说，典型的连动式表达的是广义的因果关系。

(2)类包括四种情况。这些连动式前后两个动词之间在论元上有一种内在的关系：前一种 V_1"来/去"是比较特殊的动词，V_2 就是其动作的终极目标，相当于"来/去"过程的终段，可以说 V_2 就是 V_1 的目的。后三种 V_1 的宾语为 V_2 增加了一个论元，如工具、对象、处所等。而且这四种连动式所表达的前一个动作都是进行后一个动作的前提，而后一个动作是前一个动作的目的，如"借（起子）"是"用（起子）"的前提，而"用"又是"借"的目的，所以这些连动式的语义可以概括为"前提—目的"关系，可以描写为[目的性]。

2. 逻辑层面与非典型连动式

这类连动式临摹了逻辑层面上"现象 + 意义"的先后顺序，按照 V_2 的特征可分为三种：

（1）"表示"类：鼓掌表示欢迎　向群众挥手致意
（2）"想/要"类：叫着想挣开要死的人　抓着绳子要往下跳
（3）肯否联结类：坐着不动　拉住伯父不松手

这类连动式的特点是，结构上一般由两部分构成，两部分的语序比较固定，而且都有较明显的结构特点。（1）类的 V_1 常常是身体行为动词，如"鼓掌""挥手"等等，后面 V_2 指出这种具体动作所表示的含义。（2）类形式上是"V 着 + 想/要…"，"V 着"在上下文中一般不作为前景，但是在这里"V 着"是作为前景出现的，后面接续的动词结构表达的是一种非现实的动作行为。（3）类前面是肯定形式，后面是否定形式，往往是故意违反人们预期的一种行为动作。从语义上看，这几种连动式两个部分表达的意思大体是互相补充、互相说明的，V_2 都是解释说明 V_1 的意愿所在。如（1）类 V_2 前都有或者可以加上"表示"来理解，（2）类 V_2 前都有或者可以加上"想/要"来理解，而（3）类 V_2 是对同一事件状态的否定性强调。前后两个部分都具有明显的目的关系，但是 V_1 与 V_2 之间没有论元关系。

这类非典型连动式还具有以下一些特征：其一，V_1、V_2 之间不具有[先后]特征，不能放在表示时间先后的语义框架中理解，例如"鼓掌表示欢迎"，不可以理解成"先鼓掌后表示欢迎"；其二，这种连动式在时间轴上只实现了一个动作，虽然 V_1 还是动作动词，但 V_2 都是意义比较抽象的动词，如"欢迎、要、想"等，或者是表示非现实动作的否定形式；其三，V_1 可以允许带"着"表现持续态，但不能用来说明 V_2 发生的时间。

3. 认知层面与边缘连动式

这类连动式临摹了认知过程"背景 + 目标"的先后顺序，主要指表"同时"的"V_1着+V_2"格式。例如：

> 大妈端着一盘炒鸡蛋送上桌。
> 李东宝举着那支完整的烟说。
> 刘志彬端着脸盆出去洗漱。

V_1是状态动词的"V_1在(N)+V_2"和"V_1着(N)+V_2"非常相近，也可以归到这一类。这两种格式常常在一个句子里出现，同时对主要的动词或动词短语有修饰作用。例如：

> 杜大星却对这样的安排表示不理解，抱着被褥、眨着眼睛、站在门口问盛洁为什么不跟自己睡在一起。

这两种类型的连动式，虽然V_1、V_2都是动作动词，都可以表达一个具体动作，但是它们在时间轴上只占据了一个节点。这说明"V_1着V_2"表现出来的只是一个单一事件。这个事件由V_1和V_2两个部分组成，但是两部分在语义上有主次之分，V_1只作为V_2的背景出现，自然也不具有表明V_2发生时间的作用。所以这类连动式也不具有先后特征，可以描写为[同时]。

综上所述，按照先后顺序的认知基础可以把双谓词构式分为典型性程度不同的三种类型。典型连动式表达的是时间轴上先后发生的两个动作，非典型连动式在时间轴上只实现了一个动作，边缘连动式虽然可能包括多个动作，但是也只对应着时间轴上的一个点。事实表明：时序作用的层面越高，语法化的程度也越高，所以连动式在典型性上表现出非离散性的连续统，并表现出如下变量的两极特征：

典型连动式	非典型连动式	边缘连动式
[先后][目的性]	[同时][目的性]	[同时]

$\longleftrightarrow$

运动的视点模式　　　　　　　　静止的视点模式
几个分离动作　　　　　　　　　一个整体动作
V_1有界性强　　　　　　　　　V_1无界性强

(三) 处置义构式：主观性印记

"把"字句被称为"处置式"最早是王力(1943)提出来的，但是一直有人对"把"字句的语法意义是否表示"处置"提出质疑，也一直有人想取消"处置式"这个名称,但始终没有能取消得了。沈家煊(2002)指出:这说明"把"字句有"处置"意味的判断还是基本符合我们的直觉,问题的关键在于要区分两种互有联系又性质不同的"处置":一种是"客观处置",一种是"主观处置"。表述如下:

　　　　客观处置:甲(施事)有意识地对乙(受事)作某种实在的处置。
　　　　主观处置:说话人认定甲(不一定是施事)对乙(不一定是受事)作某种处置(不一定是有意识的和实在的)。

客观地叙述甲对乙进行了处置是一回事,主观上认定甲对乙进行了处置又是另一回事,主观与客观之间可能一致也可能不一致,共有四种情形:

(1)客观上甲处置了乙,说话人只是客观地报道这一处置。例如:

　　　　他喝了一碗酒。　他打了她一顿。

(2)客观上甲处置了乙,说话人主观上也认定甲处置乙。例如:

　　　　他把那碗酒喝了。　他把她打了一顿。

(3)客观上甲未处置乙,而说话人主观上认定甲处置乙。例如:

　　　　他把大门的钥匙丢了。他把这句话又想了想。

(4)客观上甲未处置乙,说话人主观上也未认定甲处置乙。例如:

　　　　他丢了大门的钥匙。他又想了想这句话。

(2)和(4)是主客观一致的情形,(1)和(3)是主客观不一致或不完全一致的情形。不管客观上甲是否处置了乙,只要说话人是这么认定的,就用把字句(2)和(3);说话人不这么认定,就用动宾句(1)和(4)。"主观处置"的核心是"说话人认定",可以肯定的是动宾句的主观性弱于对应的"把"字句。

　　按照 Lyons(1977),"主观性"(subjectivity)是指语言的这样一种特性,即在话语中多多少少总是带有说话人"自我"的表现成分,也就是说话人在说出一段话的同时还表明自己对这段话的立场、态度和感情,从而在话语中留下自我的印记。研究表明,语言的"主观性"主要表现在三个方面:说话人的情感,说话人的视角,说话人的认识。沈家煊认为"把"字句的主观性在这三个方面都有体现,并通过"把"字句与动宾句的比较加以论证。

1. "把"字句表达说话人的情感

"把"字句的"主观性"首先体现在说话人的"情感"上,这就是所谓的"移情"(empathy)现象。Kuno(1987)对"移情"的定义是"说话人将自己认同于他用句子所描写的事件或状态中的一个参与者"。就"把"字句而言,说话人移情于一个处置事件的参与者,常见的结果是,在说话人的心目中,施事成了责任者,受事成了受损者。例如:

　　　　　这是书误了他,可惜他也把书糟蹋了。(《红楼梦》42 回)
这是宝钗在婉言劝诫黛玉,说男人读了书反倒变得更坏。前半句是动宾句,后半句是"把"字句。因为说话人(宝钗)"可惜"的是"书","书"在说话人的心目中是受损者,"他"是使"书"受损的责任者。

正因为有一个参与者(受事)在说话人心目中是受损者,所以"把"字句常常有不如意的含义。吴葆棠(1987)收集"把 NV 了"(V 为光杆单纯动词)句式的例句 62 个,其中 61 个的动词是表示违愿或丧失义的,相对的语义表述不成立。例如:

　　　　　把首饰当了　 / ＊把首饰赎了
　　　　　把书还了　 / ＊把书借了
　　　　　把钢笔丢了　 / ＊把钢笔拾了
对"把"字句这种语义倾向性的合理解释仍然是说话人把受事看作同情的对象:人一般寄情于想得到而没有得到、得到了而又失去的东西。完全失去的东西又比部分失去的东西更容易获得同情,因此有"他把汤喝了(汤喝完了)"和"他喝了汤了(汤没喝完)"语义上的差别。可见"把"字宾语"完全受影响"并不是使用"把"字句的根本动因,根本动因是受事成为说话人的移情对象。受事完全受影响比部分受影响更容易成为移情对象,但是部分受影响的受事如果是移情对象也可以用"把"字句,意义上受"都"字管辖的受事必须作"把"字句的宾语(试比较:他把汤都喝了/ ＊他都喝了汤了),这应看作是主观移情这个动因最终"语法化"的结果。

移情对象主要是说话人"同情"的对象,同时也可以是"钟情"的对象,例如:

　　　　　先把这个派了我罢,果然这个办得好,再派我那个。(《红楼梦》

24 回）

这是贾芸对凤姐说的话。贾芸想方设法求凤姐,想得到在园子里种花种树的"这个"差事,凤姐却拿明年还有烟火灯烛的"那个"差事来搪塞他。贾芸知道那个烟火灯烛虽是个大宗,却可望而不可即,因此一心想得到的还是眼前"这个"差使。"这个"是说话人贾芸钟情的对象,因此用作"把"字句的宾语,"那个"不是钟情的对象,因此用作动宾句的宾语。刘一之(2000)曾比较"你去遛遛马"和"你去把马遛遛"两句的语义,认为前句的含义是"你的精神就好了",后句的含义是"马的精神就好了",解释十分正确,因为"把"字句里的"马"显然是说话人钟情的对象。

此外,处置对象还可以成为说话人"厌恶"的对象,但多见于祈使句。例如:

把他杀了!　把这些旧衣服赶快卖了吧!

同情、钟情、厌恶这三种情感都跟主观认定的"受损"有关:同情于 X 是说话人认为 X 已经受损,钟情于 X 是说话人不愿意 X 受损,厌恶 X 是说话人愿意 X 受损。

2. "把"字句表达说话人的视角

说话人对客观事件和状态的观察角度或是加以叙说的出发点叫作"视角"(perspective)。"横看成岭侧成峰",对同一事物由于视角的变化就会形成不同的心理意象。同样是半瓶酒,乐观者说还有半瓶,悲观者说只有半瓶,这是对同一客观"量"由于不同的视角形成的不同主观体验。"把"字句经常体现说话人对受事量的主观判断。例如:

将些衣服金珠首饰一搰精空。(《儒林外史》)
把几个零钱使完了。(《儿女英雄传》)

吕叔湘(1948)指出,这几句中"把"字宾语里的"些"和"几"不是偏称性的,而是描写性的,可以说跟英语 little 和 few 的用法相当。同样是"一些"或"几个",在英语里说话人主观上觉得少就用 little 或 few,主观上觉得量还不少就用 a little 或 a few。可见上例中"把"字宾语都表示一种主观上的小量。"一"是个特殊的数词,主要表示小量,但也能表示大量。带"一"的"把"字宾语表示主观大量的例子如下:

知道了她的情况,就把一群马扔在草场上,挨家挨户为她寻找出

路。(《灵与肉》)

几个馋人,一顿就把一件新棉袍吃掉了。(《落魄》)

"把"字句对量的主观判断还可以是针对动作或性状的。朱德熙(1956)指出,状态形容词"表示的属性都跟一种量的观念或是说话的人对于这种属性的主观估价作用发生联系"。比较状态形容词和性质形容词用在"把"字句的情形:

把嘴张得大大的。　　　　把嘴张大⋯

把东西抢得精光。　　　　把东西抢光⋯

把马路照得又光又亮。　　把马路照亮⋯

把那件东西抱得紧紧的。　把那件东西抱紧⋯

尽管谓语动词都是复杂形式,但左列的句子是自由的,右列的句子是黏着的,不能独立使用。这显然是因为状态形容词的主观性比性质形容词强。

"把"字句的视角主观性还表现在动词的"体"(aspect)上。"了"和"过"都是体标记。单纯的动词能加"了"构成"把"字句,但不能加"过"构成"把"字句;相反动宾句用"V过"能独立成句,用"V了"不能独立成句,形成互补分布:

我把野菜吃了。　　　　*我把野菜吃过

我吃过野菜。　　　　　我吃了野菜。

合理的解释是用"V了"比"V过"的主观性强。吕叔湘《现代汉语八百词》(1980)在比较"过"和"了"时指出,"V了"总是和"现在"相联系,"V过"不一定和"现在"相联系:

这本书我只看过一半。(现在不在看)

这本书我看了一半了。(现在还在看)

因此"V过"只是客观地报道曾经发生一个事件,用了完成体的"了",在叙述一个过去事件的同时还表示出说话人的视角:说话人从"现在"(即说这句话的时刻)出发来看待这个事件。

3."把"字句表达说话人的认识

语言的"主观性"还表现在说话人对客观事件的"认识"上,这种"认识"主要跟语言中的情态范畴有关,所以叫"认识情态"(epistemic modality)。和相对的动宾句比较,"把"字句往往有动作或事件出乎意料的含义。所谓

"出乎意料",是说话人觉得出乎意料,或是说话人认为听话人会觉得出乎意料,从认识上讲就是说话人认为句子表达的命题为真的可能性很小。马真(1985)和王还(1985)都指出,"把"字宾语为无定名词的句子"都含有出乎意外的意思",表示一种"意外的行动"。例如:

> 我要向他借支钢笔,他却把一支铅笔递给了我
> 忽然,哐当一声,不知是谁把个凳子给撞翻了。

通常动作前不存在、通过动作而后存在的所指对象不能成为"把"的宾语,如"生了个孩子""盖了一间屋""织了件毛衣"等,因为从客观上讲,我们不可能对还不存在的事物进行某种处置。但是如果动词带上后附成分,使动作成为一种"意外的行动",客观处置因而变为主观处置,那就可以用"把"字句了。例如:

> 小张把个孩子生在火车上了。
> 你总不能把房子盖到别人家去吧。
> 小林把一件毛背心织得又肥又长。

相反的情况是,"把"字宾语是专名(明显是定指成分)时,前面却经常加上"(一)个"(不定指的标记),这跟"把"字宾语应该是定指成分的说法是矛盾的。例如:

> 偏偏又把个老王病倒了。
> 怎么忽然把个晴雯姐姐也没了。

朱德熙(1982)的解释是:老王虽然是一个确定的人,可是说话人没有想到生病的会是老王,而不是别人。从这一点说,老王又不是已知的,所以前面要加"一个"。可见关键在于"说话人没有想到",是主观性决定了"(一)个"的增添。因此,说"把"字宾语一般是定指的,这并没有触及问题的实质。实质是,定指成分代表说话人认定听话人可以识别的事物,也就是说"定指"跟"指示"(deixis)有关。而"指示"本质上具有主观性,跟说话人的视角有关。

(四) 强调义构式:非典型变异

汉语中有些构式专门用于表达强调义,"连"字句就是其中的典型成员,句法形式可以码化为"连 XP + 都/也 + VP/AP"。刘丹青(2005)指出:

构式的语法价值在于,构式一旦被规约化,参与构式的成分就会泛化,出现从典型到非典型的趋势,导致构式变异,而非典型成分的参与反而使构式更具典型意义。

1. 典型"连"字句的构式特征

"连"字句是汉语中表达强调义的典型句式。例如:

   a. 连老王都敢吃老鼠肉。 b. 老王连老鼠肉都敢吃。

经众多学者研究(白梅丽 1981、周小兵 1990、崔希亮 1990/1993、刘丹青、徐烈炯 1998、徐烈炯 2002、蔡维天 2004、袁毓林 2006a/2006b),学界对"连"字句的句法构造、句式意义、预设、蕴涵、会话含义、关联作用等有了较深的共识:

(1)"连"字句都包含一个说话人的主观预设(presupposition):进入该句式的"连 NP"里的 NP(或 VP、小句)都处在一个可能性(可预期性)等级尺度(scale)的低端,比起该尺度中的其他成员来说是最不可能有 VP 的行为或 AP 的属性的对象。如 a 句的预设:"老王"是设定的一群人(包括老王在内的一个集合)中最不可能敢吃老鼠肉的一位;b 句预设:"老鼠"是设定的食物集合中最不可能被吃的东西。可能性的低端很可能正是词汇义的顶端,所以周小兵(1990)又称这个 NP 为"分级语义系列"的"顶端"。如"他连大象也拉得动",大象是动物重量的顶端,拉动大象是可能性的低端。

(2)句式的字面义(断言 assertion)所讲的事实却是这一可能性最低的行为或属性倒(出乎意料地)为真。如 a 句的字面义是"老王却(出乎意料地)敢吃老鼠肉"。句子的强调意味就是由预设中的"极不可能真"和断言中的"真"之强烈反差造成的。因此,句子的言外含意(implication)是:其他对象(在可能性等级尺度中高于 NP 这个低端的成员)更会是 VP/AP 了。

(3)"连"所标记的成分在语类上以名词为主,但也可以是动词或小句,所以标为"连 XP"更合理,当然以 NP 为优势语类;从语义成分来看可以是施事、受事等核心论元或时间等外围题元,甚至还可以是类似紧缩复句的分句,并且可以出现在句子主语的前面。如《骆驼祥子》23 章中"连喝醉了他都不出声,他会坐在僻静的地方去哭"。

刘丹青(2005)认为,上面这些共识都是合理的,可以用来分析解释大部分强调义"连"字句。然而,实际语料中还存在着一些另类的"连"字句,其句法结构和强调功能与典型"连"字句并无二致,但却无法套用上面这些共识来分析解释。最突出的问题是,我们无法为这些"连"后的 XP 找到一个可以构成等级尺度的成员集合。例如：

　　a. 他吵，小福子连大气也不出。（《骆驼祥子》18 章）
　　b. 她穿上以后连路都走不了啦。（《黄金时代》8 章）

在 a 句中，不存在比"大气"更可能"不出"的东西；在 b 句中，没有比"路"更走不了的东西。另一方面，这些句子又和典型的"连"字句一样都表达强调意义，即具有相同的构式义，据此它们应归为同一种句式。显然学界关于"连"字句预设、等级尺度（分级语义系列）、关联作用等的总结，都难以贴切地解释这些非典型的"连"字句。

　　2. 非典型"连"字句的变异机制

　　对于这类非典型"连"字句的存在动因和变异机制，刘丹青从构式语法的角度进行了解释。他认为，典型"连"字句要表达的是一种跟预设形成鲜明反差的事实，通过预设与断言的强烈反差而达到强调的表达效果。造成反差的手段，是用"连"标示相关事件中预设可能性等级的低端。事实证明"连"引出的 XP 可以是多种语类（名、动、形、小句、介词短语等），也可以是各种语义角色（从核心论元到外围题元乃至偏句）。这些"连"后的 XP 虽然词类属性和语义属性不一，但有一个共同点，都是能充当话题的成分，因为"连"在句法上是话题标记，要求其后的 XP 有话题性。汉语是话题优先语言，句子里有话题的句法位置。话题位置能容纳的词类和题元种类范围较广，这也为"连"字句的词类和题元选择提供了较大的余地。

　　但是，假如预设可能性的低端恰好是谓语核心，麻烦就来了。"连"虽然能介引谓词和小句，却不能标示谓语核心。因为"连 XP"的话题性使得它有个强制性的句法要求，要求后面出现由谓词充当的述题。假如谓语或谓语核心带上了"连"，后面就没有述题，这样的"连 XP"就违背了"连"字句的基本句法要求。如"老王敢吃老鼠肉"，我们可以说"连老王都敢吃老鼠肉"、"老王连老鼠肉都敢吃"（为了话题性将受事放在动词前），但不能说"老王连敢吃老鼠肉"。这就给"连"字句的适用范围造成了一个缺口，非典型的"连"字句基本上都是为了弥补这个缺口，扩大"连"表达范围而出现的。这可以看作非典型"连"字句的存在动因。至于如何弥补，要结合这类句子的生成机制来认识。

　　（1）假如需要突出的预设中等级低端性的谓语是助动词带实义 VP，而助动词是能够单独作谓语，那么可以将实义动词短语用"连"话题化。例如：

　　　　他不会骑自行车。　→　他连骑自行车都不会。

　　（2）假如需要突显的等级低端是整个VP，将整个VP作为受事成分用"连"引出，在后面谓语核心位置用"干、做"之类虚义形式动词，以"连"后的VP为支配对象。例如：

　　　　他们杀人。　→　（他们干杀人。）　→　他们连杀人都干。

　　（3）用"连"构成同一性话题，即让谓语动词用在"连"后，同时在后面再重复那个动词。例如：

　　　　我连坐都坐不下去。我连听都没听说过。他连杀人都杀过。

　　（4）假如谓语部分是离合词，可以将整个离合词放到前面充当"连"引出的同一性话题。例如：

　　　连吵架都不爱跟我吵了。（《过把瘾就死》）

　　（5）假如需要用"连"突出其可能性低端位置的是包括宾语在内的整个谓语，而宾语本身并不是预设中的低端，但因为句法上名词的话题化优先于谓词的话题化，因此还是让没有话题性和对比性的宾语用"连"话题化。实际上在动宾结构不太复杂时也可以将整个动宾结构话题化来构成同一性话题。例如：

　　　他们有钥匙，不敲门就进来了。
　　→　他们有钥匙，连门都不敲就进来了。
　　→　他们有钥匙，连敲门都不敲就进来了。

上述实例都是选择将并非处于等级低端的受事用"连"话题化，这种情况可能是促使非典型"连"字句产生的最有力的因素。

　　刘丹青指出，表达功能的话题化，使得典型的"连"字句的可分析性特征弱化了，整体构式义凸显了。这种现象用构式语法就能得到较好的解释："连 XP 都 VP/AP"是一个固定的构式，任何成分只要进入这个构式就能用来表达一种与预期形成强烈反差因而带有强调义的句子意义，其中 XP 是专门表示预设中最不可能行 VP 之事或具 AP 之质的对象的位置。因此，非典型"连"字句的强调义来自整个构式的表义作用，具有不可分析性，因而是更典型的构式。而笔者要强调的是，非典型形式虽然更凸显了构式的整体性，但非典型形式趋向边缘化，必然会导致构式的变异。

第二章
概念整合与框架构式

　　近20年来随着认知语言学的兴起与发展，Fauconnier Gilles & Mark Turner(1994,1998)提出了概念整合理论。"整合"强调"整体大于部分之和"，是对长期以来科学研究中"分析"的一种反思，已成为当代科学研究的主流倾向，概念整合理论就是在这样的背景下在语言学领域中的体现。所谓概念整合(conceptual blending)指的是对两个来自不同认知域的概念有选择地提取部分意义整合起来进而形成一个复合概念结构的过程。概念整合是一种极为普遍的认知过程，在自然语言的意义建构过程中具有重要的作用，事实上语言的意义不是通过组合而是通过整合获得的(沈家煊2006)。概念整合理论认为，语言成分的整合效应依赖于两个因素：一个是整合的"框架"，比如各类构式是一种结构框架，角色指派是一种语义框架，节律模式是一种韵律框架；另一个是输入的"元素"，即参与整合的语言成分。在"框架"的作用下"元素"产生整合效应，浮现新的意义(emergent meaning)。

　　那么为什么论述构式的专著要涉及概念整合理论呢？构式语法理论与概念整合理论是一种什么关系呢？其实，在笔者看来，两者具有同一性，只不过概念整合理论侧重"过程"，而构式语法理论侧重"结果"。也就是说，任何语言构式(泛指结构式，包括从复合词语到各类句式)都依赖于组配构件之间的整合，而任何语言形式整合的结果都会形成这样或那样的构式。因此，"过程"与"结果"有着必然的有机联系，这也可以看作是语言成分组配对我们生活经验的一种"临摹"。比如两个本不相识的男女由于种种关系聚在一起了，他们可能成为朋友，进而发展为情侣，最后结为夫妻，建立了小家庭，并有了孩子。这个小家庭就是一个"构式"，是从朋友、情侣、夫妻等关系一路深化"整合"的结果。

　　在语言学界，说到构式，多数人比较敏感的还是Kay和Fillmore等人

以往曾研究的"习语",如英语的 kick the bucket 或者如汉语的"拜把子"之
类的口语表达式。这种视野从两头排除了构式的主体,往小里说排除了复
合词、黏合短语等词语单位,往大里说排除了各类所谓的常规句式。这是
对构式的误解,或者说还拘泥于传统语法中的构式概念。事实上,依据认
知语言观,所有两个以上语言单位组合成的语言形式都属于构式范畴。关
于各类常规句式我们将在以后各章分别讨论,这一章主要讨论两个问题:
词语复合模式及其整合等级、框架标记构式及其整合等级。

第一节　词语复合模式及其整合等级

说到词语内部的整合,涉及多义词语的义项,这是比较敏感的整合因
素。张云秋、王馥芳(2003)指出:概念整合理论考察了概念整合过程的多
方面条件及途径,但忽略了一个重要特征,那就是作为整合要素的单词是
以义项为单位的,因而具有层级性。如果两个概念在其本义或基本义基础
上进行整合,是一种相对低级的整合;如果两个概念在其引申义(包括隐喻
义或转喻义)基础上进行整合,是一种相对高级的整合。笔者认为这个思
路是值得重视的,在一定程度上也符合语言的事实。不过词语内部整合程
度的高低及其层级分布的确认,不能仅仅依据组成成分义项的分析,更要
有句法表现的佐证。下面我们将用两个有代表性的词语整合作为个案来
展示词语内部整合程度的高低及其层级分布,其中一个是"述宾两字组
$V + N$",另一个是"黏合定中 $N_双 + N_双$"。

一、述宾两字组 $V + N$ 的整合度分析

在汉语各种结构类型的两字组中,述宾是最值得关注的类型之一。这
不但因为述宾结构是动词加连带成分(宾语)的结构,本身就具有重要意
义,还基于如下两个理由:第一,述宾结构总是与偏正(定中)结构纠缠在
一起,或者存在转化可能,或者构成多义构式;第二,述宾两字组有部分成
员被称为"离合词",内部结构比较松散,可以进行有限扩展。因此笔者
(2007)曾选择述宾两字组 $V + N$ 作为个案,来考察其内部的整合度高低及
其层级分布。下面是考察结果。

(一) 鉴别依据与考察范围

要区分词语的整合度高低,得选择有效的句法鉴别手段。事实表明,

述宾两字组内部成员的整合度高低及其层级分布在很大程度上与功能标记"的"的隐现及其分布、功能有关,因此这应该是比较有效的句法"试剂"。关于汉语功能标记"的"的研究,20世纪80年代以前主要是运用结构主义的观点和方法对"的"的功能进行归纳和分类。朱德熙(1961)对"的"作了全面考察,将现代汉语中的"的"分为三类,分别记作"的1""的2""的3",并指出了语气词的"的"。他还明确指出"的"是名词化标记,其语法功能是使谓词性成分名词化。黄国营(1982)以"的"前成分的词性是否改变把"的"分为两个:D_1和D_2。20世纪90年代以来,语法学者开始运用功能主义的观点和方法对"的"的语法功能进行探讨,并提出了关于"的"的语法功能同一性的问题。胡裕树、范晓(1994)认为现代汉语中的"的"是谓词性词语名词化的主要标志,有黏附和插入两种形式,并提出众多的"的"是否具有同一性值得研究。袁毓林(1995)通过引进谓词隐含的概念,以名词化理论对"VP+的"和"NP+的"中的两种"的"的语法功能作了统一的解释,对"的"的语法功能同一性的研究提出了新的思路。郭锐(2000)同样对自指的"X的"和转指的"X的"作了统一的解释,指出"的"是饰词标记,"的"字结构做主宾语是饰词性成分在句法平面的零标记转指。陆丙甫(2003)也认为"的"本身的基本功能是作为语义平面的描写性标记,而区别性或指称性标记功能是在一定的条件下派生出来的语用功能。石毓智(2000)则认为人们的认知活动主要是在三个基本空间(物质、时间和性状)中进行的。这三个认知空间的概念反映在语言中就是名词、动词、形容词三大类,而"的"在这三个基本词类内部的应用也都体现出了语法功能的同一:就是从各种各样的特征方面"确立某个认知域的成员"。笔者赞同学界关于"的"的语法功能同一性的观点,并以此作为鉴别述宾两字组 V+N 整合度高低的句法依据。

汉语述宾两字组的内部情况非常复杂,为了保证考察的有效性,笔者采用"以点带面"的策略,即限定研究对象,选择具有典型性的"样本"进行考察。具体做法是首先参照北京语言学院《常用字和常用词》的统计资料,在使用频率最高的1000个词里选择部分动词作为考察样本。选择依据:

(1)能带受事成分的二价动词(排除一价动词如"走、哭、睡、死"等)。

(2)原型性特征较强的动作动词(排除趋向动词如"来、去"等、心理动词如"爱、恨"等、泛义动词如"打、做"等、抽象动词如"治、抗"等)。

　　(3)与单音节名词搭配成述宾关系的能力较强的动词(排除了相对搭配能力较弱的动词如"钻、磨"等)。

　　(4)语义相近的词选择有代表性的(如选了"看"就排除"见"、选了"讲"就排除"谈")。

经过筛选,我们得到如下25个动词作为考察对象:

　　说　看　吃　写　听　拉　讲　唱

　　画　买　挂　读　吹　卖　挖　洗

　　杀　提　摸　喝　烧　挑　摆　盖　插

然后再从《现代汉语词典》(第5版)中查找上述动词构成的双音节述宾形式,包括列举的复合词条,也包括释义中列举的搭配实例,共得到近400多个样例,作为考察对象。我们相信通过对这些样例的考察、分析和判定,能在相当程度上反映出述宾两字组V+N的整合度高低及其层级分布的基本面貌。

(二)整合度高低及其层级分布

　　述宾两字组V+N指的是V和N两个单音节成分之间为述宾关系的组合,内部结构关系为述宾,外部整体功能却不一定就是动词性的,这取决于整合度的高低。从考察结果来看,述宾两字组V+N的整合度高低可以分为四个等级:A级(低整合度);B级(次低整合度);C级(次高整合度);D级(高整合度)。

A级:低整合度述宾两字组V+N

　　这一等级的述宾两字组接近于自由的述宾短语组合,两个组成成分都是自由语素,是能独立成词的单音节动词和名词。动词和名词都具有很强的原型性,从认知角度来看属于基本层次范畴,它们是在各自的本意或基本义的基础上的整合,因此整合度较低,整体意义表示的是及物性动作义。

　　这一类述宾两字组用"的"来鉴别,就是能通过名词提取手段,在中间插入"的"使之转化为偏正结构。比如"开"是二价动词,可构成述宾两字组"开车",其中"车"是"开"的受事,其实从潜在的语义结构看还隐含着"开"的施事,如"他开车"。在"开车(述宾)"中间插入"的"变成"开的车(偏正)",实际上是从中提取了受事成分充当了偏正结构的中心语,完整的表述是"(他)开的车"。在这个偏正结构中,"的"的功能是对提取出来的受事成分所指认知域的成员加以确认(参见袁毓林1995)。经过名词提取构成的偏正结构可以在句法层面直接充当主语或宾语,如"他开的车是名牌的/

我喜欢他开的车"。同类实例如下：

说话	→ （他）说的话	看报	→ （他）看的报
吃鱼	→ （他）吃的鱼	写信	→ （他）写的信
听戏	→ （他）听的戏	拉货	→ （他）拉的货
讲课	→ （他）讲的课	唱歌	→ （他）唱的歌
画马	→ （他）画的马	买车	→ （他）买的车
读书	→ （他）读的书	卖菜	→ （他）卖的菜
挖坑	→ （他）挖的坑	洗碗	→ （他）洗的碗
杀鸡	→ （他）杀的鸡	写字	→ （他）写的字
喝酒	→ （他）喝的酒	挑水	→ （他）挑的水

　　整合度低意味着可分离性强，组合较为松散，句法表现潜力较大。最典型的特征是这类两字组可"有界化"，具体表现为动词前可加状态修饰语，动词后可加体标记或补语，名词前可加数量或指量修饰语，使动词和名词成为有界形式，并且可以变换为"把"字句。例如：

　　开开心心地吃了三顿饭 / 一口气吃下三碗饭 / 把饭都吃光了
　　认认真真地读了三天书 / 一连读完了三本书 / 把书读了又读
　　辛辛苦苦地拉了三趟煤 / 一天拉进来三车煤 / 把煤拉进了灶间

因此这类两字组具有一定的可替换性，比如：

看书	/ 戏	/ 报	吃肉	/ 鱼	/ 鸡	写信	/ 书 / 诗
听课	/ 歌	/ 戏	拉菜	/ 煤	/ 货	画虾	/ 花 / 鱼
买煤	/ 菜	/ 米	读书	/ 报	/ 信	卖瓜	/ 水 / 鞋
洗菜	/ 碗	/ 车	杀鸡	/ 牛	/ 羊	喝水	/ 茶 / 酒

　　值得指出的是，这类述宾两字组并不是典型的自由短语，由于受到双音节韵律框架的制约，极不自由，而且极易变异。主要表现在两个方面：(1) 可组配性差。两字组形式要求两个成分都必须是单音节形式，这对动词来说问题不大，而名词多数已双音化，限制就大了。比如"挂""吹""摸""提"等，与双音节名词组配成述宾关系潜力很大，但与单音节组配却很少。(2) 可凝固性强。两字组在双音节韵律框架中，意义容易趋向凝固，失去了可"有界化"的特征。如"烧香"(请客送礼)是通过隐喻获得的义项，"挂拍"(羽毛球、网球运动员退役)是通过转喻获得的义项。总之，两个单音节

一旦进入双音节这个敏感的整合框架,在整合度上就很容易趋高,成为一种多义构式。

B级:次低整合度述宾两字组 V+N

这一等级的述宾两字组的整合度比上述类型要高,因为它们已没有述宾短语的痕迹,我们通常都承认它们是 word。从意义上分析,这类两字组中后边名词性成分的意义并没有改变,但前边动词性成分的意义已不具有原型性。比如同样是"洗",在"洗菜"中它体现的是本义,指用水等去掉物体上的脏东西;但在"洗牌"中它的意思引申了,指把牌掺和整理以便再玩;而在"洗钱"中它的意思进一步引申了,指通过某种不正当的手段改变名义、性质使非法得来的钱款成为合法收入。在这组例子中,"菜、牌、钱"的意义并没有改变,但"洗"的意义却已通过隐喻途径一步步抽象了,不再是本义了。又比如同样与"价"组配,在"讲价"中"讲"不是一般地讲,而是"讨论",即所谓讨价还价;在"杀价"中"杀"并不指杀戮行为,而是"压低"价格;在"提价"中"提"也不表示人体动作,而是"抬高"价格。可见"价"还是指"价格",而"讲、杀、提"却已不是本义,而是通过隐喻途径意义抽象了。我们认为,在述宾两字组的整合过程中,动词意义的引申、抽象是产生整合效应的根本动因;同时也正因为名词意义基本上没有发生变化,一半变了一半没变,所以整合度并不太高。同类例子如下:

> 说(戏):(导演对演员)解说或示范(剧情)
> 吃(货):(商家)低价买进(某种商品)
> 看(病):(医生)观察、检查并确认(病情)
> 拉(客):(商家或小姐)招揽、招引(顾客)
> 唱(票):(选举结束后工作人员)大声念出(选票上所选的名字)
> 读(图):翻看、欣赏(图画类读本)
> 卖(艺):(在街头)表演(杂技、武术、曲艺等)以挣钱
> 插(队):(城市知青或干部)下放(到农村生产队)劳动、生活

这一类述宾两字组用"的"来鉴别,就是能在中间插入"的"构成一个不自由形式"V 的 N",在"主语+(是)+状语+_____"的构式中,从时间、方位、工具、方式、身份等方面对动词所指认知域的成员加以确认。比如"进城"插入"的"成为"进的城",是个不自由形式,但可以进入上述格式说成:

> 他是早上八点进的城。(确认时间)

> 他是从南门进的城。（确认空间）
>
> 他是坐马车进的城。（确认工具）
>
> 他是通过关系进的城。（确认方式）
>
> 他是以特派员的身份进的城。（确认身份）

这类格式也可以变换为特指疑问句形式，如"他是怎么进的城？""他什么时候进的城？"等等。同类例子如下：

（老王恳求隔壁大娘）说的媒。	（你们在哪里）看的相？
（这些小姐是在酒楼门口）拉的客。	（他们在天桥书场）听的书。
（他们是在五台山的寺庙里）吃的斋。	（张教授是前年去澳洲）讲的学。
（工作人员是在选举结束后）唱的票。	（她是用进口眉笔）画的眉。
（昨晚那个饭局谁）买的单？	（他是去年开始在市人大）挂的职。
（他们都是 30 岁的时候）提的干。	（她从小跟着师兄在酒楼）卖的艺。
（这家公司通过国外银行）洗的钱。	（大家用最原始的方式）摸的奖。
（他是通过关系才）盖的印。	（你们什么时候）烧的荒？
（你父亲哪年）插的队？	（工作人员是按定位图）摆的桌。

从上面的分析可见，这类述宾两字组整合度有所提高，因此不能像 A 级述宾两字组那样进行"有界化"变换。但动名之间仍有一定的可分离性，相当于通常所说的"离合词"，因此可以在中间插入"的"。这种可分离性表现为动词性成分后边可以出现动量、时量补语或体标记，说明动词性成分还可以有限地"有界化"。比如"说过三趟媒、看过三回相、拉了三次客、听了三场书"等等。

实际上这类述宾两字组后边的名词性成分也是值得关注的，与 A 级所举例中的名词性成分（多数指具体事物）相比，B 级所举例中的名词性成分显然在意义上更抽象，试比较：

A 级：	B 级：
话、报、鱼、信、戏、货	媒、相、客、书、斋、学
课、歌、马、车、书、菜	票、眉、单、职、干、艺
坑、碗、鸡、包、酒、水	钱、奖、印、荒、队、桌

同时我们发现上述 B 级所举例中的名词性成分有不少是黏着语素，一般不能单说。仔细考察又可分为两种情况：一种是历时层面上的"整合"，即述宾短语经过双音化复合而成的动词，如"说媒、看相、听书、吃斋、讲学、画眉"等；另一种是共时层面上的"整合"，即述宾短语缩略而成的双音动词，如"买单（买付账单）、拉客（拉引客人）、挂职（挂靠职务）、提干（提拔干部）、洗钱（洗理黑钱）、烧荒（焚烧荒地）"等。看起来这两种情况好像很不一样，但从整合的实质来看并没有区别，都是双音节韵律框架整合的结果，只是时间上有先后。

C 级：次高整合度述宾两字组 V＋N

这一等级的述宾两字组的整合度更高一些，主要因为两个构成成分的意义已融为一体，表示新的单一概念，新概念产生的"浮现意义"，一个显著的特征就是"避实就虚"。从意义虚化的途径来看，主要涉及"整体隐喻""整体转喻"和"抽象融合"三种。比如"吃醋"，原指喝醋，肚里酸溜溜的，比喻产生嫉妒情绪（多指男女关系），心里酸溜溜的，属于典型的"整体隐喻"。又比如"挂拍"，原指将球拍挂起来，现专指羽毛球、网球运动员结束运动生涯，不再参加正规的训练和比赛，属于典型的"整体转喻"。再比如"写生"，"写"的意义已高度抽象，不是通常意义上的写，特指描画；"生"的意义也已高度抽象，表示某些天然的、未经加工的事物；两者整合表示学习绘画时对着实物或风景描画的行为，属于典型的"抽象融合"。下面是一些有代表性的实例：

> 整体隐喻：洗盘　烧香　挑刺　摸底　摆谱　插足　吃苦　吹风
> 整体转喻：吃素　拉稀　画押　插嘴　杀青　挂甲　卖座　买账
> 抽象融合：写生　卖乖　摆阔　提神　吃惊　讲和　听政　杀生

由于这一类述宾两字组内部整合程度很高，结合相当紧密，用"的"来鉴别，已不能插入中间。但由于整个组合还是谓词性的，"的"可以黏附于整个组合之后构成"的"字结构，转指行为或状态的主体。下面是一些有代表性的转换实例：

> 某些庄家又在洗盘了。　→　洗盘的是某些庄家。
> 评委们都在故意挑刺。　→　挑刺的是评委们。
> 上级公司的人在厂里摸底。　→　摸底的是上级公司的人。
> 那些当兵的又在吃苦了。　→　吃苦的是那些当兵的。

他奶奶吃素。　→　吃素的是他奶奶。

这个案子的主犯画押了。　→　画押的是这个案子的主犯。

这孩子老插嘴。　→　插嘴的是这孩子。

韩国生活片很卖座。　→　卖座的是韩国生活片。

画院的学生在写生。　→　写生的是画院的学生。

老王的女儿又在卖乖了。　→　卖乖的是老王的女儿。

那些小老板时常摆阔。　→　摆阔的是那些小老板。

外国专家都非常吃惊。　→　吃惊的是外国专家。

这一类述宾两字组有一个值得注意的倾向,即由于意义的高度整合及虚化,整体功能开始从行为向状态"漂移"。举个典型例子来分析,下面是"吃"构成的系列组合:

吃菜　吃肉　吃鱼　吃鸡

吃饭　吃斋　吃青　吃粮

吃醋　吃惊　吃亏　吃苦　吃力　吃香

上述"吃菜、吃肉、吃鱼、吃鸡"都属于 A 级,吃的都是实实在在的东西;到了"吃饭",既可实指吃米饭,也可泛指进餐,意义开始虚化,于是就产生了"吃斋、吃青、吃粮"这些抽象的"吃",都属于 B 级;到了这一等级的"吃醋",意义更虚,生理感觉转向了心理感觉,于是又产生了"吃惊、吃亏、吃苦、吃力、吃香"这些表现心理感受的组合,整体功能从动词转向了形容词,如"很吃惊、很吃亏、很吃苦、很吃力、很吃香"。这种功能的"漂移"与意义的虚化是相呼应的,即动作性的退隐与状态性的凸显。

D 级:高整合度述宾两字组 V+N

这一等级的述宾两字组的整合度最高,虽然内部两个构成成分之间的关系还属于"述宾式",有时也能在一定的语境中作动词用,但常见的用例是指称功能,《现代汉语词典》(第 5 版)已明确标注为"名词"。从意义整合的途径来看,属于典型的"转喻",即在一个事件框架中,转指行为动作的参与者。但参与者的语义角色并不同:有的从行为动作转指行为动作的产物,比如"讲话"本是行为动作,转指记录下来的讲话内容(文本或录音、录像资料);有的从行为动作转指与行为动作相关的用具,比如"提篮"本指提篮子的行为动作,转指用手提的篮子。同类例子如下:

提琴　提箱　提包　　　提案　提纲　提要

画像　画廊　画屏　　　挂图　挂钩　挂车

烧鸡　烧饼　烧纸　　　插图　插曲　插页

拉杆　拉手　拉面　　　盖碗　盖头　盖火

动词性成分高度整合的结果,转化为名词性成分,这是汉语中指称范畴包含述谓范畴的必然结果。事实表明,不但述宾组合有这个倾向,其他类型的组合也同样,比如状中式的"海选""春耕""展销""冷战",主谓式的"民主""政变""日食""夏至",并列式的"战争""运动""编辑""开关"。由于此类述宾组合的整合度极高,同样用"的"来鉴别,虽然它也能黏附于整个组合之后,但只能作为一般的领属性成分的功能标记,对中心语所指认知域的成员加以确认。比如:

提琴的工艺　提案的性质　画像的价值　挂图的内容

烧鸡的味道　插图的色彩　拉杆的质量　盖碗的历史

(三)考察结论

综上所述,我们用具有同一功能的"的"来鉴别述宾两字组的整合度高低,可以有效地揭示不同等级的两字组在形式上的特征。事实表明:整合度越低,可分离性越强,它们的句法表现就越充分;整合度越高,可分离性越差,词化倾向就越明显。根据上文考察,从 A 级到 D 级句法表现差异呈现出如下的矩阵:

句法功能 层级分布	通过名词提取插入"的"转化为偏正结构可做主宾语	插入"的"构成不自由形式确认行为动作的背景信息	后边加上"的"构成"的"字结构转指事件框架参与者	后边加上"的"作为领属性标记对中心语加以分类限定
A 级:低整合度	+	+	+	+
B 级:次低整合度	−	+	+	+
C 级:次高整合度	−	−	+	+
D 级:高整合度	−	−	−	+

二、黏合定中 N双 ＋N双 的整合度分析

朱德熙(1982)把体词性偏正结构分为黏合式和组合式两大类,黏合式和组合式在句法、语义上具有质的区别,是短语研究的一个重要成果。笔

者(2008)曾选择现代汉语黏合定中结构 $N_{双}$ + $N_{双}$ 作为个案,来考察黏合短语的整合度高低及其层级分布。黏合定中结构 $N_{双}$ + $N_{双}$ 指的是两个双音名词之间为定中关系的组合,中间没有结构标记"的"隔开,是典型的黏合式结构。黏合定中结构 $N_{双}$ + $N_{双}$ 就是两个名词在 2+2 韵律框架中整合的结果,事实证明黏合定中结构 $N_{双}$ + $N_{双}$ 内部是不同质的,它们依据整合度的高低呈现出一种层级序列。下面是考察结果。

(一)分析依据和鉴别标准

要揭示黏合定中结构"$N_{双}$ + $N_{双}$"内部成员的整合度高低,必须要有可行的依据。从实际情况来看,可以从两个方面加以考察。一方面从结构内部看 N_1、N_2 之间的紧密程度:(1) N_1、N_2 之间能否插入"的"构成平行结构;(2) N_1、N_2 能否进行有效替换。另一方面从结构外部看整体的句法功能:(3)能否受数量或指量成分修饰;(4)能否充当主语、宾语指称人或事物。下面分而述之。

(1) N_1、N_2 之间能否插入"的"构成平行结构。定中结构黏合式和组合式的区别形式上取决于是否有结构标记"的",事实表明有一部分黏合式定中结构可以插入"的"变换为组合式平行结构。内部结构相对松散,插入"的"的可能性就大;内部结构相对紧密,插入"的"的可能性就受到限制。因此一个黏合式结构能否插入"的"转换为组合式结构,是鉴别内部结合紧密与否的标志。黏合式插入"的"变换成组合式,虽然句法关系没有改变,但在语义和功能上会发生变化。根据徐阳春(2006)的考察:"N_1 + N_2"黏合定中结构内部关系是"属性类",整体功能具有称谓性;而"N_1 + 的 + N_2"组合定中结构内部关系,有的是"属性类",有的转化为"领属类",整体功能的称谓性弱化了,凸显的是描写性。例如"木头桌子"是"属性类"黏合定中结构,是某类事物的称谓;"木头的桌子"是平行格式,仍然是"属性类"的,其中"木头"表明"桌子"的材质,只是不再具有称谓性而凸显了描写性。"北京饭店"也是"属性类"黏合定中结构,也是某类事物的称谓,其中"北京"只是整个复合概念符号的一部分,本身是无指的,因为北京以外地方的饭店也可以命名为"北京饭店";而"北京的饭店"就从"属性类"转化为"领属类",特指北京这个地方的饭店,这里的"北京"是有指的。

(2) N_1、N_2 能否进行有效替换。从概念整合的角度来考察,进入整合框架的两个成分的意义,不可能只是简单的相加,而是会不同程度地互相渗透而发生融合,产生新的浮现意义,这就是整合效应。这种意义的融合是不平衡的,从而显示出整合度的高低。融合程度低,成分的可替换性就强;融合程度高,成分的可替换性就受到限制。因此两个成分可替换性的强弱也是鉴别内部结合紧密与否的标志。例如"社会原因"的意义基本上是两个成分意义的加合,可替换为"历史原因、现实原因"等等,也可以替换为"社会问题、社会道德"等等。相对来说由于整合度较低,在符合语义选择的前提下可替换的范围还是比较宽泛的。而"皮包公司"就不一样了,专指那些既无资金、场地,又无固定人员,只靠图章、合同进行专业投机活动的企业。由于经过"转喻"的认知方式(显著特征是夹着皮包跑来跑去从事经营活动),整个结构的整合度较高,产生了"投机"的浮现意义,替换就很困难。虽然我们也可以替换为"皮包工厂、皮包商店"或"家具公司、食品公司"等等,但这种替换是无效的。因为替换后的形式"浮现意义"消失了,说明在语义上不是一种等价替换。

(3) 能否受数量或指量成分修饰。作为名词性成分的一个基本的句法特征,就是能受数量或指量成分修饰。黏合定中结构 $N_双 + N_双$ 虽然也是名词性成分,但是否能受数量或指量成分修饰,还有一个前提,就是中心语必须保持原有的句法特征。中心语成分的原型性特征强,受数量或指量成分修饰的能力就强;中心语成分的原型性特征弱,受数量或指量成分修饰的能力就弱。因此能否受数量或指量成分修饰是鉴别整体结构功能是否变异的标志。例如"科普文章"能受数量或指量成分修饰,说成"一篇科普文章、这篇科普文章";但"表面文章"就不能受数量或指量成分修饰,说成"一篇表面文章、这篇表面文章"。因为"表面文章"意义已经高度融合,通过"隐喻"方式产生了浮现意义,指形式好看但没有实质内容、不求实效的事物,其中"文章"已失去了原型性特征,所以不再受数量或指量成分修饰。

(4) 能否充当主语、宾语指称人或事物。作为名词性短语的一个基本的句法功能,就是能独立充当主语、宾语指称人或事物。黏合定中结构 $N_双 + N_双$ 也是名词性短语,当然也必须能独立充当主语、宾语指称人或事物。因此这一条也是鉴别整体结构功能的标志。

(二) 整合度高低及其层级分布

综上所述,笔者从黏合定中结构 $N_双 + N_双$ 的内部结合程度和外部整体功能两个方面提炼出四条标准,作为鉴别整合度高低的依据。根据我们对北大语料库搜索到的 2 000 多个不同的"$N_双 + N_双$"黏合定中结构实例的考察,发现此类结构的整合度高低可以分为四个等级:A 级(低整合度);B 级(次低整合度);C 级(次高整合度);D 级(高整合度)。这四个等级形成一个层级分布序列。

A 级：低整合度黏合定中结构 N双＋N双

这一等级的黏合定中结构 N双 + N双 类似于自由的定中结构,两个双音节名词在组合后词义并没有发生变化,仍然保持着自己的本义,因此整合度最低。这一等级的黏合式定中结构在没有别的成分介入时表示一个复合概念,具有称谓性。其中又包括两个次类,典型实例如下:

> a. 木头地板　钻石戒指　玻璃器皿　丝绸衬衫
> 　　青春活力　感情因素　技术含量　传奇色彩
> 　　商业原则　社交场合　人生志向　历史经验
> b. 美国总统　公司员工　干部子女　军人家属
> 　　人物性格　故事情节　飞机部件　水库大坝
> 　　国家财产　群众利益　区域经济　金属光泽

这一等级的 N双 + N双 在句法上具有以下特征:

1. 此类结构中的 N_1、N_2 仍然保持自身的本义,具有相对的独立性,最典型的特征是可以在中间插入"的",变换为组合式的平行结构。例如:

> a. 木头的地板　青春的活力　感情的因素
> 　　技术的含量　传奇的色彩　历史的经验
> b. 美国的总统　公司的员工　干部的子女
> 　　军人的家属　水库的大坝　国家的财产

由于结构标记"的"的介入,整个结构的性质变为组合式结构,具有描写性,不再具有称谓性。从 N_1、N_2 之间的语义关系来看,上述两组实例有区别。a 组实例仍然属于"属性类",即 N_1 表明 N_2 的属性,如"木头的地板"中"木头"表明"地板"的材质,"青春的活力"中"青春"表明"活力"的属性。余例可类推解读。b 组实例转变为"领属类",N_1 对 N_2 具有领属关系,如"美国的总统"中"总统"属于"美国","国家的财产"中"财产"属于"国家",余例可类推解读。

2. 此类结构中的 N_1、N_2 均可在语义选择许可的范围内进行较为自由的有效替换,替换后它们各自的意义仍然保持不变,而且整体结构义也没有改变。例如:

> a. 钻石戒指　钻石项链　钻石挂件　钻石饰品　钻石宝盒　……

> 钻石戒指　白金戒指　黄金戒指　白银戒指　翡翠戒指　……
> 社交场合　社交礼仪　社交语言　社交艺术　社交活动　……
> 社交场合　外交场合　公众场合　交易场合　活动场合　……
> b. 飞机部件　飞机引擎　飞机航线　飞机机翼　飞机机舱　……
> 　飞机部件　轮船部件　汽车部件　机器部件　机枪部件　……
> 　群众利益　群众意见　群众舆论　群众组织　群众艺术　……
> 　群众利益　集体利益　国家利益　家族利益　客户利益　……

3. 此类结构中的 N_2 仍然表示本义，所以整体上还能受数量或指量成分修饰，并且与 N_2 单用时的能力相同，特定性质的名词带上特定性质的数量或指量成分。例如：

> a. 一批木头地板　一种青春活力　两种感情因素
> 　这类技术含量　那些传奇色彩　某些历史经验
> b. 一个美国总统　两位公司员工　三个水库大坝
> 　那些军人家属　这些干部子女　各类国家财产

4. 此类结构能独立充当主语或宾语，指称某种事物。例如：

（1）钻石戒指是品位的象征。
（2）传奇色彩是富有乡土气息的《红高粱》的一大特色。
（3）反腐倡廉的一个重要环节，就是教育好干部子女。
（4）发展是硬道理，但更重要的是必须保障群众利益。

B 级：次低整合度黏合定中结构 $N_双 + N_双$

这一等级的黏合定中结构在整合度上比 A 级高，其中又包括两个次类，典型实例如下：

> a. 桥梁专家　学术会议　产业工人　数学教师
> 　细菌武器　武术团体　神话小说　公益广告
> 　作家协会　中介机构　草原地带　农业部门
> b1. 窗口行业　顶峰时代　先锋部队　夕阳产业
> 　拳头产品　红旗单位　阳光少年　豆蔻年华
> b2. 金融风暴　商业陷阱　外交风波　政治把柄
> 　历史步伐　爱情漩涡　人生旅途　时代潮流

此类结构通常不宜插入"的"，但由于 a、b 两类的整合属性不同，因而不宜插入"的"的原因也不同,下面分而述之。

先看 a 类。这一类黏合定中结构中 N_1、N_2 所表示的词义在整个结构中并没有发生变化,似乎与 A 级相似,但实质上是有区别的。这种区别性在于 N_1 和 N_2 之间的特定语义关联,即 N_1 对 N_2 来说具有"与 N_2 核心义素相关的分类功能"。具体分析,N_2 的外延(通常为词典的释义)中必定有一个核心义素,立足这个核心义素,可以进行下位层次的分类,而 N_1 正是充当了这个分类功能。(本文引用的释义均来自《现代汉语词典》第 5 版,下文不再一一标注)因此,此类黏合定中结构是 N_2 的下位概念,或者说是语义上的次范畴分类,是典型的 2+2 四字格复合称谓,内部结合相当紧密,故不宜在其中插入"的"。比如"桥梁专家"的中心语"专家",指的是"对某一门学问有专业研究的人或擅长某项技术的人"。这个释义中的核心义素凸显的是"领域"(某门学问或某项技术),因此就有了"桥梁专家、水利专家、电脑专家"等等,中间不宜插入"的"。如果 N_1 不属于与 N_2 核心义素相关的分类,如"外聘专家(方式)、外国专家(来源)"等等,就可以插入"的"变换为"属性类"组合结构,如"外聘的专家、外国的专家"。又如"细菌武器"的中心语"武器",指的是"直接用于杀伤敌人有生力量和破坏敌方作战设施的器械"。这个释义的核心义素凸显的是"效能"(杀伤敌人和破坏设施),因此就有了"细菌武器、原子武器、化学武器"等等,中间不宜插入"的"。如果 N_1 不属于与 N_2 核心义素相关的分类,如"常规武器(属性)、太空武器(空间)"等等,就可以插入"的"变换为"属性类"组合结构,如"常规的武器、太空的武器"。再如"作家协会"的中心语"协会",指的是"为促进某种共同事业的发展而组成的群众团体"。这个释义中的核心义素凸显的是"群体"(某种事业及某种团体),因此就有了"作家协会、记者协会、艺人协会"等等,中间不宜插入"的"。如果 N_1 不属于与 N_2 核心义素相关的分类,如"合法协会(属性)、行业协会(功能)"等等,就可以插入"的"变换为"属性类"组合结构,如"合法的协会、行业的协会"。综上所述,此类黏合定中结构的 N_1 与区别词的功能有相似之处,具有某种特定的分类功能,中间一般不宜插入"的"。

再看 b 类。这一类黏合定中结构中的 N_1 或 N_2 所表示的词义不再是本义或基本义,因而整个结构的意义发生了较为明显的变化。b1 中 N_1(定语)体现的是隐喻义,如"窗口、顶峰、先锋、夕阳、拳头、红旗、阳光、豆蔻",都是以隐喻义作为"元素",进入 2+2 的韵律框架的前一位置参与概念整合的;而 b2 中 N_2(中心语)体现的是隐喻义,如"风暴、陷阱、风波、把柄、步伐、漩涡、旅途、潮流",都是以隐喻义作为"元素",进入 2+2 的韵律框架的后一位置参与概念整合的。因此这类黏合式定中结构的整合度显然比 A 级的要高,比如 b1 中的"窗口行业"是指具有体现某种形象功能的行业,"行业"具有了"窗口"的特征。余例可类推解读。b2 中的"金融风暴"指金融危机的爆发犹如风暴一般,社会现象具有了自然现象的特征。余例可类推解读。正因为整个结构的整合度较高,通过隐喻"糅合"而成,所以不具备插入"的"的语义基础,事实上我们也不可能在中间插入一个"的"来表述,在此就不再赘述了。

这一等级的黏合式定中结构虽然定语与中心语之间的语义关系比较紧密,一般不能插入"的",N_1、N_2 也不一定体现本义或基本义。但其组配成分 N_1、N_2 在此结构中仍保持相对的独立性,因此这个等级的 $N_双 + N_双$ 仍保留了如下一些句法功能:

1. 此类结构中 N_1、N_2 可以在符合语义整合条件下进行有效替换,只是与 A 级黏合定中结构相比,可替换度显然弱化了,或者说可替换的对象是有限的。例如:

a. 桥梁专家　桥梁图纸　桥梁规划　……
　桥梁专家　外科专家　电脑专家　……
　神话小说　武侠小说　爱情小说　……
　神话小说　神话故事　神话传说　……
b1. 夕阳产业　夕阳文化　夕阳工业　……
　　夕阳产业　朝阳产业　支柱产业　……
b2. 时代潮流　时代风貌　时代气息　……
　　时代潮流　历史潮流　思想潮流　……

2. 此类结构作为一个结构整体,仍然能够受数量或指量成分修饰,并且依据 N_2 的属性,特定性质的名词带上特定性质的数量或指量成分。但 b 类黏合定中结构由于隐喻义的介入,整体意义发生了变化,通常出现的是表示不定量的数量或指量成分。例如:

a. 两个学术会议　三位数学教师　某些公益广告
　几个武术团体　各家中介机构　某种细菌武器
b1. 一批窗口行业　这些拳头产品　一群阳光少年
b2. 一场金融风暴　那个商业陷阱　一种人生旅途

3. 此类结构仍保持名词性功能,能独立充当主语、宾语指称人或事物。如:

(5) 细菌武器残害人、畜,是危害人类生存的祸种。

(6) 窗口行业与人民群众生活息息相关,集中反映了人与人之间的关系。

(7) 韩国首尔有很多汉语培训的中介机构。

(8) 劳动密集型产业日益成为夕阳产业,这是必然趋势。

C级:次高整合度黏合定中结构 N$_双$+N$_双$

这一等级的黏合定中结构具有较为明显的整合效应。从意义上分析,单独看 N$_1$ 和 N$_2$,它们的语义并没有发生变化,但两者搭配之后语义就发生了变化,产生了新的"浮现意义"。这种"浮现意义"是在特定的结构中实现的,从认知的角度来看,这是"转喻"导致的结果。其中又包括两个次类,典型实例如下:

a. 圆桌会议　板凳队员　皮包公司　草台班子
　　炮舰外交　绿色食品　纨绔子弟　短板效应
b. 苏州园林　北京烤鸭　少林武功　奥运精神
　　孩子脾气　农民习气　绅士风度　中国速度

比如"圆桌会议",其中的"圆桌"就是圆桌,"会议"就是会议,本身并没有什么特别的含义,但组合以后却不是简单地表示围坐在圆桌边上召开的会议,而是显示"与会各方席次不分上下,一律平等"。也就是说,这不是一般的会议,而是需要凸显"平等"氛围的、通常是代表某些利益集团的人物所举行的联席会议。组合以后"圆桌"的本义淡化了,而圆桌无法显示大小、主次序列的"平等"意义被凸显了,而这个含义显然具有深厚的文化蕴含;组合中的"会议"意义也发生了变化,专指某种性质的会议。这种语义的变化是在搭配中产生的,是"转喻"的认知模式产生的效应,以开会时会议桌的形状来转指某种性质的会议。又如"苏州园林",其中的"苏州"和"园林"都是本义,并没有什么特别的意义,但是整个组合却不是简单地表示苏州这个地方的园林,而是指具有苏州园林这种布局合理、小巧精致、富有江南特色的园林风格。也就是说,它不一定就指在苏州的园林,而成了某种特定园林风格的代名词,可以指称苏州以外的具有这种风格的园林。在这里"苏州"的地方义被弱化了,凸显的是特定风格这个"转喻义";而"园林"在搭配中却获得了"专指义",专指具有某种特色的园林。从认知的角度看也是整体转喻的结果,即以具体地方的园林特色转指某种园林风格。余例可类推解读。因此,这一等级的 N双 + N双 具有如下特征:

1. 根据上面的分析,这一等级的黏合定中结构中的定语与中心语融合度很高,其中 a 类结构中间不能插入"的",这是显而易见。b 类结构可以插入"的"字,但在语义上会发生转变,属于另一类结构。例如:

  b. 苏州园林≠苏州的园林 北京烤鸭≠北京的烤鸭
   孩子脾气≠孩子的脾气 农民习气≠农民的习气

这些组合之间之所以不能画等号,是因为两者的构式义不同。左边的组合具有整合效应,产生了"浮现意义";而右边的组合只是一般表"领属义"的定中组合,并没有产生新的意义。两者之间不属于平行结构,这种语义整合的差别在句子里表现得特别明显,例如:

  (9) 日前刚刚在美国洛杉矶落成的"流芳园",将成为第三十座海外版的苏州园林。
   苏州的工业开发区很漂亮,修建了一些西式的园林,也算是苏州的园林,但没有那种传统韵味。
  (10) 我真怕你老了,还是像过去那么犟,耍孩子脾气。
   孩子的脾气很任性,都是被老人惯坏的。

2. 出于同样的道理,这一等级的黏合定中结构中 N_1 和 N_2 的替换受到限制。更确切地说,不是绝对不能替换,而是替换后的结构属于另一种类型,原有的"浮现意义"将会消失。试比较:

  a. 板凳队员 / 板凳造型   板凳材质 ……
   板凳队员 / 篮球队员   足球队员 ……
   绿色食品 / 绿色窗帘   绿色跑鞋 ……
   绿色食品 / 保健食品   海鲜食品 ……
  b. 中国速度 / 中国经济   中国人口 ……
   中国速度 / 汽车速度   飞机速度 ……
   奥运精神 / 团队精神   民族精神 ……
   奥运精神 / 奥运项目   奥运场馆 ……

其实这一等级黏合结构中的成分(定语或中心语)一般不能用别的名词进行

有效替换。也就是说只有特定的词语与特定的词语组合,才能产生"浮现意义",称谓特定的事物或现象。当它们被别的词语替换后虽然也能组成有意义的黏合定中结构,但在新产生的结构中表现得也只是它们的本义,不可能产生"浮现意义"。究其原因是因为这种整合必须具有认知上的规约性,不能随意类推。值得指出的是有个别实例可以替换,而且替换后能保持原有的"浮现意义",如"绅士风度"可替换为"大将风度、学者风度、教授风度"等等,这是因为"绅士、学者、大将、教授"都已具有某种类型特征。但是这种替换很有限,一方面这样的实例非常少,另一方面能替换的成分也非常少。

3. 由于这一等级的黏合式定中结构是通过整体转喻而产生浮现意义的,而转喻就是用一个概念来指称另一个相关的概念,所以此类黏合式定中结构仍然具有概念指称义,因此仍然保留了作为名词性短语的一些句法功能。主要表现在以下两个方面:

1)可以受数量或指量成分修饰。例如:

    a. 一次圆桌会议 一个草台班子 一伙纨绔子弟 某些皮包公司
    b. 一批苏州园林 那些北京烤鸭 某些农民习气 这种孩子脾气

2)可以充当主语、宾语指称某类事物或现象。例如:

    (11) 短板效应是系统论的一个重要概念,形象地说明了系统内部任何组成部分对整体功能的影响。

    (12) 中国武术博大精深,少林武功就是其中的典型代表。

    (13) 小欣很喜欢自己的丈夫,虽然出身贫寒,却有一种绅士风度。

    (14) 麦哲伦不情愿就此罢手,他决定实施炮舰外交,迫使拉普就范。

D级:高整合度黏合定中结构 N$_双$＋N$_双$

这一等级的黏合定中结构的整合度最高,主要因为两个双音名词的意义已融为一体,整体意义与原来的字面意义已没有关系,表示新的单一概念。新概念产生的"浮现意义"一个明显特征就是"避实就虚",从意义虚化的途径来看属于"整体隐喻"。此类结构的称谓性功能弱化了,凸显的是描写性功能。典型实例如下:

    狐狸尾巴 鳄鱼眼泪 锦囊妙计 井底青蛙
    表面文章 菩萨心肠 狗皮膏药 明日黄花

　　白衣天使　　武林高手　　白马王子　　小家碧玉
　　中流砥柱　　空中楼阁　　世外桃源　　掌上明珠

比如"狐狸尾巴"，民间传说狐狸变成人形后，尾巴变不了，经常会露出来，现在用来比喻终究要暴露出来的坏主意或坏行为。又如"中流砥柱"，已不再指黄河激流中的砥柱山，而是比喻坚强的、能起支柱作用的人或集体。余例可类推解读。由于此类结构内部的整合度很高，两个双音名词的意义已高度融合，具有熟语化的倾向，在句法表现上与A、B、C三个等级的类型有很大不同。

　　1. 定语与中心语之间一般不能插入"的"字。个别实例能插入"的"，但这是建立在原型意义上的变换，变换之后成为性质完全不同的"领属类"组合结构，而且意义上毫无联系，不属于平行结构。例如：

　　菩萨心肠≠菩萨的心肠　　　井底青蛙≠井底的青蛙
　　鳄鱼眼泪≠鳄鱼的眼泪　　　掌上明珠≠掌上的明珠

　　2. N_1 和 N_2 一般不能进行有效的等量、等价替换，少数实例能替换，但替换后整个结构原有的、特定的"浮现意义"就消失了，成为一般的黏合定中结构（A级或B级），因而在语义上是一种非等价的替换。例如：

　　狐狸尾巴　/　狐狸嘴巴　狐狸眼睛　……
　　狐狸尾巴　/　大象尾巴　老鼠尾巴　……
　　表面文章　/　表面现象　表面体积　……
　　表面文章　/　科技文章　政治文章　……

　　3. 此类结构是通过整体隐喻的途径而产生浮现意义的，本体与喻体只有相似性，并不是同一事物，所以此类结构通常不太可能受数量或指量成分修饰。即使中心语 N_2 本身有专属的量词，在进入这一类结构之后会丧失受数量或指量成分修饰的能力，或者令人费解。例如：

　　? 一朵明日黄花　　? 一块小家碧玉　　? 一只井底青蛙
　　? 一颗掌上明珠　　? 一座空中楼阁　　? 一篇表面文章

此类结构中也有一些是比喻某类人或事物的，能受数量或指量成分修饰，但已不可数，能出现的仅限于"一位""这/那个"。例如：

　　一位白衣天使　　这位武林高手
　　一个白马王子　　那个世外桃源

4. 这一等级的黏合定中结构整合度最高，但是从基本功能来看它们还是名词性短语，所以可以充当主语或宾语。但是由于整体意义已经不能从字面意思直接推导出来，产生了新的比喻意义，因此在使用中一个明显的特点是常出现于隐喻结构表述。例如：

（15）他的狐狸尾巴终于露出来了。

（16）小张，你看，你的那位白马王子早就等在那边了。

（17）他们憧憬的那种世外桃源，在现实社会中是不存在的。

（18）在汶川抗震救灾中，我们的白衣天使作出了巨大的奉献。

（19）外面的世界大得很，你们可不要做井底青蛙。

（20）人家可是小家碧玉，你可不要高不成、低不就的，错过了会后悔。

（21）帮主死得这么惨，全是她背后搞的鬼，现在她还假惺惺地来哭灵，那全是鳄鱼眼泪，不可轻信。

（22）这次学术会议级别很高，来的都是武林高手

（三）考察结论

综上所述，我们从黏合定中结构 $N_双+N_双$ 的内部结合程度和外部整体功能两个方面提炼出四条标准，作为鉴别整合度高低的依据，可以有效地揭示不同等级的黏合式定中结构 $N_双+N_双$ 在形式上的区别性特征。根据上文考察，从 A 级到 D 级句法表现差异呈现出如下的层级分布：

句法表现　　　层级分布	能插入"的"变换为组合式平行结构	N_1 和 N_2 分别能进行等量、等价替换	能依据中心语特征受数量或指量修饰	能直接充当主语或宾语指称人或事物
A 级：低整合度	+	+	+	+
B 级：次低整合度	−	+	+	+
C 级：次高整合度	−	−	+	+
D 级：高整合度	−	−	−	+

第二节　框架标记构式及其整合等级

框架标记构式是介于自由短语和固化短语之间的一种框架构式，此类

现象早就为学界所关注,一般被称为"类固定短语",各家的阐述大同小异。文炼(1988)认为我们应该从理解的过程和使用的过程这两个方面把短语分为固定组合和非固定组合,指出其中的固定组合有自己特定的格式和功能,并且首次提出了"类固定短语"的概念。周荐(1997)将类固定语的范围划定在自由词组和固定语之间的语用单位,并指出类固定语虽然在意义上已经有了一定的整体性,在形式上也有了一定的凝固性。但是和固定语比起来,类固定语意义的整体性和形式的凝固性都要差一些。张斌(2002)认为"类固定词语"主要是指一些准凝固性的四字格短语,有以下两个方面的特点:首先,在结构上既有固定的语型部分,又有可变的替换成分;其次,在意义上固定部分规定了整个短语的格式义和关系义,可变部分表示了整个短语的具体义和实用义,两者配合互补,相辅相成。他们认为在汉语词汇体系中,"类固定词语"是介乎成语和单词之间的重要一环,是一种正在形成和发展中的特殊的词汇现象。王吉辉(2009)在考察现代汉语固定语时,对此类四字格进行了判定,他认为此类四字格在结构类型上属于板式固定语,在生成方式上属于组成式固定语,在内部形式上属于双层式固定语。下面我们将选择两个有代表性的框架标记构式作为个案,来展示其内部的整合程度及其等级分布,一个是"没 X 没 Y"前置标记框架构式,另一个是"X 前 X 后"后置标记框架构式。

一、"没 X 没 Y"构式解析

"没 X 没 Y"属于前置标记的框架构式,该构式以往也有学者涉及,但未从概念整合的角度加以探讨。笔者曾指导硕士生骆林娜(2010)对该构式进行了全面的考察,作为前置标记框架构式的个案加以解析。

"没 X 没 Y"的原型是"没 X"和"没 Y"的并列组合。其中"没"表示否定,与"有"相对,是对拥有某物或存在某物的否定,X 和 Y 往往是属于同一认知域的相关事物。此类构式的整合痕迹很明显,试比较下列句子:

　　(1) 官当到这个份上,没有房子,没有车子,场面上怎么混?(《读者》)
　　(2) 他虽说在大上海读了博士,在高校当了个老师,可没房没车,想找个对象可真难!(《报刊文摘》)

例(1)"没有房子,没有车子"是个并列小句,到例(2)被压缩成"没房没车"。其中停顿消失了,"没有"压缩为单音节"没",而通常所说的"房子""车子"

压缩为单音节语素"房"和"车"。这些"压缩"程序显然是为了适应2+2框架的需要,于是就产生了"没 X 没 Y"的构式。

从句法语义特征来考察,笔者发现此类框架构式内部的整合度高低可以分为四个等级:A 级(低整合度);B 级(次低整合度);C 级(次高整合度);D 级(高整合度)。这四个等级形成一个层级分布序列。下面分别加以阐述。

(一) A 级:低整合度构式

我们说这一等级构式属于低整合度,是因为其中的 X 和 Y 大多表示具体的事物,具有名词的原型性特征,整个构式还只是一种客观的陈述,一般直接作谓语。例如:

(3) 哦哦,记起了,是这样一个夜晚,没月没星,却有灯火辉煌的一室,有圆桌、有佳肴,有白兰地、有"杏花村",还有高朋满座。(《作家文摘》)

(4) 没笔没纸,买个蘸水笔尖儿,弄包墨水粉和和,将学生娃们那种作业本背个面儿使。(《当代报刊》)

(5) 那时他老婆刚生孩子三天,没锅没米,喝不了米汤,下不了奶,孩子被活活饿死了。(刘震云《故乡天下黄花》)

实际使用语料显示,此类构式还不稳定,固化性不强,整合度较低,表现出如下一些句法语义属性:

1. 这一等级构式中的 X 和 Y 可替换性很强,只要属于同一认知域的相关事物,都可以进入这个构式,组合比较自由。例如:

没车没马　没砖没瓦　没门没窗　没盐没醋　没米没菜
没书没报　没针没线　没灯没火　没田没地　没鱼没肉
没头没脚　没枝没叶　没碗没盆　没刀没枪　没土没水

2. 这一等级构式的功能是一种客观陈述,如果需要列举的成员不止两项,这个并列结构可以延长。例如:

(6) 近年来,好好的新楼没水没电没气的情况屡见不鲜,小区邮电、学校、医院等不配套,引发居民怨气冲天。(《人民日报》)

(7) 室内没水没电没暖气,矮几一个,坐垫两块,简朴至极。(《读者》)

(8) 张桦林不光写作不行,经商也不行,没钱没房没户口不行,都
有了也不行。(张桦《找不着北》)

3. 这一等级构式内部结合不是很紧,可以添加关联词语进入"既…
又…"的格式。例如:

(9) 穷得既没米又没柴,根本无法生火做饭。(《报刊文摘》)

(10) 当然,像这样有厅房够排场的是少数,多数还是既没廊又没
厅,进得垂花门后,只看到正房和厢房、倒座房的"四合"。(《邓友梅
选集》)

(11) 阎屯村李守义自己既没车又没马,可有的是力气,便以劳力
入股,每年按股可分到 300 担肥。(《人民日报》)

正因为此类构式属于低整合度构式,其中"没"表示否定(与"有"相
对),所以此类构式一般都有相对构式"有 X 有 Y"。例如:

有车有马　有砖有瓦　有门有窗　有盐有醋　有米有菜

有书有报　有针有线　有灯有火　有田有地　有鱼有肉

有头有脚　有枝有叶　有碗有盆　有刀有枪　有土有水

(二) B 级:次低整合度构式

这一等级的"没 X 没 Y"整合度要高于 A 级,主要表现为其中的 X 和
Y 语义都比较抽象,而且虽然只列举两项,但这两项却具有代表性,可以转
指整个认知域,由此产生了构式义。例如:

(12) 你老婆没才没貌,你当初怎么会看上她?(《故事会》)

(13) 在部队干得不赖,但 8 个人争两个馍馍,总有抢不上的;再
说,咱一个山里人,没钱没势,谁能看上咱?(《人民日报》)

(14) 虽说是头一回驾船,但湖面没风没浪,大家原本害怕、紧张
的情绪一扫而光,很快就熟练起来,玩得特别开心。(《报刊文摘》)

(15) 他在市局大大小小的公安会议上,有两句话是必讲的:只要
你还是警察,就没年没节;只要你还是警察,就永远别想着要睡囫囵
觉。(张平《十面埋伏》)

例(12)"没才没貌"不仅说她没有才和貌,而是概括了"品味低下"的特征;
例(13)"没钱没势"不仅说他没有钱和势,而是概括了"地位低下"的特征;
例(14)"没风没浪"字面说的是没有风浪,实际上凸显了"水面平静"的特

征;例(15)"没年没节"字面说的是没有"年"和"节",实际上凸显了"没有休息时间"的特征。

从上述例子可以看到,这一等级的构式整合度高一些,已经开始显现一定的熟语性,产生了特定的构式义。因此,此类构式表现出如下一些句法语义属性:

1. 这一等级构式开始固化,内部结合趋向紧密,其中的 X 和 Y 具有规约性,一般不随意替换(同义位替换除外),整个构式也不能任意延长并列项。(见 A 级实例解析)

2. 这一等级构式明显地具有了描写性,因此常作定语,或构成"的"字结构作谓语。例如:

(16)有权的人家送票看,有钱的自己掏钱看,没权没钱的老百姓只有干瞪眼。(《人民日报》)

(17)他们觉得没山没水的地方,缺乏旅游资源,无法开拓旅游业。(《报刊文摘》)

(18)你也别太狠心了,她其实挺可怜的,没亲没故的,怕你不疼她,脾气就坏了。(苏童《妻妾成群》)

(19)不少人觉得,没枪没炮的,怎么拉队伍跟鬼子干?(《将军回忆录》)

3. 这一等级构式有一个值得关注的现象,有些构式的 X 和 Y 都是动词的指称用法,从认知上分析,属于"转指",即从行为动作转指行为动作的"受事"或其他相关的语义角色,是典型的"转喻"导致的后果。例如:

(20)物质财富是人们进行各种活动的最重要的条件,没吃没穿人不能生活,没钱没人办不了教育。(《中国儿童百科全书》)

(21)哪里有听的,他爱去听,哪里有演的,他爱去看,没听没看,他就觉得没趣。(高晓生《陈奂生上城》)

(22)他家可是没铺没盖,没穿没戴的小人家。(周立波《暴风骤雨》)

(23)山中的罗城仫佬族自治县双寨村,山洪暴发,500 多户 3000 多人被洪水围困在山上,没吃没住的,身上只有随身的衣服。(《报刊精选》)

例(20)"吃"和"穿"是转指吃的食物和穿的衣服,语义上是行为动作的"受事",概括了生存条件;例(21)中的"听"和"看"是指可听的和可看的东西,语义上也是转指行为动作的"受事",概括了诉诸感官的外界刺激;例(22)中的"铺"和"盖"是转指铺的褥子和盖的被子,语义上是行为动作的"工具","穿"和"戴"是转指穿的衣服和戴的首饰,语义上是行为动作的"受事",两个构式概括了家里的生活状况低下;例(23)"吃"和"住"是转指吃的食物和住的地方,语义上分别是行为动作的"受事"和"处所"。此类构式中的 X 和 Y 虽然属于动词的指称用法,但整个构式的句法语义属性与 X、Y 为名词的构式相似,如例(20)中 X、Y 为动词的"没吃没穿"与 X、Y 为名词的"没钱没人"对举,证明两者可以归为同一等级。

此类构式虽然整合度较高,但由于"没"与"有"相对,此类构式多数也有相对构式"有 X 有 Y",并且还与"没 X 没 Y"具有相同的句法语义属性。例如:

有才有貌　有钱有势　有风有浪　有山有水

有枪有炮　有吃有穿　有穿有戴　有吃有住

(三) C 级:次高整合度构式

这一等级的"没 X 没 Y"整合度要高于前两个等级,最明显的特征是其中的 X 和 Y 原来就是一个并列式复合词,两个语素都是黏合语素,一般不单用,拆开后分别嵌入"没 X 没 Y"构式框架的,因此整合的痕迹非常显著。正因为这一等级的"没 X 没 Y"是这样构成的,整体构式已经产生了特定的构式义,内部"没 X"和"没 Y"结合紧密,不能拆开使用。因此,此类构式的整合度显然比较高。例如:

滋味	→	没滋没味	灵魂	→	没灵没魂	款式	→	没款没式
声响	→	没声没响	情绪	→	没情没绪	头绪	→	没头没绪
精神	→	没精没神	缘故	→	没缘没故	腔调	→	没腔没调
腰身	→	没腰没身	边际	→	没边没际	边界	→	没边没界
踪影	→	没踪没影	家舍	→	没家没舍	灾难	→	没灾没难
根据	→	没根没据	根底	→	没根没底	根由	→	没根没由
偏向	→	没偏没向	规矩	→	没规没矩	着落	→	没着没落
遮拦	→	没遮没拦	依靠	→	没依没靠	病痛	→	没病没痛
仇恨	→	没仇没恨	冤仇	→	没冤没仇	条理	→	没条没理
休止	→	没休没止	知觉	→	没知没觉	廉耻	→	没廉没耻
家业	→	没家没业	棱角	→	没棱没角			

这一等级构式的整合度高,不仅在于其构成形式,主要是整合后语义和功能都发生了变化。这种差异在"没 X 没 Y"与"没有 XY"的对比中体现得很充分。例如:

(24) 这个案子很复杂,刑警队至今还没有什么头绪,只能从外围开始排查。(《新民晚报》)

(25) 这个工程一波三折,首先是资金来源,至今没有任何头绪。(《读者》)

(26) 如此进行三星期训练之后,你会发现比以前那种没头没绪的做法,节省出许多时间。(《哈佛经理职业素质》)

(27) 他从来没写过论文,这次是赶鸭子上架,弄得他心里没头没绪的。(《新民晚报》)

例(24)、例(25)中"没有头绪"是一个述宾关系的自由短语,内部结合较松散,可以扩展(如"没有什么头绪""没有任何头绪");主要功能是作谓语,表示客观的陈述。而例(26)、例(27)中"没头没绪"不是指没有头绪,而是指理不清头绪,体现了"没 X 没 Y"的构式义;主要功能是描写性的,在句中充当修饰语(如例26),或构成"的"字结构充当谓语(如例27)。同类实例如下:

(28) 驻北京办事处主任、当年的一个痴情小伙儿伯恩哈德·赫尔曼,时常没情没绪地盯着未婚妻美丽的眼睛琢磨。(《报刊精选》)

(29) 我想起小的时候,我总是没缘没故地整夜啼哭,不仅闹得自己睡不安生,也闹得全家睡不安生。(张洁《爱,是不能忘记的》)

(30) 两人就这样过着没滋没味的新婚日子,后来光光就搬到办公室去住,阿英就每天去送饭。(曾明了《宽容生活》)

(31) 咱这没依没靠的采煤工人能分上这么好的房子,想也不敢想。(《人民日报》)

(32) 站在阿姨前没规没矩的,乱蹦乱跳做啥!(周而复《上海的早晨》)

(33) 工业股份有限公司董事长郭台铭先生,在上海转了好久,没有找到理想的投资环境,正当他没精没神的,准备打道回府的时候,一位朋友建议他到昆山城北来看看。(《报刊精选》)

(34) 你在家老不乐意闲着,坐前几个"月子",老是四五天就起

床,说是躺着,家里事没条没理的。(朱自清《给亡妇》)

（35）天津有一家津工商厦,43名部主任以上的业务骨干,以及一年前下岗的女工,都还没着没落的。(《人民日报》)

例(28)中的"没情没绪"不是指没有情绪,人不可能没有情绪的,是特指心情不舒畅;例(29)中的"没缘没故"不是说没有缘故,整夜啼哭肯定是有缘故的,只是不知道什么缘故;例(30)中的"没滋没味"不是说没有滋味,而是指生活缺乏新鲜感;例(31)中的"没依没靠"不是说没有依靠,而是指这些采煤工人没有背景。此四例中"没 X 没 Y"构式在句中都充当了修饰语(状语或定语)。同样道理,例(32)中的"没规没矩"描写了不守规矩的随意状态,例(33)中的"没精没神"描写出主人公当时失落的精神状态,例(34)中的"没条没理"描写了家事无人料理而呈现出来的混乱状态,例(35)中的"没着没落"描写了下岗职工没有落实再就业的失业状态。此四例中"没 X 没 Y"构式在句中都构成了"的"字结构充当谓语。

此类构式整合方式比较特殊,整体整合度很高,因此其中只有个别构式具有相对的"有 X 有 Y"形式,如"有条有理""有棱有角",一般没有相对的"有 X 有 Y"形式。

（四）D级：高整合度构式

这一等级的"没 X 没 Y"整合度最高,构式中的"没"已经不表示原型否定义,整个构式义超越了字面意义,产生了特有的专指意义,已经固化成熟语。因此,这一等级构式有的已经被收入了《现代汉语词典》(第5版)。例如:

> 没大没小：指说话做事不顾长幼尊卑,不顾及长辈的尊严。
>
> 没轻没重：指言行鲁莽,没有分寸。
>
> 没日没夜：指不分昼夜(做事情)。
>
> 没头没脑：(说话、做事)头绪不清或缺乏条理;没有来由;指不顾一切。
>
> 没心没肺：形容不动脑筋,没有心计;指没有良心。

该词典还列有"没…没…"的格式,所举这一等级构式的实例有:

> 没脸没皮　没深没浅　没老没少

依据词典收录的依据,我们在语料中还可以找到一些类似的实例:

没血没肉　没头没脸　没上没下　没先没后　没真没假

从上述实例分析,这一等级构式中的 X 和 Y 具有如下一些显著的语义特征:

1. 其中的 X 和 Y 都是自由语素,平时可以单说。两者之间有的是近义关系,如"没头没脑""没血没肉""没皮没脸";有的是对义关系,如"没日没夜""没先没后""没上没下";有的是反义关系,如"没大没小""没轻没重""没真没假"。

2. 其中的 X 和 Y 在该构式中体现的不是原型义,而是通过隐喻或转喻产生的新义。如"没心没肺"不是指没有心肺,因为正常人都有心有肺,这里"心"和"肺"转指思路、心计等,属于转喻类型;"没心没肺"指不动脑筋,没有心计,或指没有良心。又如"没血没肉"不是指没有血肉,因为正常的人都有血有肉,这里的"血"和"肉"是一种隐喻;"没血没肉"通常指文章内容不充实,人物刻画不生动,好比一个人骨瘦如柴、形容枯槁的样子。

3. 其中的 X 和 Y 大多是转指用法,在功能上发生了转移。如"没轻没重"中的"轻"和"重"都是形容词,在该构式里却是指称用法,指轻重的分量;"没轻没重"不是指没有轻重,而是喻指言行鲁莽,没有分寸。又如"没上没下"中的"上"和"下"都是方位词,在该构式里不再指方位,而是喻指地位、身份、辈分的高下;"没上没下"指待人处事不分长幼尊卑,不顾及长辈或上司的尊严。

综上所述,由于这一等级构式中的 X 和 Y 具有显著的语义特征,构式中的"没"并不表示"不拥有、不存在",而是一种抽象的否定,指"缺乏""分不清""不顾及"等意义。整个构式义无法从字面意义推导出来,与此相配的形式就具有凝固性强、结合紧密、语序规整、能产性弱等典型的熟语特征。因此,这一等级构式的功能主要是描写性的,相当于一个状态形容词。例如:

(36)你别说这些没头没脑的空话,我们这是公事!(孙犁《风云初记》)

(37)七爷更是个没心没肺的主,更不会有意和你们黄家过不去。(《作家文摘》)

(38)五爷不怕穷就怕羞辱,就怕再过没脸没面、人不像人鬼不像鬼的日子。(乔典运《香与香》)

(39)各种偏方和治疗对方就是无效的,他不明白生活为什么跟他

开起这种没深没浅的玩笑,这玩笑使他对扑面而来的各种诱惑充满深深的敌意和诅咒。(铁凝《大浴女》)

（40）当任桂华追上街去拉他时,还挥起拳头,往任桂华脸上身上没轻没重地乱打。(《人民日报》)

（41）照顾病人、种地、干家务、看孩子,戴俊秀像一台不知疲倦的机器,没日没夜地运转。(《人民日报》)

（42）孩子发病时,会没头没脑地朝我劈头打来;可是,在他清醒时,却常会深情地注视着我,有时,还会半夜到我房间来看看我。(《作家文摘》)

（43）胡子叔叔对我们就像对待自己的子女,而我们对他,则有时亲得简直没大没小。(《人民日报》)

（44）一些人物写得没血没肉;性格不突出;心理没有变化;故事发展不够自然;没过程;甚至有些前后矛盾的地方。(马峰《吕梁英雄传》)

上述例(36)(37)(38)(39)中"没 X 没 Y"作定语,例(40)(41)(42)中"没 X 没 Y"作定语,例(43)(44)中"没 X 没 Y"作补语。

此外由于此类构式已经熟语化,因此没有相对的"有 X 有 Y"形式。

二、"X 前 X 后"构式解析

"X 前 X 后"属于后置标记框架的构式,该构式以往也有学者涉及,但未从概念整合的角度加以探讨。笔者曾指导硕士生王子艺(2010)对该构式进行了全面的考察,作为前置标记框架构式的个案加以解析。

"X 前 X 后"构式中的"前"和"后"都是典型的方位词,通常附着于表空间义的名词(空间参照点)之后表示具体方位。"X 前 X 后"构式复叠了同一个空间参照点的"前""后"两个方位,是构式框架整合的结果。试比较:

（1）小王凡事谨慎,拿了驾照,买了新车,车前贴了不少法定的行车标识,车后还贴了一条标语:"新司机,请海涵"。(《报刊文摘》)

（2）皇冠3.0高档轿车常常会有这样的遭遇:车停在外,一夜之间,车前和车后的漂亮标志不翼而飞,成了"秃头光腚"。(1994 年《报刊精选》)

（3）接到报警,巡警很快赶到了,车前车后绕了一圈,立刻判定这是一辆"克隆车"。(《作家文摘》)

例(1)的"车前""车后"以"车"为参照,各自表方位,互不相干。例(2)"车前车后"合为一体,但实际上还是以"车"为参照,分述了两个方位。理由是"车前车后"中间插入了并列连词"和",而句末"秃头光腚"也从意义上表明了两个方位。例(3)的"车前车后"已经融为一体,因为巡警在车身边绕了一圈,显然不仅指车前车后,而是指以"车"为参照的空间域,概括了前后左右的空间范围。这是整合的效应,以"前""后"来概括以某物为参照的特定空间范围,属于"转喻",即以部分转指全部。"X 前 X 后"构式指的就是例(3)的这种用法。

从句法语义特征来考察,笔者发现此类框架构式内部的整合度高低也可以分为四个等级:A 级(低整合度);B 级(次低整合度);C 级(次高整合度);D 级(高整合度)。这四个等级形成一个层级分布序列。下面分别加以阐述。

(一) A 级:低整合度构式

这一等级的"X 前 X 后"整合度最低,是因为其中的"前""后"还是具有表方位的原型性,其中 X 表示的也都是本义,而且可类推性较强,凡可作为空间参照的物体都可以。这说明这一等级的"X 前 X 后"构式内部结合不是很紧密,因此整合度不高。例如:

山前山后	屋前屋后	楼前楼后	床前床后	殿前殿后
堤前堤后	村前村后	桌前桌后	台前台后	坟前坟后
塘前塘后	车前车后	腿前腿后	摊前摊后	灶前灶后
村前庄后	院前院后	房前屋后	宅前屋后	桌前灶后

值得说明的是,该类构式中的 X 可以用同一个词来突显方位参照点,如"屋前屋后""村前村后";也可以用相关的两个词来突显同一个方位参照点,如"房前屋后""村前庄后"。这只是词语的选择不同,"屋"与"房"、"村"与"庄"都是同义位的并列式复合词的两个语素。从构式的角度来看,两者没有质的区别,我们视为同类构式。

这一等级的构式在功能上属于体词性,主要表示方位域,因此最常见的是出现在"存现句"中充当话题主语。例如:

(4) 村屯依山傍水,村前村后都有几棵合抱粗的荔枝树,枝繁叶茂,有几十年的树龄。(《人民日报》)

(5) 不久,人们便发现老研究员的房前屋后栽满了从山上挖回许

多种野花。(《人民日报》)

（6）坟前坟后挂满了五颜六色的旗袍。(孙方友《牛黄·旗袍》)

其次是充当表处所的介词"在"的宾语。例如：

（7）那些外出开会的日子，每到赶夜路回村的时候，狗远远就迎上来，在腿前腿后绕着、跳着、叫着，很温馨啊！(李佩甫《羊的门》)

（8）一到开饭时间，他就强打起精神，迈开大步，一路歌声一路口号地走进饭堂，然后，他在桌前灶后露一面，再悄悄回到宿舍吃药。(1994年《报刊精选》)

（9）五十年代有一阵听说他在写越剧《春香传》，那剧彩排时我也看到他在台前台后忙活，可说明书里并没他名字。(邓友梅《好您哪，宗江大哥》)

（二）B级：次低整合度构式

这一等级的"X前X后"整合度要高于A级。一个显著特征是该构式中的"前""后"不表示方位，而是表示时间，从空间域转指时间域，是人类认知的规律，是一种"本体隐喻"的映射。同时，与此相匹配的是"X前X后"中的X有些是动词，本身就表示一个事件，如"震"即"地震"，"产"即"分娩"，"考"即"考试"，它们都选用一个语素压缩进了"X前X后"这个韵律框架，形成这类构式。而更多的是一些典型的"事件名词"，如"雨"指"下雨"这个事件，"婚"指"结婚"这个事件，"课"指"上课"这个事件；这些名词的"事件性"被凸显了，就能充当时间参照点。典型实例如下：

会前会后　婚前婚后　课前课后　雨前雨后
饭前饭后　事前事后　产前产后　病前病后
震前震后　售前售后　购前购后　考前考后
茶前饭后　饭前便后　婚前产后　睡前醒后

值得说明的是，该类构式中的X可以用同一个词来突显时间参照点，如"饭前饭后""产前产后"；也可以用相关的两个词来突显时间参照点，如"茶前饭后""婚前产后"。这只是词语的选择不同，从构式的角度来看，两者没有质的区别，我们视为同类构式。

值得注意的是，这一等级的"X前X后"表示的是时间，其中X以某个事件作为时间参照点，那么"X前"和"X后"必然包含两个时间段。例如：

　　（10）张老头对自己干的活非常负责,会前总是把开水、茶杯、烟缸准备齐全,会后又及时把会场打扫干净,让大伙儿很满意。（人民网）

例(10)中"会前""会后"两个时间段分别陈述,那么两个时间段陈述的是两个不同的事件,如果这两个时间段陈述的是同一个事件,那么这两个时间段就可以合二为一,成为"X前X后"构式。例如:

　　（11）张老头对自己干的活非常负责,会前会后总是把会场打扫得干干净净,让大伙儿很满意。

例(11)非常清楚地揭示了"X前X后"的整合效应,两个时间段合二为一,为的是陈述同一个事件或状态,从实际语料来看,确实是这样。例如:

　　（12）大热天,教师们把带的菜放在冰箱里,可以吃上新鲜的午餐;课前课后还能喝杯冷饮润润喉、解解乏。（《人民日报》）

　　（13）青蛙在雨前雨后叫得欢。（谷歌网）

　　（14）有一次开一个军民关系方面的会议,驻地市里来了几个记者,会前会后拍了许多照片。（《历史的天空》）

　　（15）儿子突然患病,经医院抢救捡回了一条命,但是动完手术后的儿子,病前病后完全判若两人。（爱读爱看网）

　　（16）茶前饭后他有意和儿子闲扯几句,说些街上流传的轶闻趣事,装傻充愣地问些他早已知道答案的愚蠢问题。（王朔《我是你爸爸》）

　　（17）我国目前约有30家制造方便面设备的工厂,广州人民机器厂之所以能在众多同行业中居于首位,除了产品不断创新,质量过得硬,最重要的一点,售前售后服务周到。（1993年《人民日报》）

因此,这一等级构式主要功能就是处在修饰语位置,充当状语,如上面的例子。此外,该构式也可以充当定语。例如:

　　（18）方怡用了一个上午,到空军试飞团和信息工程研究所详细了解了江月蓉和陈天雄婚前婚后的情况,结果让她十分满意。（柳建伟《突出重围》）

　　（19）当错换儿子一事在人们茶前饭后的余兴中,被悄悄传开,遂昌县城前街上的一幢新落成的农家新居里,李林泉罗素慧两口子也是

如坐针毡。(《读者》)

(20)江苏仪征化纤股份公司涤纶一厂除完善女工婚前产后的系列服务外,还坚持同育龄夫妇签订生育节育合同。(谷歌网)

(21)两岸学者还利用会前会后的机会个别接触,交换了各自的著作。(1993 年《人民日报》)

(三) C 级:次高整合度构式

这一等级"X 前 X 后"的整合度比前面两个等级的都要高,一个显著变异是其中的 X 都是自主的动作动词,而"前""后"表方位具有虚指性。典型实例如下:

跑前跑后　奔前奔后　翻前翻后　跳前跳后

忙前忙后　滚前滚后　跟前跟后　拖前拖后

奔前跑后　窜前跑后　忙前跑后　窜前蹦后

跟前撵后　拖前拉后　挤前靠后　翻前转后

值得说明的是,该类构式中的 X 可以用同一个动词来突显方位参照点,如"忙前忙后""跟前跟后";也可以用两个动词来突显时间参照点,如"忙前跑后""跟前撵后"。这只是词语的选择不同,从构式的角度来看,两者没有质的区别,我们视为同类构式。

此类构式的整合度比前面两个等级的都要高,是因为该构式已经产生了构式义,即表示行为动作的持续、反复。其中的动词有的是持续动词,如"跑、奔、滚、拖、拉"等;有的虽不是持续动词,但动作可以反复,如"跳、翻、转、窜、蹦"等。因为前边的动词无法显示方位参照,所以"前""后"不指具体方位,而是一种虚指用法;而任何行为动作的持续、反复都必须在时间域里展开,因此"前""后"还蕴含了时间因素。于是"V 前"与"V 后"在"X 前X 后"的框架中进行整合,产生了动作持续、反复的构式义。例如:

(22)他们那些黝黑结实的孩子一上午不停地奔前跑后,兴奋异常。(《人民日报》)

(23)打电话的时候,就会寻找地址簿,明明记得已经抄下的电话和地址,翻前翻后,折腾了半天,就是找不到。(《读者》(合订本))

(24)可是窜前跑后,一条沟都跑遍了,并不见张有义的影子。(马峰《吕梁英雄传》)

(25)山道不好走,尽是些老弱病残,游击队长只能拖前拉后,等

到了山顶,他也累垮了。(《报刊文摘》)

例(22)句中有修饰语"一上午不停",例(23)中有后续句"折腾了半天",例(24)也有后续句"一条沟都跑遍了",例(25)句子蕴含了一个爬到山顶的时间过程。这些都说明句中的"V前V后"是个持续、反复的动作过程,蕴含时间因素。

正因为"V前V后"是个持续、反复的动作过程,该构式的主要功能是述谓性的,在句中充当谓语,如上面的实例。同时我们在语料中也发现一些"V前V后"充当状语的实例:

> (26)一位由定西迁到河西的移民对参观的人讲:以前家在定西时,我经常跟前撵后找干部要救济粮;搬到河西这几年,年年卖给公家几千斤。(1994年《报刊精选》)
>
> (27)尹小帆窜前跑后地欢呼着,她为她的姐姐感到骄傲。(铁凝《大浴女》)
>
> (28)可又眼见县太爷跟前跟后地把三阿公父女接到县府大楼照相,请到县大会堂看戏。(林斤澜《作家文摘·三阿公》)
>
> (29)老罗家的新媳妇一身新衣,忙前忙后地照应着客人,从容应答,看上去比她当家的强好多。(《读者》)

仔细观察,这些"V前V后"构式充当的都是描写性的情态状语,按照认知语言学的"背景—图像"理论的观点,这类状语属于"次谓语",是为了凸显后边的行为动作而被处理为背景信息的。事实上,只要删去结构标记"地",添加停顿语调,这些"V前V后"构式就会"提升"为小句谓语。例如:

> (26′)一位由定西迁到河西的移民对参观的人讲:以前家在定西时,我经常跟前撵后,找干部要救济粮;搬到河西这几年,年年卖给公家几千斤。(1994年《报刊精选》)
>
> (27′)尹小帆窜前跑后,欢呼着,她为她的姐姐感到骄傲。(铁凝《大浴女》)
>
> (28′)可又眼见县太爷跟前跟后,把三阿公父女接到县府大楼照相,请到县大会堂看戏。(林斤澜《作家文摘·三阿公》)
>
> (29′)老罗家的新媳妇一身新衣,忙前忙后,照应着客人,从容应答,看上去比她当家的强好多。(《读者》)

（四）D 级：高整合度构式

这一等级的"X 前 X 后"整合度最高。判定整合度最高的依据是这些构式已经固化为熟语，《现代汉语词典》（第 5 版）已作为词条收入，《汉语成语词典》（何伟渔、包南麟编，上海教育出版社 2004 年）也把它们判定为成语收入。从构式中"前""后"所表示的语义来分析，分为两种情况。

一种情况是"前""后"表方位隐喻义。例如：

跋前踬后　跋：踩；踬：绊倒。语出《诗经·豳风·狼跋》："狼跋其胡，踬夷其尾。"（胡，兽类颔下的肉。）意即狼往前走会踩着自己的胡，后退又会绊着自己的尾而跋倒。唐韩愈《进学解》："跋前踬后，动辄得咎。"比喻陷入困境，进退两难。例如：

> （30）事情闹到这个地步，真可谓是跋前踬后，进退维谷，只能趁早收场。（《新民晚报》）
> （31）公司陷入了困境，老专家说这叫跋前踬后，没救！（《读者文摘》）

瞻前顾后　瞻：向前看；顾：回头看。语出《离骚》："瞻前而顾后兮，相视民之计极。"原形容做事谨慎，现多形容顾虑太多，做事犹豫不决。例如：

> （32）欲做大事，何能瞻前顾后，如市井庸人！（姚雪垠《李自成》）
> （33）一味地瞻前顾后，新开发的项目迟迟不能进展，必定会坐失良机。（《报刊文摘》）

鞍前马后　原指马前马后的方位，现形容追随、侍候在主人或上司左右。例如：

> （34）不少家长鞍前马后陪着孩子前来参赛。（《报刊精选》）
> （35）话既出，他果然鞍前马后地忙。生意顺利，他不闻不问；遇到烦难，他展开灵活凌厉的攻势，拿下一个又一个"山头"。（《报刊精选》）

上述实例有一些共同的特征：构式原来都有比较具体、实在的意义，而现在的构式义（通用义）是整体隐喻的结果，释义中都有"比喻……"或"形容……"的字眼，因此不能从字面去理解，这是熟语的共性特征。由此构式中的"前""后"表示的方位义也弱化了，只是一种虚指的用法。

另一种情况是"前""后"表时间转喻义。例如：

空前绝后 从前不曾有过，今后也不会有。语出《宣和画谱》："顾（顾恺之，晋代画家）空于前，张（张僧繇，南朝梁代画家）绝于后，而道子（吴道子，唐代画家）乃兼有之。"清吴趼人《痛史》第十六回："祖孙三代倒做了三朝元老，真可以算得空前绝后的了。"意指独一无二，极其难得。例如：

(36) 被誉为"巾帼英雄"的张山，1992 年巴塞罗那奥运会上力压众多男选手，成为空前绝后的男、女混赛双向飞碟女性冠军，也为中国射击队赢得了迄今为止唯一一枚奥运会飞碟金牌。（中央电视台新闻频道网）

(37) "文化大革命"便是这种现象的登峰造极，从黄蚂蚁到红海洋，从天天读到忠字舞，真是人类史上一场空前绝后的噩梦。（《读书》）

惩前毖后 惩：惩戒；毖：小心，谨慎。语出《诗经·周颂》："予其惩而毖后患。"明张居正《答河道吴自湖计河糟书》："顷丹阳浅阻，当事诸公，毕智竭力，仅克有济，惩前毖后，预为先事之图可也。"意指从以前的错误或失败中吸取教训避，免以后重犯。例如：

(38) 对违纪违法者该撤职的撤职，该经济退赔的经济退赔，该法办的法办，才能惩前毖后，以儆效尤。（《人民日报》）

(39) 监管部门对金融机构的约束弱化，问题暴露后的处罚力度太轻，存在以罚代刑、辞职抵罪的现象，未能通过处罚起到惩前毖后的作用。（《人民日报》）

承前启后 承：承接；启：开启；承接前面的，开创后来的。文康《儿女英雄传》第三十六回："此后这副承前启后的千斤担儿好不轻松爽快。"意指继承前人事业，为后人开辟道路。例如：

(40) 王小波、李顺起义在中国农民战争史上，第一次明确地提出了"均贫富"的口号，具有承前启后的意义，标志着中国农民战争进入了一个崭新阶段。（《人民日报》）

(41) 梁光烈说，中美关系目前正处于承前启后的重要时刻，面临着新的挑战和机遇。（谷歌网）

上述实例也有一些共同的特征：这些构式在古代文献里都有出处，可见是一种历时凝固现象,因而构式义非常稳定。构式中的动词都是抽象的行为动词,因此其中"前""后"也不表示具体时间段,而是通过转喻虚指以前或以后的事件、现象、状态等等。

三、框架标记与构式语模

上面笔者以前置标记框架构式"没 X 没 Y"、后置标记框架构式"X 前Y 后"作为个案,解析了现代汉语标记框架构式的整合度高低及其层级分布。现代汉语中标记框架构式是典型的 2+2 韵律框架整合的结果,具有极大的能产性,是现代汉语语汇的重要组成部分。事实表明,目前现代汉语标记框架构式的语模已多达近 50 种,而且此类形式还在不断产生。下面笔者以《现代汉语词典》(第 5 版)与张斌主编《新编现代汉语》(2002)为依据,展示现代汉语标记框架构式的语模类型。

(一) 前置标记框架构式

前置标记框架构式可以码化为"X…X…"。下面列举的是《现代汉语词典》(第 5 版)收入的框架构式及其所举实例。

1. 爱…不…
   爱管不管　爱说不说　爱来不来
2. 半…半…
   半文半白　半明半暗　半信半疑　半吞半吐　半推半就
3. 半…不…
   半明不暗　半新不旧　半生不熟　半死不活
4. 不…不…
   不干不净　不明不白　不清不楚　不偏不倚　不慌不忙
   不痛不痒
   不知不觉　不三不四　不言不语　不声不响　不理不睬
   不闻不问
   不依不饶　不屈不挠　不折不扣　不伦不类　不蔓不枝
   不郎不秀
   不卑不亢　不哼不哈　不即不离　不尴不尬　不管不顾
5. 不…而…
   不寒而栗　不劳而获　不谋而合　不期而遇　不言而喻
   不约而同　不翼而飞　不胫而走

6. 大…大…

大手大脚　　大鱼大肉　　大吵大闹　　大吃大喝　　大摇大摆

大红大绿　　大是大非　　大男大女

7. 大…特…

大书特书　　大吃特吃　　大改特改

8. 非…非…

非亲非故　　非驴非马

9. 非…即…

非此即彼　　非亲即友　　非打即骂

10. 连…带…

连本带利　　连老带小　　连说带唱　　连滚带爬　　连蹦带跳

11. 没…没…

没脸没皮　　没羞没臊　　没着没落　　没完没了　　没大没小

没深没浅　　没轻没重　　没日没夜　　没老没少

12. 千…万…

千山万水　　千军万马　　千秋万岁　　千头万绪　　千丝万缕

千言万语　　千呼万唤　　千变万化　　千辛万苦　　千差万别

千真万确　　千难万难

13. 前…后…

前街后巷　　前因后果　　前思后想　　前呼后拥　　前倨后恭

前俯后仰　　前仰后合　　前仆后继　　前赴后继

14. 三…五…

三番五次　　三令五申　　三年五载　　三皇五帝　　三纲五常

15. 说…道…

说长道短　　说三道四　　说黑道白　　说东道西　　说亲道热

说千道万

16. 随…随…

随叫随到　　随到随吃　　随印随发

17. 无…无…

无影无踪　　无缘无故　　无拳无勇　　无依无靠　　无穷无尽

无大无小　　无时无刻　　无声无息　　无拘无束　　无尽无休

无法无天

18. 现…现…

现编现唱　　现买现卖　　现买现用　　现做现吃

19. 一…半…

一鳞半爪　　一年半载　　一时半刻　　一星半点　　一知半解

20. 一…不…

一定不易　　一去不返　　一蹶不振　　一言不发　　一字不漏

一钱不值　　一毛不拔　　一窍不通　　一丝不苟　　一丝不挂

一文不名

21. 一…而…

一哄而散　　一怒而去　　一望而知　　一扫而光　　一挥而就

一蹴而就

22. 一…二…

一干二净　　一清二楚　　一清二白　　一差二错　　一来二去

一穷二白

23. 一…就…

一学就会　　一吃就吐　　一教就懂　　一请就到　　一说就成

一推就倒

24. 一…一…

一心一意　　一生一世　　一针一线　　一草一木　　一言一行

一本一利　　一瘸一拐　　一板一眼　　一歪一扭　　一问一答

一唱一和　　一起一落　　一张一弛　　一上一下　　一长一短

一东一西　　一模一样　　一丝一毫　　一五一十　　一心一德

一朝一夕　　一字一板

25. 一…再…

一误再误　　一错再错　　一拖再拖

26. 有…无…

有行无市　　有己无人　　有口无心　　有利无弊　　有名无实

有始无终　　有头无尾　　有气无力　　有眼无珠　　有益无损

有勇无谋　　有增无减　　有备无患　　有恃无恐　　有意无意

有教无类

27. 有…有…

有利有弊　　有头有尾　　有赏有罚　　有多有少　　有板有眼

有棱有角　　有始有终　　有情有义　　有声有色　　有说有笑

　　　　　有凭有据　　有条有理　　有血有肉
　　28．左…右…
　　　　　左说右说　　左思右想　　左膀右臂　　左顾右盼　　左邻右舍
　　　　　左支右绌

（二）后置框架标记构式

　　后置标记框架构式可以码化为"…X…X"。下面列举的是张斌主编《新编现代汉语》(2002)收入的框架构式及其所举实例。

　　29．…东…西
　　　　　打东打西　　拆东补西　　说东道西　　指东画西
　　30．…头…脑
　　　　　傻头傻脑　　鬼头鬼脑　　虎头虎脑　　贼头贼脑
　　31．…言…语
　　　　　闲言碎语　　胡言乱语　　慢言细语　　片言只语
　　32．…天…地
　　　　　呼天号地　　喊天哭地　　铺天盖地　　冰天雪地
　　33．…模…样
　　　　　怪模怪样　　大模大样　　一模一样
　　34．…眉…眼
　　　　　贼眉鼠眼　　直眉瞪眼
　　35．…腔…调
　　　　　南腔北调　　油腔滑调　　怪腔怪调　　洋腔洋调
　　36．…心…意：
　　　　　回心转意　　三心二意　　全心全意　　一心一意
　　37．…手…脚
　　　　　搓手顿脚　　碍手碍脚　　大手大脚　　毛手毛脚　　蹑手蹑脚
　　　　　轻手轻脚　　束手束脚　　指手画脚　　动手动脚
　　38．…声…气
　　　　　唉声叹气　　垂头丧气　　低声下气　　好声好气　　怯声怯气
　　　　　瓮声瓮气
　　39．…思…想
　　　　　胡思乱想　　朝思暮想　　前思后想　　左思右想

40. …三…四
    不三不四　低三下四　颠三倒四　丢三落四　挑三拣四
    推三阻四　张三李四　朝三暮四　调三窝四
41. …七…八
    杂七杂八　夹七夹八　横七竖八
42. …来…去
    颠来倒去　翻来覆去　眉来眼去　一来二去　回来回去
43. …前…后
    惩前毖后　空前绝后　瞻前顾后　思前想后　鞍前马后
    跋前踬后　承前启后　台前幕后　饭前便后　婚前产后
    锅前灶后　房前屋后
44. …上…下
    承上启下　欺上瞒下　媚上欺下　没上没下

第三章
构式原型与扩展承继

　　语言作为人类的交际工具,是自然的、活跃的、开放的符号系统。语言中的任何构式都有其原型特征,我们可以解析其构件及其整合理据。然而,任何构式又不可能一成不变,在实际使用中一个原型构式可能会扩展出一个系列的"家族成员",这种扩展承继正是构式能产性的充分体现。Goldberg(1995)初期的论元结构构式语法理论中就提到了构式的"内部承继",指的就是此类基于原型的扩展承继。

　　进入新世纪以来,汉语构式研究的一个重要领域,就是对构式原型的扩展承继的描写、分析和解释。比如张伯江(1999)用构式语法的理论对汉语的双及物构式进行了重新审视,描绘出基于构式原型的隐喻扩展,对传统双宾句进行了统一的解释。高增霞(2006)对汉语连动式进行了全面考察,指出连动式也是一个典型范畴,并从认知角度提出了"先后顺序"的三个隐喻扩展层面;张旺熹(2006)将汉语"把"字句的原型确认为空间位移图式,并进一步分析了该构式通过隐喻拓展的途径产生的系列"成员"。他们的研究有一个共同特点,就是对构式扩展承继的考察都立足于"隐喻"这个普遍的认知途径。

　　然而语言事实表明,原型构式的扩展承继还有其他途径,或者说是一种更加隐秘的"隐喻"途径。比如对一个构式来说,核心动词的次范畴特征(及物性、自主性、连续性等)的变换会导致构式的扩展,进而还会导致整个构式(事件框架)语义角色指派的变异。同时,构式的其他组配构件同样会产生聚合序列的变换,导致构式的扩展承继。本章就是基于这样的思路,来考察构式原型与扩展承继,其表现至少可以有三种类型:一是核心谓词的扩展承继,二是组配构件的扩展承继,三是整体构式的扩展承继。下面分别加以讨论。

第一节　核心谓词的扩展承继

核心谓词的扩展,主要是核心动词基于次范畴特征的变换而导致的扩展承继。本节主要通过解析"NP＋VR"自致使义构式、"V起来"话题义构式来展示这种扩展承继。

一、"NP＋VR"自致使义构式解析

"NP＋VR"自致使义构式(如:他跑累了),与"致使"范畴有关,笔者(2010)称之为"自致使义"构式(参见第五章分析)。通过对该构式的考察,笔者发现由于核心动词V的替换,原型构式扩展出三种形式。其中核心动词V的及物与不及物本身就体现了特定"事件框架"(event frame)中参与者角色指派的差异(参见Talmy1976)。下面我们先来解析"NP＋VR"的构式原型,再展示"NP＋VR"的构式扩展。

(一)"NP＋VR"自致使义的构式原型

从构式原型来看,"NP＋VR"自致使义构式包含两个基本语块:主体NP＋黏合动结VR。主体NP通常是能施行自主行为的生命体,否则无法体现"致使义"。黏合动结VR中,核心动词V多为单音节的不及物自主动词,如"哭、笑、叫、喊、跑、走、跳、转、坐、躺、蹲"等,表示主体施行的某种自主行为;结果补语R多为单音节性质形容词,如"累、烦、腻、晕、傻、呆"等,表示主体出现的某种状态变化(生理的或心理的),通常是消极义的。我们把该原型构式称为"A式"。例如:

(1) 也许是刚出家不久,凡心未泯,小和尚坐了两个时辰,就坐烦了。(小和尚坐烦了)

(2) 宝宝闹腾了一晚,现在很安静,瞪着两只眼睛,好像哭呆了。(宝宝哭呆了)

(3) 伤了脚,洪师父不得不在床上躺着,躺了几天就躺腻了。(洪师父躺腻了)

(4) 这个游戏很简单,无非就是听口令向左或向右转,可七转八转的,不少人就转晕了。(不少人转晕了)

(5) 姑娘天生喜欢笑,碰到这么一个会逗乐的,不停地笑,都笑傻

了。（姑娘笑傻了）

（6）孩子们在蹦床上跳了又跳，跳累了，就在蹦床上坐了下来。（孩子们跳累了）

上述实例显示，"NP+VR"自致使义构式的构式义体现了一种"非预期的过量后果义"（详见第五章分析）。从话语功能来看，该构式往往表达了在某种条件下所产生的主体非可控、非自主的生理或心理上的某种消极性的状态变化。上述构式义决定了该构式在句法上的一些表现特征：

1. 依赖语境信息。典型的他致使义构式如"小王打碎了花瓶""猎人杀死了野猪"，独立成句性很强，并不需要特定的语境提示。而此类"NP+VR"自致使义构式往往是复句中的一个分句，需要语境信息来突显产生"非预期的过量后果义"的"原因"。如例（1）因为一连"坐了两个时辰"（时间过量），小和尚坐烦了；例（4）由于"七转八转"（动作过量），不少人转晕了。余例可类推解读。

2. 没有否定形式。典型的他致使义构式中"动结式"可以直接否定，"没VR"与"VR了"形成对立。例如：

小王剪断了电线　→　小王没剪断电线
那头牛踩坏了庄稼　→　那头牛没踩坏庄稼

但此类"NP+VR"自致使义构式中"动结式"一般没有直接否定形式。例如：

他坐烦了　→　？他没坐烦　　他转晕了　→　？他没转晕

此类否定形式只可能出现在对别人的陈述加以"辩误"的语境中（纠正对方的陈述），一般不能作为始发句出现。这与该构式的话语功能有关，因为陈述的某种"过量后果义"是既成事实，也就没有了否定的语义基础。

3. 不能构成可能式。典型的他致使义构式中"动结式"可以构成平行的可能式。例如：

打碎　→　打得碎　/　打不碎　　杀死　→　杀得死　/　杀不死
剪断　→　剪得断　/　剪不断　　踩坏　→　踩得坏　/　踩不坏

但"NP+VR"自致使义构式中"动结式"一般不能构成可能式。例如：

哭呆　→　*哭得呆　/　哭不呆

躺腻　→　＊躺得腻　／　躺不腻

笑傻　→　＊笑得傻　／　笑不傻

跳累　→　＊跳得累　／　跳不累

这与该构式的构式义有直接关系,既然表达的是一种"非预期后果",具有不可预测性,自然也就不会有可能式。

(二)"NP＋VR"自致使义的构式扩展

"NP＋VR"自致使义构式由于核心动词 V 的替换,产生了两种扩展形式,笔者分别称之为"B式"和"C式"。

1. 变式一：B 式

典型实例如下：

(7) 这可是令人思乡的家乡小调,那个小伙子唱啊唱的,竟然唱哭了。(小伙子唱哭了)

(8) 文秘的工作就是整天写,小王面对这一大堆报告,写腻了,就溜出去找女孩聊天。(小王写腻了)

(9) 老张能说会道,可天天说这些重复的大道理,也说烦了。(老张说烦了)

(10) 这一大盆脏衣服,妈妈洗了一天,还真洗累了。(妈妈洗累了)

(11) 那盼望已久的录取通知书迟迟不来,小平天天眼巴巴地等着,等急了。(小平等急了)

(12) 这么大场面的精彩演出,李老师也是头一回看到,不禁看呆了。(李老师看呆了)

与原型构式相比,上述例句(B式)的构式义及话语功能都基本一致,但构式中的不及物动词被及物动词所替换,如"唱、写、说、洗、等、看"。及物动词一般有支配的论元(受事)处于宾语的位置。但在此类构式中及物动词一般不带受事宾语,这个受事论元在语境中是存在的,假如变换为动词拷贝句式,及物动词支配的受事论元就会显现。例如：

(7′) 小伙子唱小调唱哭了　　(8′) 小王写报告写腻了

(9′) 他说道理说烦了　　(10′) 妈妈洗衣服洗累了

(11′) 小平等通知书等急了　　(12′) 李老师看演出看呆了

这种现象在以往的研究中早已引起学界的关注,即现代汉语中述补短语带宾语有一条规则：补语语义指向主语施事的述补短语不能带宾语（参见陆俭明、马真 1997；李讷、石毓智 1997）。而上述实例中结果补语 R 在语义上指向主体 NP，所以及物动词不能带宾语。例如：

＊小伙子唱哭了小调	＊小王写腻了报告
＊他说烦了道理	＊妈妈洗累了衣服
＊小平等急了通知书	＊李老师看呆了演出

这是为什么呢？仔细分析构式的机理，我就可以发现这些受事论元虽然属于动词的论元结构成分，但对构式来说却是"构式外成分"。由于"NP + VR"自致使义构式中主体 NP 身兼"致使者"和"被致使者"的双重语义角色，及物动词支配的受事论元在该构式的语义结构中没有被指派相应的"角色"。从中可以发现，动词的论元结构和构式的语义结构不完全对应，因此构式语法强调不能完全从动词的论元结构来判断它的构式义及其话语功能，这是有道理的。

2. 变式二：C 式

典型实例如下：

（13）老大娘天天想儿子，天天哭，哭瞎了眼睛。（老大娘哭瞎了眼睛）

（14）田老汉老毛病又犯了，在炕上躺了一个月，躺肿了脚。（田老汉躺肿了脚）

（15）那些学生拼命喊口号，都喊哑了嗓子。（那些学生喊哑了嗓子）

（16）近视眼老高走路不留神，撞上了坚实的水泥桥墩，碰破了膝盖。（老高碰破了膝盖）

（17）老药师上山采药，不慎摔下两丈多高的陡壁，幸好只摔断了腿。（老药师摔断了腿）

（18）儿子昨天又跟同学打架了，用力太狠，扭伤了手指。（儿子扭伤了手指）

上述实例（C 式）与 A 式、B 式相比，显著的特征是黏合述结 VR 之后出现了宾语，结果补语 R 都是非自主的不及物动词，在语义上指向后边的宾语。因此，从概念整合的角度来看，这显然是两个表述整合的结果。句法操作是"NP + V"与"V + NP"通过"动结式"的框架整合（VV→VR），构成了"NP₁＋VR＋NP₂"形式；语义条件是其中 NP₁ 与 NP₂ 有领属关系，都表示人体的整体与部分的关系。上述例句的简化形式可以解析为如下的整合结构：

（13′）老大娘哭＋瞎了眼睛。
（14′）田老汉躺＋肿了脚。
（15′）那些学生喊＋哑了嗓子。
（16′）老高碰＋破了膝盖。
（17′）老药师摔＋断了腿。
（18′）儿子扭＋伤了手指。

按照 Perlmutter(1978)的"非宾格假定"：上述实例中左列"NP＋V"的 V（如"哭、躺、喊、碰、摔、扭"等）构成的表述属于"非作格句"，从原型性特征来看是个无宾句，以施事为其外在论元（做主语，不能后置做宾语）；而上述实例中右列"V＋NP"的 V（如"瞎、肿、哑、破、断、伤"等）构成的表述属于"非宾格句"，从原型性特征来看是个无主句，以客体为其内在论元（做宾语，可以前置做主语）（参见黄正德 2008）。根据这种分析，不及物动词的句法语义属性可以分为上述两种类型，比如"老大娘哭瞎了眼睛"，"哭"（A类）和"瞎"（B类）分别代表这两类动词，它们的对立表现如下：

A 类：［NP（施事）＋V］　　老大娘哭了 → ＊哭了老大娘
B 类：［V＋NP（客体）］　　瞎了眼睛 → 眼睛瞎了

如果从动词的语义特征来看，它们的区别也很明显：A 类动词表示施事的行为动作（老大娘哭了），B 类动词表示客体的状态变化（眼睛瞎了）。这种区别对于汉语构式的界定与甄别具有极大的价值，为 C 式提供了句法语义方面的理据，也是该构式得以成立的基础。

如果这样的分析成立，那么该类构式（C式）与原型构式（A式）就是一脉相承的。试比较：

A 式：洪师父躺腻了（例 3）
C 式：田老汉躺肿了脚（例 14）

通过比较可以看到，A 式与 C 式的差异仅仅是核心动词 V 之后的 R，A 式的词（形容词"腻"）替换为 C 式的短语（述宾短语"肿了脚"）。因此 C 式的构式义同样体现了一种"非预期的过量后果义"，表达了在某种条件下所产生的主体非可控、非自主的某种消极性状态变化。如例(13)"老大娘"因为"天天哭"("哭"的频次过量),导致"瞎了眼睛";例(14)"田老汉"因为"躺了一个月"("躺"的时间过量),导致"肿了脚";例(15)"那些学生"因为"拼命喊"("喊"的用力程度过量),导致"哑了嗓子"。余例可类推解读。

综上所述:汉语"NP + VR"自致使义构式属于"弱致使义"范畴,构式义体现了一种"非预期的过量后果义"。从话语功能来看,该构式往往表达了在某种条件下所产生的主体非可控、非自主的生理或心理上某种消极性的状态变化。具体构式类型及其变式可以归纳如下:

A 式:小和尚坐烦了。
B 式:小伙子唱哭了。
C 式:老大娘哭瞎了眼睛。

这表明汉语"NP + VR"自致使义构式虽然属于常规性主谓短语形式,但同样是一种具有特定构式义及话语功能的典型"构式"。

二、"V 起来"话题义构式解析

"V 起来"话题义构式可以码化为"NP + V 起来 + AP"(参见第五章分析),笔者(2012)曾借鉴构式语法理论对该构式进行了考察。该构式中的"V 起来"具有话题义,是个核心构件,其中 V 的替换使得构式扩展为两种形式。下面我们先来解析"V 起来"话题义的构式原型,再展示"V 起来"话题义的构式扩展。

(一)"V 起来"话题义的构式原型

学界不少学者如宋玉柱(1980)、房玉清(2001)、王敏(2003)等都指出其中的"V 起来"表示"当……的时候",兼有假设意味,在它后边紧跟着谓语结构 。例如:

(1)臭豆腐闻起来臭,吃起来香。
(2)小提琴拉起来真好听。
(3)她笑起来很好看。
(4)他们干起来浑身是劲。

此类句子的主语 NP 有的是受事(如例 1、2),有的是施事(如例 3、4),都是句子的主话题;后边的 AP 都是句子的谓语,如例(1)的"臭/香"、例

(2)的"真好听"、例(3)的"很好看"、例(4)的"浑身是劲"。

该构式的核心构件是"V起来",位于主语后、核心谓语前。对于"V起来"的句法属性,学界并没有一致的判定。Sung(1994)和 Ji(1995)套用英语的中动句构式把"V起来"看作句子的谓语;曹宏(2004c)对此进行了质疑,并将此类"V起来"定性为状语;王健慈(1997)则把此类"V起来"称为评判动词,看作一种情态成分。笔者认为上述观点都有一定道理,但都不够贴切。其实,就构式的原型特征看来,"V起来"分析为指称性次话题(句法上为小主语)也许更为合理,因为谓语 AP 直接陈述的是前边的"V起来"。如例(1)中"臭"和"香"分别陈述"闻起来"和"吃起来"的感觉,并不是直接陈述"臭豆腐"的,因此"臭豆腐"到底是"香"还是"臭",要看在什么样的"V起来"状态下。有时看起来后边的 AP 可以直接陈述句子的大主语,如例(3)"很好看"可以直接陈述"她",但"她笑起来很好看"在语义上不等于"她很好看",这是显而易见的。余例可类推解读。

就其来源,位于主语后、核心谓语前的"V起来",其中"起来"在语义上继承的还是"起始义",后置于动词表示行为动作的开始进行并继续下去。而"起来"的"起始义"又是基于"位移义"(表示人或物体由下向上的空间位置移动)的引申,是"起来"的语义从空间域向时间域的隐喻映射结果。例如:

(5) 五星红旗升起来了。
(6) 孩子们从地上爬起来了。
(7) 他们打起来了。
(8) 钢琴弹起来了。

上述例(5)的"升起来"和例(6)的"爬起来"分别表示人或物体(例中的"孩子们"和"五星红旗")由下向上的空间位置移动,表示的是典型的"位移义";例(7)的"打起来"和例(8)的"弹起来"分别表示行为动作(例中的"打"和"弹")的开始进行并继续下去,表示的是典型的"起始义"。

但是,当"V起来"的位置前移,另外出现核心谓语充当表述的焦点时,整个话语就出现了两个小句,而"V起来"话题义构式正是两个小句整合的结果。例如:

(9) 我对她说了一些笑话,她笑了起来,我觉得她挺好看的。
　→　她笑起来挺好看的。

（10）经不住我们一再怂恿，他答应演奏一曲，小提琴拉了起来，还真好听。

→ 小提琴拉起来真好听。

这种整合在句法操作上的关键是消除了"V起来"的动态时间因素，因而取消了"V起来"直接充当核心谓语的"身份"，处于核心谓语前的位置并具有"次话题"的功能。在特定构式的作用下"V起来"产生了新的"浮现意义"（emergent meaning），表达了一种对某种状态的评价。其中后边的核心谓语AP直接陈述"V起来"的状态，导致"V起来"含有"当……时候"的意思，这是"起来"表示起始义的合理衍生。至于此类"V起来"为什么会有假设意味，江蓝生（2002）从语法化的角度作了解释，她通过语料证明近代汉语表示假设的"时"和"後"都是基于时间范畴，通过"时间→条件→假设"这样的语法化途径逐步虚化而来的，从中可以窥见两者之间的内在联系，在此不再赘述。因此，我们赞同曹宏（2004b）的观点，此类构式中的"V起来"具有的评价义，是整个构式义导致的。

（二）"V起来"话题义的构式扩展

根据上文论述，"V起来"话题义构式中的"V起来"是个主要构件，其中V的属性决定了主话题NP的语义角色的指派及其句法分布。这就导致该构式内部的不同质，基于成分V的替换，构式扩展为两种形式，一种是"受事NP构式"，另一种是"施事NP构式"两大类。

1. 受事NP构式

受事NP构式可进一步码化为"NP(受) + V起(O)来 + AP"。在该类变式中，V都是及物动词，受事成分NP置于句首主语位置，显然是一种话题化操作的后果。因为凸显了受事成分，施事成分隐退为背景信息（在语境中出现）。例如：

（11）武侠小说读起来很过瘾。

（12）苏州话说起来很好听。

（13）变速车骑起来很舒服。

（14）话剧演起来很费劲。

（15）航空母舰造起来很不容易。

（16）快餐做起来很便当。

（17）学位论文写起来很难。

（18）学区房买起来很贵。

既然这是一种话题化操作,合理的推断是其他类型的论元(非受事)也可以话题化。例如:

> (19) 这种刀切起来很顺手。
> (20) 万能钥匙开起锁来随心所欲。
> (21) 海滨浴场游起来特舒畅。
> (22) 这么宽敞的阅览室读起书来是一种享受。
> (23) 暑假里玩起来很过瘾。
> (24) 秋高气爽的时节爬起山来特带劲。

上述例(19)、(20)的话题成分为"工具"论元,例(21)、例(22)的话题成分为"处所"论元,例(23)、(24)的话题成分为"时间"论元。由于话题都是外围论元,所以当及物动词的受事论元需要出现时,它们被指派插入"起来"的中间,如例(20)的"开起锁来"、例(22)的"读起书来"、例(24)的"爬起山来"。当然,受事论元话题化是优势组配,其他论元角色占据话题位置的情况相对较少。

2. 施事 NP 构式

施事 NP 构式可进一步码化为"NP(施) + V 起(O)来 + AP"。语料表明,如果"V 起来"的施事成分需要在构式中出现,那么可以直接置于"V 起来"之前,而 AP 的语义指向施事 NP。例如:

> (25) 那些代数题,儿子做起来很费劲。
> (26) 这些话,她听起来特别刺耳。
> (27) 手机,农民工用起来感到很神奇。
> (28) 城管,那些小贩想起来就恼火。

上述例(25)中施事"儿子"直接置于"V 起来"之前,AP 成分"很费劲"指向施事"儿子"。余例可类推解读。

如此推断,那么如果出于表达需要,施事成分也完全可以作为话题置于主语位置。典型的施事 NP 构式就是这样变换来的,受事成分被指派插入"起来"中间。试比较:

> (25′) 儿子做起那些代数题来很费劲。
> (26′) 她听起这些话来却特别刺耳。
> (27′) 农民工用起手机来感到很神奇。

　　　　（28′）那些小贩想起城管来就恼火。

事实上,此类典型的施事 NP 构式也非常常见。例如:

　　　　（29）小王笑起来很好看。
　　　　（30）这狗叫起来好像饿狼一样。
　　　　（31）她走起来轻得像羽毛。
　　　　（32）他们吃起饭来狼吞虎咽的。
　　　　（33）那女孩唱起歌来很好听。
　　　　（34）姐夫说起话来眉飞色舞。

上述例（29）—（31）的 V 都是不及物动词,“V 起来”构件形式不变;例（32）—（34）的 V 都是及物动词,所带宾语“饭”“歌”“话”都被指派插入“起来”的中间,“V 起来”构件形式扩展为“V 起 O 来”。

　　综上所述:“NP + V 起来 + AP”构式扩展成了两种变式,其中的变换机制可以概括为以下两点:

　　第一,该构式的前半部分“NP + V 起来”本是一个相对完整的表述,具有完整的论元结构。其中“V 起来”的 V 可以是不及物动词,也可以是及物动词,带上受事成分扩展为“V 起 O 来”。核心成分的替换会导致构式论元角色的移位或变换,其中 NP 通常是为了凸显而话题化的受事成分,但施事成分可以是隐性的,也可以是显性的。从语用角度来看,无论是施事、受事或其他外围论元都可能依据表达需要置于句首作为话题处理,这些变换并不影响构式义的同一性。

　　第二,该构式的后半部分 AP(广义的描写性成分),是对“V 起来”的直接陈述,同时也是对前半部分表达的活动或现象的状态加以评述。因此,AP 在语义上可能指向施事,也可能指向受事,还可能指向行为动作本身,这同样不影响构式义的同一性。例如:

　　　　他拉起小提琴来很好听。（AP 指向受事）
　　　　他拉起小提琴来很投入。（AP 指向施事）
　　　　他拉起小提琴来有快有慢,有张有弛。（AP 指向动作）

　　由此可见尽管构式可以变换,但万变不离其宗,构式义却具有同一性,可以表述为:

　　形式：NP + V 起来 + AP

　　→　NP(受) + V 起(O)来 + AP

　　→　NP(施) + V 起(O)来 + AP

　　语义：当"V 起来"时，某事件参与者 NP(施)或 NP(受)或 VP 本身具有 AP 的性状特征。

　　功能：说话人对某类事件、活动或现象的状态所引发的主观感受加以评述。

第二节　组配构件的扩展承继

组配构件的扩展，主要是核心谓词之外的其他构式配件成分，基于聚合类次范畴特征的替换而导致的扩展承继。本节主要通过解析"一 M 比一 M + VP"构式和"V_1一量 V_2一量"构式来展示这种扩展承继。

一、"一 M 比一 M + VP"构式解析

现代汉语中"一 M 比一 M + VP"表示递进性差比义，是一种很有特点的格式。学界对此有所关注，如项开喜(1993)、刘焱(2004)、许国萍(2007)等都从差比范畴的角度进行了一些有益的探索。笔者(2011)曾借鉴构式语法理论对该格式进行了考察，发现由于构式的重要构件"一 M 比一 M"中量词的替换，构式可以扩展为 A、B、C 三种形式。在语言事实充分描写的基础上，笔者对各变式之间的承继性理据进行了认知范畴的探索，并给出了合理的解释。

(一)"一 M 比一 M + VP"的构式原型

现代汉语中有一类很常见、很能产的句子，句法形式为"一 M 比一 M + VP"，其中 M 是量词(measure word)，VP 为谓词性成分。此类句子可以定性为递进性差比义构式，典型实例如下：

　　(1) 在争创一流社会治安的三年中，一个覆盖苏州全市的群防群治网络，一年比一年缜密，一天比一天完善。(《人民日报》1994 年第 3 季度)

　　(2) 鬼子新一轮大扫荡又开始了，形势一阵比一阵紧张，战斗一次比一次残酷！(冯德英《苦菜花》)

（3）翻山越岭不说，还要爬有名的七十二道拐，山坡一座比一座陡峭，道路一条比一条崎岖，等他爬坡爬累了，走不动的时候，我们就请他坐上滑竿。（《人民日报》1996年8月份）

上述实例显示：该构式中的数量短语"一M"中的M，可以是时量（如例1）、动量（如例2），也可以是物量（如例3）；该构式中的VP主要是性质形容词，如"缜密、完善、紧张、残酷、陡峭、崎岖"，也可以是动词性短语。"一M比一M+VP"之所以定性为递进性差比义构式，主要因为此类构式具有如下两个特征：

其一，构式中的"一M"具有指称性，指称篇章中某个特定集合范畴中的"某一M"。如例（1）中的"一年""一天"分别指"争创一流社会治安的三年"中的"某一年"或"某一天"；例（2）中的"一阵""一次"分别指"鬼子新一轮大扫荡"中的"某一阵时段"或"某一次战斗"；例（3）中的"一座""一条"分别指"七十二道拐"中的"某一座山坡"或"某一条道路"。正因为"一M"具有指称性，表示某个特定集合范畴中的某一个成员，因而其中的"一"表示非真值义，不能用其他数词（如"二、三"等）来替换。

其二，构式中有"比"字，显然是差比范畴的标志，但在该构式中不是表达单一的差比，而是某类集合成员之间的一种递进性差比。因为该构式都具有时间要素，构式表达的是差比对象在时间推移过程中"后一M"比"前一M"更"怎么样"。如例（1）直接以时段为差比对象，表达"一年比一年缜密""一天比一天完善"的递进性差比；例（2）以"形势（时段）"和"战斗（频次）"为差比对象，表达随着时间推移"一阵比一阵紧张"和"一次比一次残酷"的递进性差比；例（3）以"山坡"和"道路"为差比对象，表达在攀爬"七十二道拐"的过程中（蕴涵时间推移）"一座比一座陡峭"和"一条比一条崎岖"的递进性差比。

从上文所举例可见，现代汉语中的三类量词（时量词、动量词、物量词）都可以构成"一M"进入该构式，但使用频率不一样。我们依据郭先珍《现代汉语量词用法词典》（2002）列举的常用量词，在北京大学现代汉语语料库中对"一M比一M"格式进行了搜索，结果统计如下：

时 量 词		动 量 词		名 量 词	
天	466	次	161	个	140
年	248	场	52	层	9
日	20	阵	41	篇幅	5

时　量　词		动　量　词		名　量　词	
		下	16	块辆排条	3
		遍躺	10	行只张架笔件	2
		刀枪拳	6	台根道颗棵 口粒段批样	1
合计	734		308		193

上面的统计虽然带有一定的随机性,但有两个倾向非常明显:第一,从出现频率来看,时量词>动量词>物量词,我们认为递进性差比义以时间要素为基础,因此这个倾向具有逻辑上的合理性。第二,在每一类量词中出现频率极其不平衡,都有一个量词在使用频率上远远超出其他同类量词,如"天"(时量词)、"次"(动量词)、"个"(物量词),这与量词的高频使用(如"天")、功能泛化(如"次")或表义泛化(如"个")有极大关系。为了便于讨论,我们以出现频率最高、具有代表性的这三个量词作为考察对象。

(二)"一M比一M+VP"的构式扩展

递进性差比义构式的存在,必要的语义条件是背景信息显示的时间推移,而该构式的使用频率显示其中M为时量词(以"天"为代表)的形式比率最高。这就说明"一M比一M+VP"递进性差比义构式的原型,是其中的M为时量词的形式。基于这个认定,下面我们分别对"时量→动量""动量→物量"的构式演变加以考察,揭示"一M比一M+VP"递进性差比义构式的扩展过程及其动因。

1.时量→动量:时间序列

"一M比一M+VP"构式中M为时量的,以"一天比一天VP"这个构式为代表,我们定为A式。典型实例如下:

(4)你这个人,名气一天比一天大,酒量一天比一天小,真是!(姚雪垠《李自成》)

(5)中国国际声誉一天比一天好,国际地位也一天比一天高,带动了美国主流社会对中国的尊重,华侨脸上也感到荣光。(新华社2004年新闻稿)

(6)从此母亲就更是不问朝政,只一心做她爱做的事了;这样小春

红就一天比一天能干,母亲也就一天比一天糊涂。(林希《婵女春红》)

(7) 施工队从小到大,他们的技术一天比一天熟练,他们的实力一天比一天壮大,开始走出房山,走向高楼林立的大城市。(《人民日报》1994 年第 2 季度)

(8) 他一天比一天壮实起来,却一天比一天迟钝起来,很难区分这一天与下一天。(《当代文学翻译作品》)

(9) 打从腊月二十三小年起,街上集市里的人就一天比一天来得多,菜价也一天比一天抬得贵,大红的春联和鞭炮烟花铺满一条小街。(姜丰《爱情错觉》)

此类构式中,递进性差比的结果是差比对象体现出来的某种"性状"的差异,因此构式中的 VP 往往是性质形容词(如例 4—8 中的"大、小、好、高、能干、糊涂、熟练、壮大、壮实、迟钝"),或者在动词性短语中包含性质形容词(如例 9 中的"来得多、抬得贵")。按照张国宪(2000)的论证,性质形容词表示的程度是一种"弥散量",也就是说这类"性状"是无界的;而构式中的"一天"是时段,指称的是差比主体某个时段体现出来的"性状"。换句话说,在此类构式中,通过有界的时段"一天"来分割无界的"性状",使之"有界化",构成一个有界时段的个体集合。因此,在此类构式中,包含特定性状的时段"一天"直接成为差比对象,构成性状程度量的递进性差比,这里时间要素(有界时段的延续)凸显为"前景"信息。

"一 M 比一 M + VP"构式中 M 为动量的,以"一次比一次 VP"这个构式为代表,我们定为 B 式。例如:

(10) 他先后几次搬家,住宅一次比一次豪华。(《人民日报》1993 年 8 月份)

(11) 中国奥运健儿五度访港,战绩一次比一次丰硕,荣光一次比一次绚烂,这正是中国日益走向繁荣、强盛的真实。(新华社 2004 年新闻稿)

(12) 在跳远比赛中,李端前三次试跳全都犯规,从第四次至第六次试跳,一次比一次跳得远,这是他在雅典获得的第二枚金牌。(新华社 2004 年新闻稿)

(13) 三千、五千、一万,赌注下得一次比一次大,他把全身心都投入在那神奇莫测、变化多端的赌台上。(《人民日报》1993 年 9 月份)

此类构式中,递进性差比的结果同样是差比对象体现出来的某种"性状"的差异,但构式中的时量词"天"被动量词"次"所替换。动量词表示的是行为动作的频次,在此类构式中"一次"指称的是依次发生的系列事件这个集合中的"某一次"。"事件"本身是有界的(时间上有起点和终点),可以直接作为差比对象,不需要像 A 式那样用时段来分割无界性状。这样,依次发生的有界事件构成一个集合,"一次比一次 VP"表达依次发生的同类事件在某种"性状"上的递进性差异。因此,在此类构式中,必定有表示"频次"的词语,作为个体集合的"标记",如例(10)的"几次搬家",例(11)的"五度访港",例(12)的"从第四次至第六次试跳",而例(13)的"三千、五千、一万"则是用所下赌注的数量来转指"频次"。但是一个"事件"在空间展开必定伴随时间推移,而依次发生的同类事件更必须依赖时间的延伸,只不过在此类构式中,"一次"指称的事件直接成为差比对象,时间要素(有界时段的延续)就隐退为"背景"信息了。

综上所述:"一 M 比一 M + VP"构式从 M 为时量(A 式)扩展到 M 为动量(B 式),表示"递进性差比"的构式义没有变,不同的是作为差比对象由"时段"(一天)变为"事件"(一次)。也就是说,在 A 式中无界的性状被时段分割成为差比对象,在 B 式中伴随时间推移的有界事件成为差比对象。可见两者的差异是时间要素由"前景信息"退居为"背景信息",这可以看作是该构式的"扩展 1",示意如下:

　　A 式:无界性状 ＿＿＿＿＿＿＿＿＿＿＿＿＿＿＿
　　　　　有界时段|1 天|1 天|1 天|1 天|1 天|(差比对象)
　　B 式:无界时间 ＿＿＿＿＿＿＿＿＿＿＿＿＿＿＿
　　　　　有界事件|1 次|1 次|1 次|1 次|1 次|(差比对象)

2. 动量→物量:非时间序列

根据上文分析,A 式和 B 式的差异关键是处理时间要素的方式不同:在 A 式中无界的性状被时段分割成为差比对象,时间要素凸显为前景信息;在 B 式中伴随时间推移的有界事件成为差比对象,时间要素处理为背景信息。然而,无论时间要素被凸显为前景信息,还是被处理为背景信息,时间要素是递进性差比构式得以成立的条件(参见项开喜 1993),不但 A 式(时量)、B 式(动量)是这样,"一 M"替换为"物量"的 C 式,也同样受其制约。"一 M 比一 M + VP"构式中 M 为物量的,以"一个比一个 VP"这个构式为代表。典型实例如下:

(14) 从 1 年级到 4 年级,他换了 3 个书包,一个比一个大,让人感到"知识"的重量在增加。(《当代·报刊·读者》)

(15) 大凤、二凤和小凤,三个女儿一个比一个小,梯子蹬似的。(汪曾祺《晚饭花》)

(16) 那是 8 个小时的长途车,全是山路,一会儿一个急转弯,一个比一个险。(《作家文摘》1997)

(17) 已经启动或正在运筹的科技人才培养计划,一个比一个更宏大,一个比一个更具体。(《人民日报》1995 年 5 月份)

上面构式中的 M 为物量词,指称有界实体,构成一个有界实体的集合作为差比对象,表达事物属性程度量的递进性差比,构式义与 A 式、B 式基本相似。值得关注是构式中有界实体集合的成员互相之间形成的属性程度量的递进性差比,同样是时间序列导致的,因为上述实例都提供了时间要素的信息。如例(14)"3 个书包"是一个集合,但"第 3 个比第 2 个大、第 2 个比第 1 个大"的递进性差比,是句中提供的"从 1 年级到 4 年级"这个信息导致的,其中蕴涵了与学阶同步的时间延续因素。例(15)"三个女儿"是一个集合,而"小凤比二凤小、二凤比大凤小"的递进性差比,是句中提供的"大凤、二凤、小凤"的排行序列导致的,而排行序列本身蕴涵了出生先后这个时间因素。例(16)中的"8 个小时"、例(17)中的时间副词"已经""正在"也提供了时间要素,可以类推解读。

作为自然的时间本没有什么"界限",大大小小的"时段"是人为界定的,这些"时段"(显性的或隐性的)随着时间的推移形成某种"序列"。既然时间要素可以形成序列,那么其他存在量级差比的要素当然也可以构成序列,于是合理的推断是这些非时间因素的"量级序列"也可以进入"一 M 比一 M + VP"构式,表示某个集合成员之间的递进性差比,事实正是如此。例如:

(18) 中国队 6 日对日本,9 日对哈萨克斯坦,10 日对韩国,对手一个比一个强,而劲敌将在这之前就火并。(《人民日报》1994 年)

(19) 文渊阁、文华阁、保和殿大学士,级别没有变,但是地位一个比一个高,这个保和殿大学士地位是最高的。(《百家讲坛》:正确看待康雍乾之世)

(20) 天子九鼎,他要用九个鼎摆在一起,这九个鼎它不一样大,一个比一个小,叫列鼎。(《百家讲坛》:华夏盛宴)

(21)水星1.52,木星5,土星9.54,这个数字有规律吗? 有规律,一个比一个大。(《百家讲坛》:寻找"丢失"的行星)

(22)收偷抗面80%;个人收入调节税偷逃面95%;比例一个比一个高。(《报刊精选》)

例(18)说足球比赛,差比的是"对手"强弱的等级序列;例(19)说清代大学士,差比的是"地位"高低的等级序列;例(20)说皇宫的九鼎排列,差比的是象征权力等级的"列鼎"大小的等级序列;例(21)说宇宙行星,差比的是"数字"大小的等级序列;例(22)说税收现状,差比的是"比例"高低的等级序列。

上述非时间的"量级序列"分属于不同的范畴,从时间序列到这些非时间序列,是不同认知域之间的一种隐喻映射(metaphorical mapping),认知动因是"量级序列"这个相似点。从时间序列到非时间序列,可以看作是该构式的"扩展2",示意如下:

C 式₁:时间序列 _____

　　　　有界实体|1 个|1 个|1 个|1 个|1 个|(差比对象)

C 式₂:非时间序列 _____

　　　　有界实体|1 个|1 个|1 个|1 个|1 个|(差比对象)

综上所述:根据本文考察,"一 M 比一 M + VP"构式在演化过程中扩展为 A、B、C 三种变式,他们之间具有某种隐喻性的承继链接。概括如下:

A 式(时量):一天比一天 VP

↓

B 式(动量):一次比一次 VP

↓

C 式(物量):一个比一个 VP

二、"V₁ 一量 V₂ 一量"构式解析

"V₁ 一量 V₂ 一量"是现代汉语的一种常见的口语表达式,笔者曾指导博士生陈再阳(2013)借鉴构式语法的理论对"V₁ 一量 V₂ 一量"构式加以考察,在解析构式原型特征的基础上解析组配构件 S(施事)的语义角色指派、"一量"所指对象的变异,以及"一量"本身的替换,揭示了该构式的扩展承继关系。

(一)"V₁ 一量 V₂ 一量"的构式原型

从"V₁ 一量 V₂ 一量"构式的生成动因来看,它是条件复合句的紧缩形

式,是两个小句的整合结果。例如:

(1)警察们都蹲守在各交通要道,凡形迹可疑的人,只要见一个,就抓一个,丝毫不敢懈怠。

上述例子中打点的部分是一个特定条件句,有关联词语"只要…就"标示显性的逻辑关系。通过删除关联词语和停顿,整合成一个句子形式,就成了"V₁一量 V₂一量"构式。如上例整合的结果:

(1′)警察们都蹲守在各交通要道,凡形迹可疑的人,见一个抓一个,丝毫不敢怠慢。

语料表明,"V₁一量 V₂一量"构式并不复杂,但使用频率很高,能产性也很强。典型实例如下:

(2)城管每天都要来巡逻几次,看到那些无证小贩,见一个抓一个,可还是不能从根本上解决问题。

(3)小莉特喜欢小狗,可不知什么原因,养一条死一条,大家都认定她跟小狗无缘。

(4)村民们有钱了就盖房,随着收入的逐年增加还不断翻新,结果是盖一栋拆一栋,劳民伤财。

(5)割茅草容易捆扎难,你看那小姑娘,割起来飞快,可扎一捆散一捆,到头来还是她哥来帮忙捆扎的。

(6)儿子喜欢吃巧克力,买一盒吃一盒,每月的零花钱总是不够。

(7)这家公司盲目扩张,不做认真的市场调研,结果美容店开一家亏一家,大家都没信心了。

(8)孩子没有食欲,他妈喂饭,他吃一口吐一口,跟玩儿似的。

(9)私塾的老先生很严格,要学生背唐诗,他心不在焉,背一句忘一句,没少挨打。

上述实例表明,该构式是两个述宾短语"V一量"的复叠形式,因而"V一量"是基本构件,包括 V 和"一量"两个参项。就整体构式来看,"V₁一量"与"V₂一量"之间,就事理分析体现时间先后关系,就逻辑分析蕴含特定条件关系。如"见一个抓一个",从时间上分析,"见一个"在先,"抓一个"在后;从逻辑上分析,"见一个"是条件,"抓一个"是结果。从认知构式语法的解析程序来看,该原型构式具有如下句法特征:

其一,"V一量"中的 V 都是单音节的行为动作动词。具体分析,V_1一般都具有[＋自主]的语义特征,及物性很强,如上例中的"见、养、盖、扎、买、开、吃、背"。V_2有两种情况:有些是自主的及物动词,如上述例(2)(4)(6)(8)中的"抓、拆、吃、吐";有些是非自主的不及物动词,如上述例(3)(5)(7)(9)中的"死、散、亏、忘"。

其二,"V一量"中的"一量"属于数量结构。数词以"一"为常,一般不会用其他数词替换,所以表示的是非真值义;量词主要是物量词,以"个"为常,也包括其他量词,标示的是实体,如上例中的"条、栋、捆、盒、家、口、句"。

其三,两个复叠的"一量"不但形式同一,而且指代对象也同一。首先,"一量"的指代对象是确实存在的(出现或隐含在语境中),因而通常属于"有指""实指"范畴;其次,"一量"直接充当 V 的宾语,属于"不定指",因而是一种"任指"。如例(1′)中的"一个"指代当时出现在当地的所有"形迹可疑"的人这个集合中的任何一个成员。

(二)"V_1一量 V_2一量"的构式扩展

从语义角色的指派来看,"V_1一量 V_2一量"构式显然还隐含一个重要角色,那就是实施行为的"施事"。此外,"一量"也因为是 V 的连带成分而承担了"受事"的语义角色。比如例(1′)中的"见一个抓一个",施事成分是"警察们",两个"一个"指代的角色都是"受事"。从实际语料反映的情况来看,"V_1一量 V_2一量"的构式扩展变异涉及三个方面:"施事"不同一,"一量"不同指,"数词"不同量。

1.“施事”不同一

"V_1一量 V_2一量"构式的原型特征显示,该构式的一个重要特征是两个复叠的"V一量"的施事是相同的,如上文所举例。但该构式扩展变异之一,就是"施事"不同一。例如:

　　(10)(妻子)喂一口(丈夫)吃一口
　　(11)(别人)说一句(张三)接一句
　　(12)(对方)来一个(我们)打一个

如上述例(10)所示,"喂一口吃一口"在形式上属于"V_1一量 V_2一量"构式,但两个"V一口"的施事却显然不一样,"喂一口"的是"妻子","吃一口"的是丈夫。余例可以类推解读。

2.“一量”不同指

"V_1一量 V_2一量"构式的原型特征显示,该构式的另一个重要特征是两个"一量"指代的对象是相同的,两者具有同指关系(可标注同指标记 i)。但该构式扩展变异之二,就是"一量"不同指。例如(i 与 j 表示不同指):

(13)(张三)砍一棵 i 栽一棵 j
(14)(张三)拔一根 i 种一根 j
(15)(张三)擦一块 i 补一块 j

如上例(13)所示,"砍一棵栽一棵"中两个"一棵"显然不同指,因为按常理推论,"栽一棵"在后,不可能是被砍了的那一棵。试比较相同形式的"栽一棵砍一棵",这种差异是显而易见的。余例可以类推解读。

就语义预设来分析,该构式中两个 V 的先后位置可能决定它们连带的"一量"是否同指。比如"(金鱼)养一条死一条"中两个"一条"一定是同指的,因为"死的"一定是先"养的"。也就是说,"养"预设了"鱼"的存在,然后"死"才可能指"养"的那条鱼;但"死一条养一条"一定不同指,因为"死"不可能预设"鱼"的存在,因此"养"的一定是另一条鱼。上述例(13)(14)(15)三个实例反映出来的是同一个道理。

其实有些"V₁一量 V₂一量"构式中的两个"一量",仔细推敲起来还挺有意思的。比如说到此类构式,大家可能较快反应出来的是童话故事中"狗熊掰苞谷,掰一个扔一个",比喻做事丢三落四,到头来还是没有结果。可根据童话的原意,这两个"一个"是不同指的,掰的一个夹腋下了,扔的是另一个(之前掰下夹在腋下的一个)。又比如"张三背书,背一页撕一页",看起来这两个"一页"该同指了,其实不然,背的是这一页的"内容",而撕的是这一页的"材质",两者并不同指。

3. "数词"不同量

"V₁一量 V₂一量"构式的原型特征显示,其中的两个"一量"同形,数词限于非真值义的"一"。但实际语料显示,"一量"中的数词"一"也可能被其他数词替换。例如:

(16)怕什么?红军特派员敢来,来一个杀一个,来两个杀一双,老子正想过过瘾呢!

(17)这个巡抚虽然贪,却也有分寸,地方交上来的税银,收到十两截留一两,所以政绩还算不错,不久还升了官。

(18)老子跟儿子不对劲,又说不过儿子,每次争论,说一句回十句,最后总是气得说不出话来。

上述例(16)中"来两个杀一双","两个"就是"一双",只不过换了一个形式;例(17)中"收到十两截留一两"体现的是单位量的比例,"一两"归在"十两"之中;而例(18)中"说一句回十句",两个数词不但不同而且没有关联。

　　笔者认为,对于此类扩展变异形式,表面上看两个"一量"中的数词不同,但相同的是都含有"每一"的意思。比如除了例(16)中"两个"与"一双"异形同义,例(17)中"收到十两截留一两"的意思是衙门每收到十两税银巡抚就在其中截留一两,例(18)中"说一句回十句"的意思是老子每说一句儿子就回应十句。也就是说,"一量"中的数词虽然不是"一",由于"每一"的语用义的介入,作为整体单位还是"一",并没有实质性的变异。此外,上述实例有个共同特点,即两个"V+数量"的"施事"也不同,如例(16)中"来"的施事是"红军特派员",而"杀"的施事是"某土匪头目"(语境中显示)。余例可以类推解读。不过此类扩展变异上文已有论述,此处就不再赘述了。

　　综上所述:上面我们依据原型特征,对"V_1一量 V_2一量"构式的变异情况分别进行了考察。事实表明,该构式在实际使用过程中各构件都有可能发生一定的变异。具体表现为:"施事"不同一,"一量"不同指,"数词"不同量。一个构式在实际使用过程中发生变异是很正常的,关键是这些变异产生了什么样的后果。也就是说,这些变异是否导致构式发生了语用功能上的本质变化。依据笔者的经验,需要检验的主要是该构式的"构式语义"和"话语功能"是否发生了变化。上文我们共列举了 9 个用例(例 10 –例18),逐一检验下来,发现这些局部变异并没有影响到整体构式的构式语义和话语功能。也就是说,虽然构式的各"原件"发生了一定的扩展变异,但整个构式蕴含的构式义还是表述了话语主体(即"施事")某一事件多次反复发生的行为惯性,而构式体现的话语功能还是表达了说话人对话语主体(即"施事")表现出来的某种行为惯性的消极评价(详见第五章分析)。这充分说明"V_1一量 V_2一量"构式具有一定的能产性,组配构件可能因为扩展而形成各种变体,这是一个构式在使用过程中出现的正常现象。

第三节　整体构式的扩展承继

　　整体构式的扩展承继指的是依据同一理据而产生的一组同功能构式。

这是汉语构式研究中最值得关注的现象,因为这其中一定蕴含了某种结构形式在句法、语义、语用方面的理据同一性。下面我们将先考察典型构式"A不到哪去",然后再解析基于"能性否定 + 疑问代词"这个构式理据扩展出来的一组同功能构式,并对构式扩展承继的理据性加以论证。

一、"A不到哪里去"构式解析

"A不到哪里去"是现代汉语中常见的口语表达式(其中"哪里"也可以说成"哪儿"),比如"好不到哪里去""强不到哪里去",表示某人或某事"好"或"强"的程度有限。从语义上分析,"不到哪里去"表达的是空间义,与性质形容词A难以搭配,因此整个结构表达的意义显然不能从其构成成分直接推导出来。可见,"A不到哪里去"是现代汉语中的一个典型"构式"。笔者(2011)曾借鉴构式语法理论对该构式进行了考察。

(一)"A不到哪里去"的构式特征

"A不到哪里去"是现代汉语中很常见、很能产的一种构式,表达说话者认为某个话语主体的性状程度不会超出某个有限量幅,属于主观小量评价。例如:

(1)这个人身上就算有武功,也好不到哪里去。(古龙《小李飞刀》)

(2)日本在国际上的形象也许反而略高一些,却也高不到哪里去。(梁晓声《感觉日本》)

(3)要是一个男人向女人开枪开炮,实在也高明不到哪里去。(柏杨《婚恋物语》)

(4)这个看似简单的工作其实很烦琐,也轻松不到哪里去。(北青网)

例(1)说话者承认"这个人"有武功,但好得有限;例(2)说话者认为"日本在国际上的形象"高一些,但高得有限。余例可类推解读。

1. 组配构件 A

"A不到哪里去"这个构式的核心构件是 A,语料表明能进入该构式的都是性质形容词。张国宪(2000)考察了汉语形容词的量性特征及其类型,区分了弥散量与固化量、隐性量与显性量、静态量与动态量,其中性质形容词的量性特征表现为弥散、隐性、静态。结合本文的考察,这些形容词有两个特征:一是程度义,属性为隐性弥散量;二是评价义,取值为极性静态量。正是这两个特征,对该构式的构式义的"浮现"(emergence)起到了关键性的作用。

　　本文在 CCL 语料库检索系统搜索到的"A 不到哪里去"不重复实例 163 例,其中单音形容词 130 例(占 80%),双音形容词 33 例(占 20%)。这是绝对数的统计比例,如果考虑使用频率,两者的比例更加悬殊。这很容易解释,按照认知范畴观的层次论,单音词属于基本认知范畴,原型性特征强,而双音词(尤其是并列式复合词)意义有不同程度的抽象与泛化,原型性特征较弱(参见王灿龙 2002)。

　　进入该构式的单音形容词 130 例中,"好"与"坏"(包括"差、糟")有 69 例(占 53%),其他单音形容词 61 例(占 47%)。这说明"好"与"坏"是该构式中使用频率最高的,而"好"与"坏"正是我们评价事物最基本、最常用的"标准",具有极强的程度评价义。其他单音形容词中,占主体的是量度形容词,成对出现。例如:

　　　高 ／ 低　　大 ／ 小　　冷 ／ 热　　胖 ／ 瘦
　　　快 ／ 慢　　远 ／ 近　　轻 ／ 重　　长 ／ 短

这是因为量度形容词可以与数量短语组配,说明这类形容词的性状程度量在量幅上具有可量化的特征,同样具有极强的程度评价义。其他非量度形容词在性状程度量上也可以有类似的映射,这是从具体到抽象的本体隐喻(ontological metaphor),所以也能进入这个构式。例如:

　　　强 ／ 弱　　美 ／ 丑　　真 ／ 假　　苦 ／ 乐

　　进入该构式的双音形容词主要是并列式复合词,绝大多数为积极义。例如:

　　　高明　轻松　聪明　豪华　丰富　富裕　高兴
　　　高雅　精彩　纯洁　便宜　高贵　漂亮　舒服

双音形容词的性状特征不如单音形容词显著,因为双语素复合本身就是一个"构式",意义会有不同程度的抽象或泛化。比如"高"和"明"的意义都很确定,而"高明"则无法从"高"和"明"的意义来推导,而产生了"(见解、技能)高超"的含义,意义比较空灵。事实表明,这些双音形容词在相应的评价认知域中,我们的心理预期显然倾向于积极的一面,这与我们对某些特定事物评价的规约性取值倾向有关。

2.组配构件"不到哪里去"

"A不到哪里去"这个构式的后置构件是"不到哪里去"。由于用形容词替换了动词,"到哪里去"的空间位移义虚化了,语块意义整合了,表示性状程度量超不出主观认定的有限范围。这表明整个构式已经具有熟语化倾向,其中后置的"不到哪里去"表示"达不到很高的程度",是程度量表达形式。正因为这个构式已经体现了程度量(有限量幅),所以前边的形容词不能是状态形容词,不能再与程度副词组配,不能重叠,也不能构成生动式。以"冷不到哪里去"为例,下列说法都是不合格的:

*很冷不到哪里去　　*冷冷不到哪里去
*冰冷不到哪里去　　*冷冰冰不到哪里去

沈家煊(1997)根据"标记理论"(Markedness Theory),论证了汉语中形容词与句法成分之间客观存在的关联标记模式:性质形容词作定语和状态形容词作谓语都是无标记的(unmarked),而性质形容词作谓语和状态形容词作定语都是有标记的(marked)。这个判断说明,光杆性质形容词作谓语是不自由的,而"A不到哪里去"的构式在性质形容词之后有充当补语的程度量表达形式(有限量幅),就是一个例证,同时也反映了构式的理据。

(二)"A不到哪里去"的构式溯源

根据上文论述,就构式的原型性来分析,组配构件"不到哪里去"表示的是空间义,那么一个合理的推断构式原型当为"V不到哪里去",其中V为位移动词。例如:

(5)会很快查出作案者的,他跑不到哪里去。(王朔《人莫予毒》)

"V不到哪里去"可以分析为"V不到/哪里去"。前段"V不到"是能性否定的述补结构,但没有平行的肯定格式"V得到";而肯定形式"能V+到哪里去"一般不说,只有在表示反问的语境中才有可能出现,是一种有标记形式。例如:

(6)掌柜的阴沉着脸问:"这大半天跑到哪里去了?"瑞生陪着笑脸说:"我能跑到哪里去呀?就在附近转悠着,人生地疏的,我跑不到哪里去的。"(《现当代小说选》)

依据反问句的特点,"能跑到哪里去?"还是表示"跑不到哪里去"。构式后段"哪里去"中,"哪里"是虚指用法,整个构式表示主体在空间的位移不会超出某个有限的范围。至于"去"与前边的"到"呼应,只是一个表趋向的后置成分,不具备典型动词的属性。

通过对 CCL 语料库检索系统的搜索,事实证明上述推断是合理的。"V 不到哪里去"作为一种口语表达式,最早的文献记录可以追溯到清末及民国初年的小说语体。用例不多,共搜到 11 条,其中 V 主要是"走""逃""跑"三个位移动词。例如:

(7) 忽然听得庄内众声说道:"寻寻,走也走不到哪里去!"开开庄门,将贺恭等俱绑出来,四处搜寻。(清小说《海国春秋》)

(8) 千里之外,举目无亲,山高水长,跋涉不易,她就使要偷药而逃,亦逃不到哪里去,恐怕一个弱女子亦没有这样大的胆量。(民国小说《上古秘史》)

(9) 闹了一天,大家都累乏了。那帖木真身上带着刑具,料想跑不到哪里去,明天再找,也还不迟。(民国小说《元代宫廷艳史》)

该格式从一开始就体现出明显的构式义,表明说话者对事实的一种主观性评述,认定主体的空间位移不会超出某个有限的范围。同时说话者的预设也很明显:料定 X 会离开,但认定 X 不会超出某个有限的范围。如例(7)选择了"走也走不到哪里去"的紧缩句式,例(8)采用"就使…亦"的让步关系复句,例(9)有表示主观推测的话语标记"料想",都证明了该构式的话语功能。

"V 不到哪里去"的构式一直延续到当代,只是除了"走、逃、跑"之外,位移动词的范围有所扩大。例如:

(10) 老太平时不出门,逛不到哪里去的。(《报刊文摘》2005 年)
(11) 那只鸟已经受伤了,飞不到哪里去。(《新民晚报》2009 年)
(12) 县城就这么大,搬来搬去,也搬不到哪里去。(《当代小说选》)

这些句子的一个共同点是"哪里"不表示一个确定的空间点(虚指用法),但却圈定了一个有限的空间范围,蕴涵了"有限空间量",可以把此类构式确认为 A 式。

"V 不到哪里去"表空间位移义,因此其中的 V 限于位移动词,这是顺理成章的。但是一个构式一旦成型,就会逐渐产生变异,变异的条件是 V 被其他动词所替换,进而导致"不到哪里去"意义的虚化。语料表明有一类动词可以进入该构式,此类动词的相关涉事论元具有可量化的特征,主要与钱财、物价或指数有关,如"输、赢、赚、亏、涨、跌"等。例如:

(13) 邻居街坊打打麻将也就赌个小钱,图个消遣,赢也赢不到哪里去,输也输不到哪里去。(《三十年代小说精选》)

(14) 这兵荒马乱的,受金融危机影响,公司业绩不佳,不过也亏不到哪里去。(茅盾《子夜》)

(15) 里边传来话说,你买的股票就是涨也涨不到哪里去的。(茅盾《子夜》)

上述例句中与动词相关的涉事论元例(13)指"赌筹",例(14)讲"业绩",例(15)论"股票",都可以物化计量。动词意义的变化导致该构式中的"哪里"从空间认知域映射到数量认知域,不表示一个确定的数量,但却圈定了一个有限的数量范围,蕴涵了"有限物量",我们把此类构式确认为 B 式。

进一步的渐变是另一类动词也开始进入该构式,导致整个构式的意义进一步虚化。例如:

(16) 有主人在此,谅你这野丫头撒野也撒不到哪里去,我何须怕你?(梁羽生《狂侠天骄魔女》)

(17) 如今且把他瞒住,等到生米煮成熟饭,他老人家也赖不到哪里去了,我的事也好说了。(柏杨《暗夜慧灯》)

(18) 近几年来大家改了写白话文,仿佛是变换了一个局面,其实还是用的汉字,仍旧变不到哪里去。(周作人《汉文学的传统》)

例(16)的"撒"是动词,意为"尽量使出来或施展出来(贬义)",如:撒娇、撒赖、撒泼、撒酒疯。例(17)中的"赖"也是动词,意为"不承认自己的错误或责任;抵赖"。例(18)中的"变"意义很明确,无需赘述。这些动词的特点是不表示具体的动作,但却与某种状态变化相关,动作性弱化了,凸显了状态特征。因此该构式中的"哪里"进一步映射到性状认知域,不表示确定的性状,但却圈定了一个有限的量幅范围,蕴含了"有限程度量"。如例(6)"撒野也撒不到哪里去",指野丫头"撒野"的程度有限;例(7)"赖不到哪里去",表示他老人家即使"抵赖",程度也有限;例(8)因为使用的还是汉字,所以文风"改变"的程度毕竟有限。我们把此类构式确认为 C 式。

综上所述:探究"A 不到哪里去"的构式来源,我们得到了该原型构式扩展的承继系列：

> A式：V(表示位移)＋不到哪里去
> B式：V(涉及计量)＋不到哪里去
> C式：V(凸显状态)＋不到哪里去

三个构式的承继关系主要依赖于相关认知域的隐喻映射,内在的连通性(connectivity)在"量范畴"的轴上得到实现：

> 构　式：A　→　　B　→　　C
> 认知域：空间域　→　数量域　→　性状域
> 量范畴：空间量　→　物　量　→　程度量

从构式语义来分析,A式"空间量"是很具体的,而C式的"程度量"是很抽象的,B式的"物量"介于两者之间,既有具体的一面,又有抽象的一面。就其中的理据来分析,"A不到哪里去"这个构式的产生,与上述C式有着密切的承继性。事实上C式的动词(如"撒、赖、变"等)的动作性弱化了,状态性凸显了,功能向形容词漂移。而构式语义的逐渐虚化,会导致结构的重新分析。如"赖不到哪里去",句法上分析为"赖不到/哪里去"是没有意义的,更合理的切分也许是"赖/不到哪里去"。其中"赖"是核心成分,"不到哪里去"意义融合了,表示"达不到某种很高的程度",属于后置的有限程度量补语。因此,显而易见"A不到哪里去"这个构式就是C式的顺理成章的延续。理由如下：其一,核心成分A是弱化动作性、凸显状态性的某些动词的进一步顺理成章的扩展；其二,构式的重新分析又使得A与"不到哪里去"的整合具有了充分的理据。由此,A进入"X不到哪里去"构式,产生"A不到哪里去",并在现代汉语中得到了长足的发展,成为能产性很强的口语表达式。

二、"能性否定＋疑问代词"构式解析

上文考察的典型构式"A不到哪里去"是一种主观小量评述,蕴含了"能性否定＋疑问代词"这个构式理据。语料表明：基于这个构式理据,"A不到哪里去"构式中的疑问代词的替换,扩展出了一组同功能构式。笔者(2014)曾对该构式的扩展承继进行了演绎式考察,分别对这些同功能构式加以解析,并对构式承继的理据性进行了论证。

现代汉语中能性述补结构指述补结构的可能式,与基本式构成平行格

式,常见的句法表达式是在"动结式"中插入能性标记"得/不",其中否定形式"V不C"本文简称为"能性否定"。

　　现代汉语中典型的疑问代词有"谁、什么、哪里、多少、多久、怎么样",其中"谁"指代述人对象(专名或有定的人),"怎么样"指代谓词性成分(行为或状态),它们与一般事物的量范畴没有直接关联,因而难以在"能性否定+疑问代词"构式中实施替换。而"哪里"指空间,"多久"指时间,"什么"指物类,"多少"指数量,它们的所指对象可以是个体的也可以类指的,因此都蕴涵"量"的范畴。疑问代词除了承担疑问功能之外,还有非疑问用法,主要是"任指"和"虚指",前者指代某一范畴集合的所有成员,后者指代某一范畴集合中的某些不确定成员。

　　下面讨论的"能性否定+疑问代词"组配形式的构式成员,其中"能性否定"指某些"V不C"形式(如"跑不到、吃不了");"疑问代词"选择"什么、多少、多久",主要是后置于动词的"虚指"用法;"主观小量评述"是话语功能的概括,是语义层面的"部分量"语义特征在语用层面的映射。

(一)主观小量评述的构式类型

　　依据本文考察对象的界定,笔者在CCL语料库检索系统(网络版)进行了相关的搜索、甄别,选择含有如下几类典型构式的句子作为考察对象(表有限空间量"V不到哪里去"前文已经阐述过,这里不再赘述):

　　　　A:表有限时间量"V不了多久",如"爬不了多久";
　　　　B:表有限物类量"V不了什么",如"买不了什么(东西)";
　　　　C:表有限实体量"V不了多少",如"吃不了多少(饭)"。

其中B、C两式后边都可能出现受事宾语N(如"东西"和"饭"),但"什么"和"什么东西"、"多少"和"多少饭"功能相同,在一定条件下N可以前移或省略,不影响句法格式的归纳,因此为了行文简洁,我们主要描写后边不出现N的结构形式。语料显示,尽管它们都能表示"主观小量评述"的会话含义,但由于"多久""什么""多少"本身所指范畴不同,各自能接纳的动词不尽相同,导致构式与构式之间在句法、语义上有一定的差异。下面分而述之。

　　1.表有限时间量:V不了多久

　　"多久"作为疑问代词,所指范畴是时间。"多久"是虚指用法,后置于"V不了",表示主体动作或状态能延续的时间有限,也是一种主观小量评述。与时间范畴相匹配,能进入该构式的动词一般都具有[+持续]的语义特征。例如：

（1）别着急，他不习惯爬山，爬不了多久的，我们就坐在这儿等他回来。（《报刊文摘》2000年）

（2）这把砍刀已经卷口，砍不了多久了，你另带一把新刀去。（《新民晚报》1996年）

（3）众人也都看得出来，如果风雪持续下去，他们可能撑不了多久了。（翻译作品《魔戒》）

（4）你们这里环境、待遇太差，大学毕业分配来的教师肯定不满意，就是来了也待不了多久的。（《人民日报》1994年）

上述例子中的"爬""砍""撑""待"都具有［＋持续/反复］的语义特征，前两个指动作，后两个指状态，都表示说话人认定话语主体（人或物）的动作或状态能延续的时间量有限。

2. 表有限物类量：V不了什么

"什么"作为疑问代词，所指范畴是物类（实体的类）。"什么"是虚指用法，后置于"V不了"，表示行为动作所涉及的物类量有限，也是一种主观小量评述。从量范畴的角度考察，这属于"物类量"，不等于抽象的表真值义的数量。与物类范畴相匹配，能进入该构式的动词一般都是能带受事宾语的及物动词。例如：

（5）我们知道这点钱买不了什么，只表示我们的一点心意吧！（《人民日报》1995年）

（6）这个地区山上石多土少，实在种不了什么，一眼望去只有稀稀拉拉的一些竹子。（《人民日报》1994年）

（7）那时候的小学很简陋，老师也是临时拉来的，小孩学不了什么，听大人说也记不了什么。（陈志强《北京话调查资料》）

（8）乔家今天大难临头，我一个妇道人家做不了什么，我能做的就是尽人事，乔家到底能不能得救。那就看天意了！（电视剧《乔家大院》）

上述例子中的"买""种""学""记""做"都是及物性的行为动作动词，表示说话人认定话语主体的行为动作所支配的物类量有限。

3. 表有限数量：V不了多少

"多少"作为疑问代词，直接标示表真值义的数量，是具有原型义的、纯粹的量范畴,与"空间""时间""物类"等范畴相比,语义更抽象、空灵。"多少"是虚指用法,后置于"V 不了",表示行为动作所涉及的实体量有限,也是一种主观小量评述。与数量范畴相匹配,能进入该构式的动词一般也都是能带受事宾语的及物动词。例如:

(9)我老了,吃不了多少,昨天晚上饭我剩下一半,今天够吃了。(胡殷红《"黄手帕"火焰般跳动》)

(10)实话说,酒量不大,喝不了多少,没办法,喝不了硬灌!(《报刊精选》1994 年)

(11)已经研三了,不得不写学位论文了,只怪她功底太差,一天也写不了多少。(《当代·报刊·读书》)

(12)顾老写文章要用,我又不好带回家去看,匆匆一翻,也看不了多少。(《当代·报刊·读书》)

上述例子中的"吃""喝""写""看"都是及物性的动作动词,表示说话人认定话语主体的行为动作所支配的实体量有限。其中例(9)指饭量,例(10)指酒量,例(11)指所写的文字量,例(12)指所翻看的内容量。

(二)主观小量评述的隐喻承继

上面讨论的"能性否定 + 疑问代词"的组配形式,说话人认定的"有限小量"都是比较具体的范畴量,包括时间量、物类量以及实体量。事实上该组配形式表示的"有限小量"并没有停留在这些相对具体的范畴,而是通过隐喻途径,映射到了"性状域",用来表示说话人认定主体性状的程度量有限,也是一种主观小量。句法语义上的标志是这些构式中能性否定结构的 V 替换为 A,能接纳的谓词从动词扩展到形容词,这是构式定型的后果,也是构式能产性(productivity)的体现。语料显示进入这些构式的 A 都是性质形容词,这与形容词的量性特征有关,前文我们在阐述构式"A 不到哪里去"时已经对此有过分析和解释,这里就不再赘述了。

语料显示典型的能表示有限程度量的构式,除了前文阐述过的"A 不到哪里去",还有如下两个同功能构式:"A 不了多少"和"A 不了什么"。由于性质形容词的次范畴语义特征不尽相同,它们进入这些构式表示程度的"有限小量"也各有特点,表现出非离散性的强弱序列。下面按照构式有限程度量表述功能的强弱分而述之。

1. A 不了多少

此类构式对性质形容词来说,几乎是开放性的,最能体现其典型性的是大量单音的量度形容词。例如：

（13）也许大都市进货批量大，进价就低，物价比我们那个小地方贵不了多少。（《报刊文摘》2008年）

（14）都说那个小区大，可跑去一看，比我们小区也大不了多少！（《新民晚报》2004年）

（15）这种车马力强、排量大，速度自然快，但在马路上不时有交通灯干扰，比普通车型也快不了多少。（《读者文摘》2013年）

此类构式中虚指用法的疑问代词"多少"本身所指范畴就是"数量"，而量度形容词这个次范畴类同时具备两个量性特征：其一，能带数量补语，标示具有真值义的量级序列；其二，能被程度副词修饰，标示具有程度义的量级序列。这样本身指数量范畴的"多少"与量性特征极强的量度形容词在此类构式中进行整合，"多少"从数量域映射到性状域，表示A的状态程度有限，这种整合效应是最简捷的，因而也是最强的。

2. A不了什么

此类构式对形容词的准入条件限制很严，其中的A仅限于部分述人的双音节性质形容词。例如：

（16）你可是科班出身，他未必就是什么高手，高明不了什么，别神经过敏啦。（2004年《报刊文摘》）

（17）其实他的那点功夫都是偷学别的门派的，跟你这个嫡传弟子比起来，神气不了什么，要较量了才知高下。（金庸《射雕英雄传》）

（18）你可是大户人家的千金，听说八姨太只是丫鬟出身，嚣张不了什么的，你不用担心。（《三十年代小说精选》）

此类构式中虚指用法的疑问代词"什么"本身所指范畴就是"物类"，表示不定量落实为实体类别，本身也有一定的量度特征，但与"多少"相比，在认知环节上与程度量的距离较大。它必须经过数量域这个认知中介，才能映射到性状域，表示有限程度量的。例如：

（19）只好又做小娃娃的小鞋儿小帽儿卖，但也赚不了什么。（桑逢康《郭沫若和他的三位夫人》）

（20）离开成都时，再到这儿来卖掉，也亏不了什么，也许根本就不会亏。（《人民日报》1993年）

其中的动词"赚""亏"都与数量指标相关,属于"数量域"。上述实例表示说话人认定这些动词所涉及的钱财,无论是"得"或"失",数量都有限。所以此类构式经过数量域这个认知中介,映射到性状域,表示程度量的功能比"A不了多少"要相对弱一些。

综上所述:由于疑问代词本身的语义差异,认知域之间的隐喻映射距离有远有近,这两个构式,包括前文讨论的构式"A不到哪里去",表述有限程度量的功能,其强弱表现为如下的序列(>表示"强于"):

 A不了多少>A不到哪里去>A不了什么

尽管这三个构式有限程度量表述功能有强弱之分,但是从话语功能来看它们却又有共同点,主要体现为如下三点:

第一,这些构式具有相同的构式义,可以概括为:说话人认定话语主体呈现的状态的程度量有限,是一种主观小量评述。也就是说,说话人在语境信息的激发之下,产生了发话动因,心理预设是"承认S具有A的性状,但程度有限"。如例(13)承认大都市的物价"贵",但"贵不了多少";例(16)承认他"高明",但"高明不了什么"。余例可类推解读。

第二,这些构式中的A具有量性特征,蕴涵量性级差,所以含有这些构式的句子往往在语境中引进差比句式或隐含差比的句式,凸显程度量差比的有限性,以证明主观评述的合理性,这可以说是这些构式的语境信息特征。如例(14)那个小区"大不了多少",是同"我们小区"比较的结果;例(17)他"神气不了什么",是同"嫡传弟子"比较的结果。余例可类推解读。

第三,这些构式的核心成分为A,作为形容词在语义聚合关系中大都有反义配对。但语料显示能进入这些构式的形容词,表积极义的使用频率远远高于表消极义的,如上文所举例中的形容词,除了"嚣张"之外,"贵、大、快、高明、神气"都是表积极义的。这是个很值得注意的现象,曾有学者认为在量度形容词中,表积极义的(如"大、长、高、远")是无标记形式,表消极义的(如"小、短、矮、近")是有标记形式。如果问"这个房间有多大?"事实上这个房间可能大也可能小;如果问"这个房间有多小?"那么这个房间一定很小。这体现了人们心理预期的认知规律,表积极义的词义辖域能涵盖表消极义的词义辖域,反之则不行。笔者认为,这条规律在一定条件下可以扩展到所有性质形容词,上面所述的现象表明人们在对事物性状的程度级差进行主观评价时,倾向于以积极义的形容词作为评判的依据。

需要说明的是,本文讨论的另一个同功能构式"V不了多久",同样也可以演化为"A不了多久"(如"神气不了多久"),但语义很稳定,总是表示有限时间量,并没有生发出有限程度量的语用含义。笔者推测,从人们的认知规约性来看,也许时间范畴与程度范畴之间很难建立起隐喻映射的途径。

(三)主观小量评述的承继理据

从上文对"能性否定＋疑问代词"组配形式的实例描写,可以发现这几类构式在话语功能上的共同点就是都能表示"主观小量评述"。要解释其理据,必须对"主观评述"和"有限小量"这两个要点加以论证。

1. "主观评述"的言语行为

"能性否定＋疑问代词"的组配形式是一种主观评述性的言语行为,说话人"有感而发",是主观性的体现。按照 Lyons(1977)的观点,"主观性"(subjectivity)指话语中或多或少带有说话人"自我"的表现成分,说话人在说话的同时还表明自己对所述事件或现象的评述,从而在话语中留下自我的印记。本文讨论的"能性否定＋疑问代词"的组配形式,就是一种典型的主观评述性的言语行为。理由如下:

其一,该组配形式中的能性否定格式"V不C"中的否定标记是"不"。根据学界的研究,在会话含义中,"没"倾向于表客观陈述,"不"倾向于表主观意愿,这是两者在语用上的一种对立。试比较:

　　a. 不知什么原因,他没来。
　　b. 对这门课不感兴趣,他不来。

上述 a 句只是一个客观陈述,陈述"他没来"这个事实;而 b 句体现的是"他"的主观意愿,是说话人知道"他不来"的主观意愿而代为转述的话语。"不"表主观性的特征在不同的话语形式中都有表现,在本文讨论的"V不C＋疑问代词"的表达式中,"不"不是直接陈述话语主体的主观意愿,而是表明说话人对某种事件或状态所涉及的"量"的大小的可能性的主观认定。比如"V不了多久"表明说话人认定话语主体动作或状态可能延续的时间量有限,"V不了什么"表明说话人认定话语主体行为动作可能涉及的物类量有限,"V不了多少"表明说话人认定话语主体行为动作可能涉及的实体量有限。因此,能性否定"V不C"是话语体现"主观性"的一种有标记形式。

其二,该组配形式的话语功能是说话人对某种事件或状态可能性的主观评述。因为表达的是主观看法，那么为了证明自己观点的合理性，说话人往往会在话语中提示一定的理由，这是评述性话语的语境特征之一。事实上前文所举实例中，语境大多提示了此类信息，选择了因果关系的复句形式或蕴含因果关系的表达式。如例(1)因为他不习惯爬山，所以"爬不了多久"；例(5)因为只有这点钱，所以"买不了什么"；例(9)因为人老了，所以"吃不了多少"。

其三，该组配形式中的能性否定格式"V 不 C"是人们语用推理的结果。沈家煊(2005)指出：语用推理既不是归纳推理也不是演绎推理，属于"回溯推理"，即人们从"结果没有实现"推导出"结果不可能实现"（"以果溯因"的推理模式）。因此"回溯推理"得出的结论不是一定为真，只是"很可能"为真，所以是可以在特定的上下文或语境中被消除的。笔者认为，这种"很可能"为真的结论可以在语境中被消除，正是充分体现了说话人评述的"主观性"。例如：

(21)大家都说老张水性不好，游不了多久的，就在岸上等着，不过出人意料的是，过了好久发现他还在水里呢。(《新民晚报》1995 年)

(22)大药房里可干的活计很多，掌柜的心想他是个新手，也干不了什么，谁知一天下来，他还真干了不少，手虽生，可特勤快。(《现当代小说选》)

(23)新产品价格贵了一点，估计也卖不了多少的，所以进得很少，可没料到几天下来就供不应求了。(《新民晚报》1995 年)

上述实例中"没想到""出人意料""谁知""没料到"等话语标记引出的后续陈述信息，证明说话人先前的判断有误，"很可能"为真的主观认定在语境中被消除了。因此，上述实例的一个共同点是都选择了转折关系的句式，而转折关系复句主要用来表达一种心理关系，表明事实与说话人的主观预期不符(参见张斌 1998)。

2. "有限小量"的语用含义

"能性否定＋疑问代词"的组配形式表达的是说话人对某种"有限小量"的主观认定，"有限小量"是语用层面的概括，也是本文论证的重点。事实表明该组配形式之所以能表达一种"有限小量"的主观评述，完全是语用驱动的后果，涉及"语序"和"预设"两个因素。下面分别加以讨论。

其一，关于"语序"因素。据学界的研究，现代汉语中疑问代词有疑问和非疑问两种用法。当命题是肯定时，疑问代词可能是疑问用法，也可能是非疑问用法；当命题是否定时，疑问代词只能是非疑问用法。对此陈振宇(2010)的解释是：现代汉语中疑问表达式不能充当否定焦点，或者说，当疑问表达式为否定词所约束时，否定词及否定词所形成的否定结构就成了非疑问标记式。疑问代词的非疑问用法主要是"任指"和"虚指"，据笔者考察，两者在句法分布上形成一种倾向性对立。试比较：

a1. 哪里都没去，在家里呆着呢。（"哪里"指任何地方）
　2. 没去哪里，就在附近逛逛。（"哪里"指某些地方）
b1. 什么都没说，只是笑了笑。（"什么"指任何话语）
　2. 没说什么，就问了问你的情况。（"什么"指某些话语）

从上面的实例可以看到：疑问代词置于动词前为"任指"，指某一范畴集合中的全体成员，属于"全量"（如例 a1、b1）；疑问代词置于动词后为"虚指"，指某一范畴集合中的某些不确定成员，属于"部分量"（如例 a2、b2）。

这种句法分布上的倾向性规律其实体现了制约汉语语序的某种"密码"。陆丙甫(2006)基于蕴含共性的逻辑意义，从功能角度对语序优势的制约因素进行了解释，他认为语法学界所公认的定指性成分或旧信息具有前置于不定指成分或新信息的倾向，这个倾向可以引申并理想化为"可别度领先原则"。所谓"可别度"通常指听话人对话语涉及的指称性成分的可识别的难易程度，该原则表明"如果其他条件相同，可别度越高的成分越倾向于前置。"陆丙甫(2005)在"语序优势的认知解释"中列举了大量的事实证明了"可别度领先原则"，其中就专门提到"周遍性成分前移"的现象。例如：

他什么人都认识。　／　什么人他都认识。

他认为表周遍性成分（如上例中的"什么人"）指任何人，属于整体性集合概念，可别度高，所以要前移。张斌(1995)也一直坚持在述宾结构中，某些宾语出于语用表达需要可以前置于动词，其中一类就是"周遍性成分前移"的现象。例如：

我哪儿都不去。　／　他什么都会，真是一个能干的人。

因此，我们可以意识到：本文讨论的"能性否定＋疑问代词"的组配形式，后置于动词的疑问代词是"虚指"用法，指某一范畴集合中的某些不确定成员，属于"部分量"，该组配形式之所以能表示"有限小量"的含义，是语义层面"部分量"在语用层面的映射。

其二,关于"预设"因素。照构式语法理论的解释(Goldberg 1995),说话人对构式的选择和使用取决于对交际"情景"的"识解"。作为评述性的言语行为,一个最大的特点是"有感而发",也就是说需要有交际情景的激发以产生发话诱因,而这个发话诱因就体现了说话人的某种"预设",更准确的说法是一种心理"预期"。事实上在选择使用"能性否定 + 疑问代词"的组配形式时,说话人并没有否定 S(话语主体)具有施行某种行为或呈现某种状态的可能性,恰恰相反说话人是肯定 S(话语主体)具有这种可能性的。因此说话人的心理预设是"S 能 VP 或具有 AP 性状,但程度有限"。例如:

　　　　A:听说那家小店生意很红火,发啦!
　　　　B:你别信! 那家小店是小本经营,薄利多销,赚也赚不到哪里去。

上例中 A 的话就是交际情景的激发因素,导致 B 发表了自己的评述,B 肯定小店能赚,但能赚的量有限,所以要 A 别相信。事实上前文所举实例大都体现了类似的交际情景和说话人的发话诱因。如例(2)"砍不了多久"不是说砍刀不能砍了,只是说能砍的时间有限;例(6)"种不了什么"不是说任何东西都不能种,只是能种的物类有限,事实上能看到只是一些稀稀拉拉的竹子;例(10)"喝不了多少"不是说 S 不能喝,只是酒量有限,所以还是被硬灌了。

由此可见说话人在选择使用"能性否定 + 疑问代词"的组配形式时,对 S(话语主体)具有施行某种行为或呈现某种状态的可能性是肯定的,能性否定"V 不 C"的否定义与后置于谓词表示"部分量"的疑问代词相呼应,于是产生了"有限小量"的语用含义。

综上所述:本文考察了"能性否定 + 疑问代词"的组配形式,并对其构成理据进行了探究,这就是所有能表达"有限小量的主观评述"的各类构式存在共同的理据。前文我们集中阐释了"A 不到哪里去"的该类个案,加上本文的阐释,我们可以看到由于"A 不到哪里去"中疑问代词的替换扩展,"能性否定 + 疑问代词"这个组配形式控制了如下的一组同功能构式:

V 不到哪里去
V 不了多少
V 不了什么
V 不了多久

这一组构式分别在空间量、时间量、物类量、数量等范畴表达了主观认定的有限小量，充分体现了该类构式的话语功能。更值得注意的是该组配形式中的 V 进一步替换为 A，扩展为形容词构式，控制了如下的一组同功能构式：

A 不到哪里去（指程度小量）
A 不了多少（指程度小量）
A 不了什么（指程度小量）
A 不了多久（指时间小量，非程度小量）

这一组构式通过"数量域"这个认知中介，在性状域表达了主观认定的有限程度量，充分体现了该类构式的话语功能。

第四章
句法同构与多义解读

上一章我们集中论述了一个原型构式在实际使用中会扩展出一个系列的"家族成员",这种扩展承继正是构式能产性的充分体现。语言事实表明,语言中形式和意义的对应往往不是一对一的,而是一对多的关系。因此,"同构异义"与"异构同义"现象是客观存在的。相对而言"同义"而"异构"现象比较容易识别,而"异义"却"同构"现象就不易识别。其实"异义"就是"多义",由"家族相似性"原理导致的多义范畴,在语言中表现得十分普遍,既表现在词汇层面,也表现在短语层面,同样也表现在构式层面。本章论述句法同构与多义解读的关系,就是要论证一些被我们误判的具有多义解读的同构形式,厘清构式之间的承继关系。

Goldberg(1995)早期的构式语法理论强调构式的"不可预测性",强调构式(C)的形式(Fi)和意义(Si)的某些方面不能从 C 的构成成分或其他先前已有的构式中得到完全预测。但同时她也借鉴了 Lakoff(1987)的观点,明确指出构式具有理据的可探索性。Lakoff 为语法承继中的"理据性"这一术语提供了准确的定义:"如果一个构式的结构是从语言中的其他构式承继的,则该构式的存在具有理据性。"在此基础上他提出了最大理据性原则:"如果构式 A 和构式 B 在句法上有联系,那么当构式 A 和构式 B 在语义上存在一定程度的联系时,构式 A 的存在是有理据的。"

Goldberg(2006)后期发展的认知构式语法理论强调形式和功能的匹配,认为表层形式相同,话语功能一致的若干构式形成一个多义范畴,范畴成员共有最大化的承继性理据。而最大理据性原则正是我们判断一些句法形式是否同构的依据。本章通过典型个案示例的方式来阐述句法同构与多义解读的关系,论证实体、事件、时段的数量同构、黏合定中 NN、NV 的称谓同构、黏合述补 VV 两字组的虚实同构。下面分别加以讨论。

第一节　实体、事件、时段的数量同构

"实体"涉及实体量词（即"物量词"）；"事件"涉及事件量词（即"动量词"）；"时段"涉及时段量词（即"时量词"）。之所以要改变传统的名称，是因为这样命名更合理、更准确（详见下文分析）。所谓的"数量同构"，指的是各类量词构成的数量结构，在句法组配中具有同构效应。比如上一章（第三章）在论述构式原型与扩展承继的关系时，我们论证了递进性差比义构式（即"一 M 比一 M＋VP"构式）在演化过程中，由于其中的时量被动量、物量替换，产生了 A、B、C 三种变式，它们之间具有量词聚合类的次范畴扩展承继，因而具有同构效应。概括如下：

A 式（时量）：一天比一天 VP
B 式（动量）：一次比一次 VP
C 式（物量）：一个比一个 VP

在该构式中"一 M 比一 M"占据的是状语位置，属于背景信息，因此其中的量词不论是物量、动量还是时量，判定它们同构，学界并没有异议。其实，这本来是不成问题的，但由于传统语法观念的滞后性，使得我们对某些构式中包含的数量词的属性判定可能会有分歧，因而否认它们的同构性。比如现代汉语有一种比较常见的凸显计量的构式，其中数量成分包括物量、动量和时量。例如：

（1）攻占了三座城堡。
（2）攻破了三次城堡。
（3）攻打了三天城堡。

上述例（1）宾语是"三座城堡"，是汉语中很常见的句式。例（2）动词后边出现了动量（三次）和宾语（城堡）两个成分，学界也有关注及解释。张伯江、方梅（1996）曾指出：此类格式可以有两种不同的语序，概括为 VNM（如"攻破了城堡三次"）和 VMN（如"攻破了三次城堡"）。他们在比较了这两种语序的使用状况后指出，与二三十年代相比，后者（即 VMN）的使用频率提高了，组合能力增强了，适用面更广了，正处于进一步发展的过程中。此外，据笔者考察受到例（1）、例（2）的类化作用，例（3）含时量的句式使用

频率也在提高。也就是说,这三类句子现在都是比较常见的句式。

具有同样意义的是,上述系列句式根据表达需要可进行语用变换,即动词后的 MN 短语(数量＋名)分裂前移话题化,变换为如下的构式:

(1′)城堡攻占了三座。
(2′)城堡攻破了三次。
(3′)城堡攻打了三天。

上述句式可统一码化为"$NP_{(受)}+VP_{(t)}+QM$"(QM 为数量成分)。其中 NP 为话题主语(即分裂前移的"城堡"),论元角色为受事;VP 的施事成分在语境中出现或隐含,成为背景信息。核心成分 V 为及物性的动作动词,往往带有补语成分强调行为动作的结果(如例 1′的"占"和例 2′的"破"),并且一般带有体标记"了",因而整个表述含有一个内在的自然终止点,表述的是已然事件。最值得注意的是句末的 QM,具有指代功能(回指分裂前移的"城堡"),成为表述的焦点,凸显了计量状态,包括物量(例 1′)、动量(例 2′)和时量(例 3′)。

该类构式经过了语用变换的句法操作,因而很有特点,构式理据也很充分,产生了特有的构式义及话语功能。对于该类句式,学界早有所关注,但分析和结论颇有分歧。笔者(2012)曾对上述三类句式加以考察,并对其同构性进行了论证和解释。

一、$NP_{(受)}+VP_{(t)}+QM$ 的多义性及其类推效应

上文所列举的三个句子,显然属于同类构式,只是对于时间因素的处理不同,具有多义性,但又具有内在的同一性。

(一)A 式: $NP_{(受)}+VP_{(t)}+QM_{(物量)}$

实例如下:

(4)他把那些七七八八的东西一股脑儿塞进书包,回家才发现坏事了,新书竟然弄坏了两本。
(5)屋顶突然掉下一块水泥板,桌腿压断了三条。
(6)一阵激烈的枪声,鬼子又打倒三个,剩下的跳下路沟跑了。
(7)一位附近的农民倒车时不小心撞到了我的汽车,车门撞瘪一块。

上述例句中的 M 为物量,QM 是对某类实体的计量。如例 4 中"新书"

通指一类实体,量词"本"使这个通指类名"个体化"(详见下文分析),成为可计量的单位,"两"落实了量化状态。由于逻辑宾语"新书"的分裂前移话题化,句尾的"两本"具有了指代功能(回指"新书"),成为"弄坏"支配的直接论元。该句式表述的是一个已然事件(即"弄坏了两本新书"),但就计量本身来说,与时间因素无关。余例可类推解读。

(二) B式: NP$_{(受)}$ + VP$_{(t)}$ + QM(动量)

实例如下:

(8) 这座楼烧毁了三次,现在的岳阳楼早已不是滕子京重修的了。

(9) 风沙经常来袭击工棚,棚顶的铁皮掀掉百次,大风起时,铁皮和木板在空中乱飞。

(10) 村里头没有游乐场,娃子们就扔石头砸瓶子玩,瓶子砸翻一次,娃子们就喊:"中了!中了!"

(11) 电影连放了三场,村民们越看越来劲,放映员可吃不消了。

上述例句中的M为动量,传统语法分析多数认为QM是说明行为动作的频次。笔者赞同刘辉(2009)的观点,认为该句式中的QM是对"类别事件"的计量(详见下文解析)。如例(8)中"(某人)烧毁了这座楼"指一事件类,动量词"次"使这一事件类"个体化",成为可计量的单位,"三"落实了量化状态。由于逻辑宾语"这座楼"的分裂前移话题化,句尾的"三次"具有了指代功能(回指"这座楼"),成为"烧毁"支配的直接论元。值得注意的是该句式表述的也是一个已然事件(即"某人烧毁了这座楼"),"烧毁"中的结果补语"毁"体现了内在的自然终结点,QM是以整个事件过程的延续时间段作为计量单位,计量本身蕴涵了时间因素。因此B式(事件计量)与A式(实体计量)在语义上是不同的,A式只包含一个事件,在时间轴上只有一个时间段;而B式可能包含多个事件,在时间轴上可能有好几个连续的时间段,如例(8)就包含了三个时间段。余例可类推解读。

(三) C式: NP$_{(受)}$ + VP$_{(t)}$ + QM(时量)

实例如下:

(12) 县城连续攻打了三天,保安队撑不住了,只好弃城逃跑搬救兵去了。

(13) 地铁一直修建了七八年,总算如期完成了工程。

(14) 电影看了十五天,评委们也累了,组办方安排他们去度假村休闲。

（15）大家特悲痛，放哀乐的人走了神，哀乐播放了整整十分钟。

上述例句中的 M 为时量，QM 是对某个事件持续时间的计量。如例（12）中"（某人）攻打县城"指一事件类，时量词"天"是人为制定的时间计量单位，使这个时段"个体化"，成为可计量的单位，"三"落实了量化状态。由于逻辑宾语"县城"的分裂前移话题化，句尾的"三天"具有了指代功能（回指"县城"），成为"攻打"支配的直接论元。值得注意的是该句式表述的虽然也是一个已然事件（即"某人攻打县城"），但是事件过程延续的时间本身成为计量对象，因此时间因素是显性的，这是 C 式（时段计量）与 B 式（事件计量）、A 式（实体计量）在语义上的差异。余例可类推解读。

综上所述：实体计量（A 式）、事件计量（B 式）、时段计量（C 式）在语义上的差异表现为对时间因素的处理，可概括如下：

构式类型：实体计量（A 式） → 事件计量（B 式） → 时段计量（C 式）

时间因素：无关时间因素 → 蕴涵时间因素 → 凸显时间因素

从认知机制来看，物量词实现个体化以三维空间的实体为对象，属于空间范畴；时量词实现个体化以事件延续的时间为对象，属于时间范畴；而动量词实现个体化以事件本身为对象，而任何事件在特定空间展开的过程必然涉及特定时间的延续，因而介于两者之间。于是我们可以将上述模式进一步概括为：

句式类：　A 式　→　B 式　→　C 式

认知域：空间域 ⋯⋯⋯⋯⋯⋯⋯⋯⋯⋯⋯⋯⋯⋯⋯→ 时间域

由此我们可以窥见它们内在具有共同的构式理据，不同类型的量词实现了同样功能，即将实体、事件、时段"个体化"以成为计量单位，并以数词落实对量化状态的描述。从中我们可以清楚地看到通过隐喻机制形成的构式承继链接（inheritance links）。事实上，这三种构式给我们一种属于"一套"的感觉，就好比发行的一套数枚邮票，尽管图形不同，但主题表现、构图设计、色彩运用、表意链接等透出某种同一性，总体上的"大同小异"让人们感知到它们属于同一"家族"。就句法实现来看是一种"类推效应"。

Blevins & Blevins(2009)指出,人的大脑是一个根深蒂固的模式搜索者。一旦它发现一个模式,就会把它进行归类且与其他模式建立联系,并用来预测更深层的模式和关系。类比思维揭示了人们感知到的不同元素之间的相似性,这些相似性也许相当抽象,涉及事物之间的功能关系和因果关系。越来越多的来自认知心理学的研究证据表明,类比思维能力代表了人类认知的核心。笔者认为实体计量(A 式)、事件计量(B 式)、时段计量(C 式)之间的句法实现正是这种"类推效应"的后果。

二、NP$_{(受)}$＋VP$_{(t)}$＋QM 的同构性及其句法解释

综上所述,"NP$_{(受)}$ + VP$_{(t)}$ + QM"这三类句式具有内在的同构性,实体计量(A 式)、事件计量(B 式)、时段计量(C 式)具有共同的构式理据,不同类型的量词实现了同一个功能,即将实体、事件、时间"个体化"以成为计量单位,并以数词落实对量化状态的描述。因此,这三类句式也具有相同的话语表达功能。然而这一切都还只是笔者的分析和解释,事实上学界对此是有异议的,有两个问题需要进一步论证:其一是量词功能的同一性问题,其二是 VP＋QM 的同构性问题。

(一)量词功能的同一性

涉及量词的功能,笔者借鉴刘辉(2009)的观点将物量词界定为"实体量词",动量词界定为"事件量词",那么,时量词自然就可界定为"时段量词"。

1. 实体量词

Lyons(1977)较早讨论了实体量词(即"物量词")的个体化功能,他认为实体量词提供或者预设了实体的个体化原则。大河内康宪(1993)借鉴这个论断对汉语的实体量词进行了考察,指出汉语实体量词的作用在于使得表达类名(name of kind)的光杆名词能够指称个体。刘丹青(2008)在讨论定语属性的论文中进一步强化了这个观点,专门讨论了实体量词的功能,指出实体量词不能为名词增加数量信息,对名词指称的分类也仅仅是附带功能,最主要的功能就是"个体化"(individuate)。也就是说,实体量词的使用使表达类别的名词或名词短语具有了个体外延,这些个体外延构成集合(set),集合的大小由语用限制,其成员数量由数词表达。例如:

```
类  名：    书        人
个体化：   本书      个人
表  述：三本书    三个人
```

2. 事件量词

基于上述对实体量词的界定,刘辉(2009)进一步将此推演至事件量词(即"动量词")的界定,他认为事件量词的基本语义功能就是对事件类别进行个体化。例如:

a. 前天中午,张三在家乐福买了海鲜。
b. 昨天中午,张三在家乐福买了海鲜。
c. 今天中午,张三在沃尔玛买了海鲜。
d. 今天中午,李四在沃尔玛买了海鲜。

上述四句话各自指称一个个体事件,具有特定的参与者以及时间、处所信息。虽然这四个事件彼此区别,但是我们还是可以从中抽绎出蕴含的共性特征。比如 a、b 是"张三在家乐福买海鲜"这个事件在不同时段的实现;c 的处所和前两句不同,但它们都是"张三买海鲜"这个事件在不同处所的实现。d 和前三句区别较大,它们之间不是时段和处所的不同,而是参与者(施事 S)不同。因此,d 不能看作是"张三买海鲜"这个事件的实现,而是"李四买海鲜"这个事件的实现。当然它们背后仍蕴含共性的特征,都是对"S 买海鲜"这个事件类别的进一步分类。

上面的分析说明,汉语的光杆动词并不指称发生在具体时间的个体事件,而是具有相同属性的个体事件所反映出的事件类别。不仅光杆动词可以指称事件类别,动词和论元、附加语的组合也可以指称事件类别。这些依存成分对动词的意义作出了更明确的限制,将事件类别划分为事件次类(subkinds of event),同样可以成为事件量词个体化的对象。因此,在语言表达中从"类别事件"到"个体事件"形成一个非离散性的连续统。而值得注意的是时间和处所对于个体事件的作用并不相同:同一次类的两个个体事件可以于不同时段发生在同一处所,但不能于同一个时段发生在不同处所,因为一个实体不可能在同一时段身处两地。也就是说事件量词是以整个事件过程的延续时间段作为计量单位,计量本身蕴涵了时间因素。因此对事件量词应该作如下的界定:事件量词的个体化作用表现在为事件类别(或次类事件)指派不同的个体时段,而数词表达的则是和话语有关的个体事件的数量。

3. 时段量词

既然事件量词的个体化作用表现在为事件类别或次类指派不同的个体时段,我们很容易推导出时段量词的基本语义功能。客观的时间是无穷延续的,对于时间单位的"个体化"完全是人为规定的后果,我们可以使用"年、天、小时、分钟"等人为制定的时段单位作为依据,对某个事件所持续的时间进行时段个体化,并用数词表达时段的数量。

(二) VP+QM 的同构性

对于动词+数量成分(VP+QM)的句法属性的认定,历来是学界的分歧所在。一个奇怪的现象是:学界对 VP+QM 的句法属性作了不一致的分析,分别判定为述宾或述补;而对于数量词的语法属性,几乎所有的汉语语法论著又都作了一致的分析,判定为体词性成分。笔者认为,这本身就是一个悖论。

事实上,学界早就出现了 VP+QM 同构的观点。丁声树等(1961)首先提出"动词+动量"(如"打了几十下")和"动词+时量"(如"等了两年")与"动词+物量"(如"搬去两个")具有同构性,因此将其中的数量成分判定为"准宾语",并指出准宾语和宾语的性质相近。赵元任(1979)指出汉语有一些特殊类型的宾语,其中有一类称为"自身宾语",包括表示动作的次数(如"打两下、吃三顿"),表示时间的长短(如"住了三年、等了半天")。而后朱德熙(1982,1985)立足结构主义语言观对此进行了较为充分的论证。针对学界将"动词+动量/时量"判定为述补结构的通行看法,他指出:动词后头带表示动量或者时量词语的格式(如"洗一次、住一天")跟述补结构之间没有什么共同点。把这个位置上的表示动量或时量的词语归到补语里去,主要是因为不愿意承认它们是宾语。其实此类格式跟动词后头带名量宾语的格式(如"买一本,吃一块")都是由动词和数量词组成的,在结构上有许多平行的现象。为此朱德熙列出了一系列句法平行格式作为佐证:

动词+名量:买一本　买了一本　买一本书　一本也没买
　　　　　　吃一块　吃了一块　吃一块糖　一块也没吃
动词+动量:洗一次　洗了一次　洗一次头　一次也没洗
　　　　　　敲一下　敲了一下　敲一下门　一下也没敲
动词+时量:住一天　住了一天　住一天旅馆　一天也没住

但上述观点并未被学界广泛接受,除了少数学者如马庆株(1981,1983)、张伯江、方梅(1996)等持有相同的看法之外,占主流的分析还是都将"VP+QM(物量)"认定为述宾结构,而把"VP+QM(动量/时量)"认定为述补结构。反对的理由认为"书"是论"本"的,"糖"是论"块"的,但"头"不能论"次","门"也不能论"下";因此我们可以说"一本书、一块糖",但不能说"一次头、一下门",证明"一次""一下"在语义上跟前边的动词发生联系。

笔者认为这样的观点值得商榷。首先,我们通常不单说"一次头、一下门",只能证明它们不是一个自由形式,却无法否认它们是一个句法形式。事实上朱德熙就举出了下列句子加以反驳:

> 一次头也没洗。　　　　两次头一洗,就感冒了。
> 一天旅馆也没住。　　　三天旅馆住下来,胃口就没有了。

其次,认为"书"是论"本"的,"糖"是论"块"的,但"头"不能论"次","门"也不能论"下",这只是从单纯的语义选择性来看问题。朱德熙明确指出:结构上相关的两个成分,意义上不一定有多少联系;反过来说,意义上有联系的成分结构上也不一定有直接关系。比如副词"都"和"也"从结构上看是修饰后面的谓词性成分的,可是从意义上看却是说明前面主语的范围的。如"他们/都去了,老王/也去了",表示范围的"都"和"也"在结构层次分析上是不能划归前面的主语。又比如"圆圆的排成一个圈儿"、"酽酽的沏一杯茶",从结构上说"圆圆的"和"酽酽的"是状语,是修饰后面的动词的,可是意义上却是跟动词的宾语"圈儿"、"茶"相联系的。笔者认为,此类现象属于典型的"形义错配"现象,而这种现象在语言中是具有普遍性的。

如果上述论证是合理的,那么 VP + QM 结构中,不论 M 是实体量词、事件量词或时段量词,它们都具有同构性,这是不容否定的事实。至于把 VP + QM 结构中的 QM 认定为宾语还是补语,那并不重要,重要的是它们是属于同一属性的成分。从结构主义的"同一性"原则来看,这种分析是合法的;从认知语法的"同构性"视角来看,这种分析也是合理的。

三、同类构式及其同构演绎

上面我们论证了受事宾语(数量 + NP)分裂前移话题化导致的构式"NP(受) + VP(t) + QM"的同构性。实际上数量结构在汉语中的句法分布是很广的,参与组配的构式很多,并且都表现出句法同构问题,集中体现在数量词处于主、宾语的指称位置上。下面我们通过同类构式的同构演绎来佐证上文的论证。其中"一量 + 都/也 + VP(否定)"构式中,"一量"处于主位;"V₁一量 V₂一量"构式中,"一量"处于宾位。

(一)"一量 + 都/也 + VP(否定)"构式

"一量 + 都/也 + VP(否定)"构式是现代汉语中很常见的一种口语表达

式。该构式的特点是 VP 是否定形式,与"都"或"也"呼应。特别值得关注的是该构式的主语是"一量":其中"一"表示非真值义,不能用其他数字替换;量词可以是各类量词,包括物量、动量、时量。从逻辑上分析,整个构式就是通过否定最小量"一量"来达到否定全量的表达效果。例如:

(16) 小李喜欢哲学,买了一大堆哲学书,可一本都没看。

(17) 她把鸡汤搁桌上,一口也不喝。

(18) 岳父就在同一县城,女婿不愿见他,一次都没去过。

(19) 常有剧团来村里演出,大妈怕吵怕烦,一回也不看。

(20) 整个春节她天天加班,一天都不休息。

(21) 老教授从教 30 多年了,坚持给本科生上课,一学期也没落下。

上述例(16、17)中量词为物量词"一本""一口",例(18、19)中量词是动量词"一次""一回",例(20、21)中量词为时量词"一天""一学期"。不论量词是什么类型,整个构式通过否定最小量(即"一量")来达到否定全量的表达效果是一致的。如例(16)中"一本都没看"就是所有哲学书都没看过,例(18)中"一次都没去过"就是从来都没去过,例(20)中"一天都不休息"就是每天都在上班。可见虽然量词可能不同,但整个构式义却完全相同。而主语是最典型的指称位置,所以三类量词处在主语位置,具有同构效应,学界似乎并没有异议。

(二)"V₁ 一量 V₂ 一量"构式

上一章(第三章)我们在讨论构式原型与扩展承继关系时,讨论了现代汉语中常见的一种口语表达式"V₁ 一量 V₂ 一量"。例如:

见一个打一个　　穿一件扔一件　　招一个辞一个

该构式的原型特征很显著:两个"V 一量"复叠,施事角色同一;两个"一量"同指,量词为物量词;两个 V 不同,在时间上有前后关联。

但实际语料显示,"一量"中的量词也可能被动量词或时量词替换。例如:

(22) 他们俩就这么耗着,见一次闹一次,没完没了。

(23) 虽然他很不服气,总想赢对方,可是比一回输一回,怎么也赢不了。

(24) 其实老汉心里没底,先这么混着,过一天算一天吧。

(25) 他的心态倒也豁达,反正活够了,不在乎,活一年赚一年。

上述例(22)、例(23)中"一量"的量词都是动量词,常见的是"次"、"回"。量词替换了,原型特征却没有改变。其一,两个"V一量"的施事是同一个主体。如例(22)中"见一次闹一次"的都是"他们俩",例(23)中"比一回输一回"的都是"他";其二,两个"一量"同指,两个V在时间上有前后关联,如例(22)中每一次都是先"见"后"闹",例(23)中每一次都是先"比"后"输"。

上述例(24)、例(25)中"一量"的量词都是时量词,常见的是"天""年"。量词替换了,原型特征却没有改变。其一,两个"V一量"的施事(或当事)是同一个主体。如例(24)中"过一天算一天"的都是"老汉",例(25)中"活一年赚一年"的都是"他";其二,两个"一量"同指,只是后一个V类似于关系动词,因而两个V具有等同关系,如例(24)中"过一天"等于"算一天",例(25)中"活一年"等于"赚一年"。

事实上上述实例中,虽然"一量"中的量词被动量词或时量词所替换,整个构式的构式语义和话语功能并没有改变。"V₁一量 V₂一量"构式表述的不是一次性事件,而是一个事件的多次反复,对话语主体来说已经成了一种行为的"惯性"。而依据说话者对"情景"的"识解",从话语功能来分析"V₁一量 V₂一量"构式表达了说话人对话语主体表现出来的某种行为惯性的消极评价。就语境适切度来说,某人的反复多次的行为惯性刺激了说话人心目中的"度",使得说话人觉得某人的反复多次的行为惯性不合理,所以产生了发话动因,表达了自己的评述(参见第五章解析)。以该构式的构式义、话语功能及其语境适切度来检验,上述例(22)—(25)也完全符合,可见虽然它们在语义上有差异,但它们在句法上是同构的,学界似乎也不会有异议。

第二节　黏合定中 NN、NV 的称谓同构

本专著第二章在论述概念整合与框架构式时,我们描写了黏合定中 N双 + N双 的整合度,例如:

木头地板　钻石戒指　美国总统　公司员工
桥梁专家　语文学会　朝阳产业　金融风暴

圆桌会议　皮包公司　苏州园林　北京烤鸭

世外桃源　武林高手　白衣天使　锦囊妙计

此类结构从语用功能来看,显然是黏合定中的称谓性构式。

在现代汉语中还有一类构式与此相近,就是黏合定中 N_双 + V_双 构式。这是汉语中很有个性的一类构式,从句法功能来看是名词性的,若转换成 VN 则是动词性的(述宾)。吕叔湘(1963)在阐述汉语 2+2 韵律形式的强制性时,专门列举了此类结构(如"钢铁生产、余粮收购、货物运输"等),杨建国(2009)在考察当代汉语四字段时,注意到了此类结构的特殊性(如"公路建设、市场管理、导弹防御"等)。实际语料证明此类构式能产性极强,下面是当代报刊和书面文献中一些常见的用例:

资金积累	成本核算	油气开发	道德建设	文化建设
现金储备	空气调节	人员培训	技术交流	资源消耗
服装加工	环境保护	观念转变	干部考核	资源配置
外资引进	船舶制造	污水处理	海洋开发	地震观测
人才培养	市场管理	汽车修理	石油开采	情报搜集
外币兑换	物资调拨	生活保障	住房分配	产品销售
城市改造	语法研究	病句分析	理论学习	体制改革
企业兼并	结构调整	法制建设	职能转换	日程安排
成本控制	个人崇拜	音乐欣赏	商品交换	人口调查
实况转播	设备维修	干部考核	廉政建设	文化传承

事实上此类构式的使用呈发展态势,《现代汉语语法信息词典详解》(俞士汶等著,1998 年)的基本内容完成于 1995 年,书中对相当数量的现代汉语动词进行了语法属性的描写,其中包括是否可以受名词直接修饰构成 NV 结构。在十几年后的今天看来,当时著者认为不能受名词直接修饰的动词,许多现在已经可以这样用了,例如:

剧本编写	物资采购	档案查询	资料查阅	债务偿还
沉船打捞	商品代销	设备调试	报刊订阅	邮件发送
旧房翻修	观念更新	客户服务	房屋购置	企业兼并

笔者(2013)曾集中讨论该类结构,并论证了现代汉语黏合定中 NN、NV 具有称谓同一性,具有同构属性。

一、NV 结构的来源与自主动因

(一) NV 结构的欧化来源

对于现代汉语中此类结构的来源,以往学界倾向于把它看作是语言接触的后果,是一种欧化格式。此类观点最早是王力(1945)提出的,他认为:

> 依中国语法,叙述词(动词)必须在它的目的语(宾语)之前。例如"杀人"不能倒过来说成"人杀"。若要把这种谓语形式转成首品,必须加上一个"之"字,例如"爱莲"可以转成"莲之爱";单说"莲爱"是不成话的。自从欧化以来,这种拘束是被打破了。西文里有 action-nouns(行为名词),而中文没有,于是那些 action-nouns 译成中文就变成了动词或动词性仂语。例如 administration of industry and commerce,只能译为"工商管理"。

上述观点认为汉语没有英语中那类"行为名词",NV 结构是为了对译英文而产生的欧化格式。就事实而言,汉语的 NV 结构确实常常用来对译英文的类似格式。例如:

business management	企业管理
gas and smoke emission	烟气排放
infrastructure construction	基础建设
physical examination	体格检查
soil and water conservation	水土保持
space exploration	空间探索
air pollution	大气污染

但是这个事实无法证明 NV 这种结构不是汉语自身存在或可能存在的格式。

贺阳(2008)赞同王力的观点,并在此基础上对 NV 结构进行了较为详尽的考察,结果表明这种结构的高频使用并非汉语固有的传统,是五四以来受到欧化格式的影响才兴起与发展的一种书面语现象。据他考察,到 20 世纪 20 年代,在汉语书面语中,机构和官职名称以外的一般"NV"用例已不算少见。例如:

> 资本制度一天不倒,各资本制度的国家保护商业的军备扩张也一

天不能停止。(陈独秀《社会主义批评》,《广东群报》1921 年 1 月
19 日)

不过我觉得托罗兹基(Trotsky)的文艺批评,倒还不至于如此森
严。(鲁迅《马上日记之二》,《世界日报副刊》1926 年 7 月 19 日)

我认为这不过是思想解放的两面,都是疑古与贵我精神的表现。
(朱自清《哪里走》,《一般》1928 年第 4 卷第 3 期)

如此,则所得的效果,是一部总括以前文籍分析,而启后来实地工
作的一部古史。(傅斯年《与顾颉刚论古史书》,国立中山大学《语言历
史学研究所周刊》1928 年第 2 集第 13、14 期)

红军人员的物质分配,应该做到大体上的平均。(毛泽东《关于纠
正党内的错误思想》,1929 年)

下面是贺阳提供的文献调查、统计结果(笔者略作删减):

语 料 来 源	语料年代	样本字数	NV 例数
《水浒》	14 世纪	10 万	0
《西游记》	16 世纪	10 万	0
《儒林外史》	18 世纪	10 万	0
《红楼梦》	18 世纪	10 万	0
《鲁迅全集》(第 3 卷)	1925—1927	10 万	8
《毛泽东选集》(第 1 卷)	1925—1937	10 万	95
《胡绳文集》	1979—1994	10 万	115
《政治与市场》	1991	10 万	177

上面的统计结果表明:从 14 世纪到 18 世纪,文献中并没有出现 NV 格式,
20 世纪 20 年代以后 NV 结构开始出现并得到了长足的发展。但是由于调
查、统计文本的局限,这同样无法证明 NV 结构就一定是受到欧化格式影
响才产生的。

(二) NV 结构的自主动因

笔者认为,语言接触的后果对词汇而言比较显著,表现为语言中的"借
词";但对于句法格式就必须谨慎对待了,因为一个新格式的出现很可能是
外因通过内因起作用而产生的。事实上,汉语 NV 格式在书面语中的出现
就是属于此类现象。贺阳自己就提供了一些古代汉语的 NV 用例。如宋

代负责为朝廷祭祀活动供应牛、羊的官署叫做"牛羊供应所"（宋史·职官志四）；清代负责批验盐引的机构叫做"盐引批验所"（清史稿·职官志三），负责批验茶引的官职叫做"茶引批验大使"（清史稿·食货志五）。这说明汉语中本来就存在 NV 格式，它通常出现在一个更大的复合称谓结构中，作为官职或机构的称谓，使用语域相对单一。事实上在现代汉语中，这种现象更为普遍，使用语域也更为广泛。例如：

a. 事故调查小组　文物管理局　婚姻登记处　户籍调查科
b. 人口普查督导　贵宾接待员　地质研究者　电影评论家
c. 商品销售计划　火力配置图　违章处罚单　日程安排表
d. 信息发布专栏　废品回收站　文物陈列馆　商品展示区

上述 a 组指称某类机构，b 组指称某类人员，c 组指称某类文件，d 组指称某类区域。因此，合理的解释是汉语中本来就存在 NV 格式，当英文中含有 action-nouns 的短语需要译成中文时，我们就很自然地采用这个格式去对译，并由此广泛进入书面语体。在这个过程中，英文的 action-nouns 短语格式的翻译需要是"外因"，汉语本来就存在的使用于官职或机构的 NV 结构是"内因"，而外因必须通过内因才能产生作用。

值得说明的是英语名词中有 action-nouns（行为名词）这个次范畴类，词典明确标注为名词，依据是形态标记。其实汉语中也有类似的现象，如 NV 中的 V 就是一个典型的具有事件指称义的动词，实际上它们在词库里就应该属于类似于英语的"行为名词"。只不过汉语中动词的指称用法没有形态标记，所以词典仍然标注为动词。例如：

pollute [vt.]	pollution [n.]
污染水质	大气污染
manage [vt.]	management [n.]
管理财务	公园管理
construct [vt.]	construction [n.]
建设家园	经济建设
emit [vt.]	emission [n.]
排放瓦斯	污水排放
examine [vt.]	examination [n.]
检查身体	工作检查

explore [vt.]　　　　　　exploration [n.]
探索人生　　　　　　　　空间探索

上述实例大多数来自《现代汉语词典》(第 6 版)所举用例,这些用例显示,对应于英语中的两个词(动词和行为名词),汉语是一个动词形式有 VN 和 NV 两种用法,这后一种用法与英语的行为名词相当。

二、NV 结构的属性与构式赋义

(一) NV 结构的句法属性

黏合定中 NV 结构中的 V 是行为类动词,对 V 来说 N 的潜在语义角色是"受事"或"产物",是 V 能直接支配的论元。事实上有些定中 NV 式可以变换为述宾 VN 式(如"语法研究→研究语法"),于是给人的印象定中 NV 式是述宾 VN 式换序的结果。笔者认为这是一种假象,语料表明定中 NV 能否变换为述宾 VN 是有条件的:N 的语义越具体,变换的可能性就越强;N 的语义越抽象,变换的合格度就有问题。下面我们以"制造"和"管理"为例来加以说明:

> a. 汽车制造　飞机制造　潜艇制造　　船舶制造　　机械制造
> 　　制造汽车　制造飞机　制造潜艇　? 制造船舶　? 制造机械
> b. 酒店管理　学校管理　城市管理　　信息管理　　制度管理
> 　　管理酒店　管理学校　管理城市　? 管理信息　? 管理制度

上述 a 组中的"船舶""机械",相对于"汽车""飞机""潜艇",在认知范畴层次上都属于上位概念(语义抽象的集合类名词),一般不能直接进入述宾 VN 结构充当宾语;b 组中"信息""制度",相对于"酒店""学校""城市",意义显然更抽象,也不能直接进入述宾 VN 结构充当宾语。可见 N 的语义具体性和 VN 的可换序性存在正向共变关系。

对于上述现象笔者的解释是:N 在 NV 结构中充当定语需要具有"区别性",不论 N 的语义具体还是抽象,也不论它们处在认知范畴的哪个层次上(上位层次、基本层次或下位层次),只要外延具有"类"的区别性,就可以充任。而 N 在 VN 结构中充当宾语("受事"或"产物")则需要具有"受事性",陈平(1994)指出"受事性"是一个典型范畴,包括许多特征。按笔者的考察,其中之一就是充当宾语的 N 对于 V 来说在语义上要能自足(具有配位要求达到的具体性)。N 的语义越具体,受事性就越强,充当宾语就越自由;反之合格度就会受到质疑。比如说"制造船舶""制造机械"我们觉得很别扭,而说"制造高吨位远洋船舶"、"制造高端自动化机械"就较能接受;我们一般不说"管理信息"和"管理制度",但说"管理市场信息"和"管理财务制度"合格度就没有问题。这是因为添加的信息强化了 N 在语义上的自足性,表义相对具体了。因此,认为定中 NV 式是述宾 VN 式换序的结果,这是一种误解。

(二) NV 结构的构式赋义

根据上面的分析,笔者认为本节讨论的 NV 结构属于在线构成,其构成动因是称谓性黏合定中结构 NN 类推的后果,是"构式赋义"的典型表现。因此要揭示 NV 结构的形成机制,就必须先弄明白称谓性黏合定中结构 NN 的形成机制。陆丙甫(1988)曾用"称谓性"和"描写性"的对立来概括朱德熙(1982)提出的"黏合式"与"组合式"定中结构的语义区别。例如:

> 黏合式:黑鹅　　老歌　　白衬衫　　新房子　　木头桌子
> 　　　　呢子大衣
> 组合式:黑的鹅　老的歌　白的衬衫　新的房子　木头的桌子
> 　　　　呢子的大衣

上面所举黏合式都是称谓性的,组合式都是非称谓性的。所谓"称谓性"就是"可命名性",即用黏合定中结构的形式给某一类事物赋予一个通名(genere),如生物分类学给某一物种命名。其中前一成分具有"分类性",对后边成分加以某种规约性的分类(参见张敏1998)。就句法层面来分析,中间不能插入结构标记"的",这是因为结构标记"的"的基本功能是"描写性",陆丙甫(2007)对此有详尽的论证。称谓性黏合定中结构 NN 是名词性的,就原型性来说,该构式中心语成分都是名词,是一种"实体性称谓"。但该构式成型后,动词也能进入该构式,"准入条件"是 NV 结构后边的 V是一个具有事件指称性的动词,可以认定是一种"事件性称谓",N 是从关涉的对象范围方面对 V 加以分类。事实上,NN 实体称谓和 NV 事件称谓具有句法、语义上的同一性,试比较:

> a. 市场份额　干部素质　情报数量　图书质量　信息特征
> 　　环境状态
> b. 市场监管　干部选拔　情报搜集　图书出版　信息处理
> 　　环境保护

上述实例中,a 类的中心语是典型名词,属于 NN 实体性称谓;b 类的中心语是"物化事件"类动词,属于 NV 事件性称谓。但是从语感上我们看不出它们有什么区别,中心语从名词到动词,整体构式从"实体性称谓"到"事件性称谓",表现为一种非离散性的连续统,显然具有同构性。

上述解释需要进一步论证的是 NV 结构中的 V 的属性,即哪些类型的动词具有进入事件称谓性 NV 结构的资格? 陈宁萍(1987)采用 Ross 的连续统词类分析模式,使用分布标准测量汉语的动词是否具有名词的功能,得到的结论是汉语的名词类正在扩大,双音化是动词移向名词的必要条件,使汉语由普遍动词型向普遍名词型漂移。那么为什么双音动词是移向名词的必要条件呢? 王灿龙(2002)曾对句法组合中单双音节选择进行了认知方面的解释,他认为双音动词跟单音动词在基本层次范畴和原型性方面有较明显的对立。从表义方面看,单音动词通常表示的都是人或动物的基本动作,动作性都较强,动作义也很具体,在人们的认知范畴中有一个明晰的、有界的关于某一动作的意象与该动词相对应。而双音动词的情况则不同,由于它是两个语素的结合,无论其中的两个语素或某一语素的动作性有多强,整个词的语义只能是两个语素义的最大公约数,这样所得的语义就相对比较抽象、比较间接。那么是否所有的双音动词都能进入事件称谓性 NV 结构呢? 张国宪(1997)的研究发现双音动词的语义抽象性与内部构成方式有密切的关联,双音动词的"动性"强度存在差异,根据语料的概率分析他给出了双音动词的"动性"强度等级序列:

　　构成：前加　／　后附＞偏正＞补充＞陈述＞支配＞联合
　　动性：强 ……………………………………………………………→弱

该等级序列表明:联合式双音动词的动性最弱。也就是说动词性功能的弱化导致了名词性功能的强化。事实上,本文所列举的 NV 结构实例,后边的 V 主要是联合式双音动词(参见上文所举例),这可以说是事件称谓性 NV 结构对动词准入条件的限制。

笔者认为,从概念整合的角度来看,整合"框架"和整合"元素"是内因和外因的关系,这就好比适宜的环境(时间、温度)能使小鸡孵出鸡蛋,却不能使一块石头产生同样的后果。因此,所谓"框架"就是一个"构式",构式一旦成型就会产生一种句法、语义的"规定性",能激活输入元素潜在的语义因子,导致"浮现意义"的产生。NV 中的 V 都是联合式双音节动词,它们的动作性最弱,具有潜在的事件指称义,进入实体性称谓的构式框架,这种潜在的语义因子被激活,于是产生了"称谓性"的浮现意义。这就是"构式压制"(construction coercion)的效应(参见 Adele E. Goldberg 1995)。

三、NV 结构的指称性与整合性

(一) NV 结构的指称性

上文论述表明,黏合定中结构 NV 是实体性称谓结构 NN 类推的后果,整合效应为"事件性称谓",属于名词性结构,具有较强的指称性。虽然我们不赞同定中 NV 结构是述宾 VN 结构换序的结果,但是通过某些可以换序的用例作为分布上的对立格式来甄别结构的指称性强弱,还是一种可行的分析方法。陆丙甫(2009)基于谓词性宾语的指称性强弱来考察谓宾动词的分类,根据他的研究,除了助动词和体宾动词之外,能带谓宾的动词依据谓宾的指称性强弱可以分为三个等级。其中"真谓宾动词"(如"禁止、渴望、打算"等)的宾语虽然没有指称化,但却可以"指代化";"一般谓宾动词"(如"开始、停止、继续"等)的宾语可以不同程度地指称化,但指称化的强弱取决于语境;"准谓宾动词"(如"进行、从事、予以"等)的宾语根本没有指称化,其指称性是先天"胎里生"的,不需要"化"就已经有了。笔者认为陆丙甫的结论是符合语言事实的,我们讨论的定中 NV 结构与述宾 VN 结构相比,指称性的强弱处于两极对立,它们在上述三类动词宾语位置上的分布呈如下状态(下列划线的为 VN 结构,打点的为 NV 结构):

(1)	禁止砍伐森林	?	禁止森林砍伐
	渴望晋升职称	?	渴望职称晋升
	打算选拔人才	?	打算人才选拔
(2)	开始比赛足球		开始足球比赛
	停止申报项目		停止项目申报
	继续研究课题		继续课题研究
(3)	*进行交流学生		进行学生交流
	*从事勘探石油		从事石油勘探
	*予以指导业务		予以业务指导

上述实例表明,(1)组的动词为"真谓宾动词",VN 结构能较自由地充当宾语,而 NV 结构受到限制;(2)组的动词为"一般谓宾动词",两类结构都可以顺利进入;(3)组的动词为"准谓宾动词",NV 结构能较自由地充当宾语,而 VN 结构受到限制。这种分布上的对立印证了定中 NV 结构与述宾 VN 结构在指称性上的对立。

（二）NV 结构的整合性

称谓性结构作为一个通指类名,指称性极强,其重要特征就是具有非离散性,表现为在更大的组合中总是保持结构层次上的稳定性,可以延伸却不可以离散。事件称谓性 NV 结构自然也不例外。杨建国(2009)提供了一个有说服力的例子,在语料中切分出来的四字段"公路建设",在约 2700 万字的语料中一共出现 178 次。作为一个 2+2 的 NV 四字段,要么单用,要么包蕴在更大的结构串中。只有 1 例呈离散状(N 与 V 跨层,非黏合定中结构),例句为:

> 把四川省川主寺至九寨沟的公路｜建设成公路与自然环境和谐统一的示范工程。

其他用例都是黏合定中式,或单用或跟别的词语构成更长的复合称谓形式(延伸的黏合定中结构)。例如:

> 高速公路建设　村级公路建设　西部公路建设　乡镇公路建设
> 高等级公路建设　川藏、青藏公路建设
> 公路建设者　公路建设项目　公路建设事业　公路建设文明单位
> 农村公路建设项目　重点公路建设项目　高速公路建设管理局

笔者也对本文所举实例在 CCL 语料库(网络版)逐个进行了调查统计,凡超过 400 次以上用例的调查结果如下:

NV 结构	用例总数	离散例数	NV 结构	用例总数	离散例数
产权转让	427	6	铁路建设	1 154	3
人员培训	493	3	资产评估	1 174	9
食品生产	502	6	产品销售	1 294	30
石油勘探	507	13	环境污染	1 891	5
财务管理	651	1	结构调整	3 470	8
污水处理	709	2	环境保护	5 493	3
人才培养	1 149	10	体制改革	9 416	3

从上表可以看到,NV 结构在实际使用中,呈离散状的用例极少,两者比例极端悬殊,几乎可以忽略略不计。

其实就 NV 结构来说,如果置于更大的结构中,至少有两种能使 NV 离散的结构框架(N 和 V 分归两个非定中结构关系的直接成分)。一个是"把 N/V···"("把"字句)。例如:

> 环境保护 → 把环境 / 保护好。
> 产品销售 → 把产品 / 销售到外地市场去。

另一个是"N/V···"(受事主语句)。例如:

> 环境污染 → 环境 / 污染了。
> 项目承包 → 项目 / 承包给了外地建筑商。

但事实上,此类可能出现的形式在实际语料中出现频率极少(见上表),这说明事件称谓性 NV 结构具有非离散性的特征。

Goldberg(2006)在近年来的构式语法研究中提出了"统计优选"(Statistical Preemption)的概念,主张以实际语料使用频率的统计作为构式优选的依据。笔者认为,对语言事实的判定,实际语料统计数据不是必要条件,但作为充分条件是毋庸置疑的,关键是如何调查,如何统计。上述现象给我们的启示是:能说不能说是一回事,会说不会说是另一回事,即使会说还有一个说多说少的问题,不能全凭主观臆测。从这一点来看,Goldberg 提出的"统计优选"的主张,还是具有相当的合理性的。

第三节 述补 VR 黏合两字组的虚实同构

与偏正结构一样,汉语的述补结构以补语标记"得"的隐现,形成了"黏合式"与"组合式"的区别。郭继懋、王红旗(2001)从认知的角度对述补结构"黏合式"和"组合式"的语用差异进行了分析,用说话人预设的"规约性"和"偶发性"来解释两者的差别。如果属于"规约性"现象,一般直接用无标记的 VR 黏合两字组来表达,如"杀死、喝醉"。如果属于"偶发性"事件,就选择带"得"的复杂补语来表达说话人心中超预期的结果,如"老王在公园里睡得不能说话了"(详见第六章解析)。这其中体现了陆丙甫(2011)发现的"重度—标志对应律"的句法象似动因。

述补 VR 黏合两字组一般被称为"动结式",属于"规约性"组合。从历时角度来看,汉语动结式来自中古时期广泛应用的可分离式动补组合,是在汉语双音化作用下的历时整合结果(参见石毓智 2002)。动结式是汉语里最重要的结构形式之一,历来是学界关注的热点。事实表明,汉语动结式内部是不同质的,由于整合的双向互动,其补语 R 的语义会不同程度虚化。比如同样是"气死",补语"死"语义有差异。按照《现代汉语八百词》(吕叔湘主编,1999 增订本)的解释:一种意思表示"死亡",如"气死周瑜",可插入"得/不";另一种意思表示程度达到极点,如"气死我了",不能插入"得/不"。于是现在有的语法论著就认为前者的"死"是结果补语,"V 死"是动结式;而后者的"死"是程度补语,"V 死"是动程式。其实,这分布差异体现为一种虚实对立,是典型的同构多义现象。从认知上解释,"死"从具体的生命域映射到抽象的程度域,属于虚实同构。笔者曾指导博士生石慧敏(2010)对汉语述补 VR 黏合两字组进行了深入的考察,下面是考察结果。

一、鉴别依据与考察范围

述补 VR 黏合两字组内部的语义差异,既要依据 V 和 R 的意义分析,也要依据动结式的句法表现。我们可以从语义和句法两个方面来加以考察。

(一) VR 组合的语义属性

对于动词 V 来说,可以从两个方面来考察:(1) 本义(或基本义)还是引申义;(2) 自主性、动作性和及物性的强弱。对于补语 R 来说,也可以从两个方面来考察:(1) 本义(或基本义)还是引申义;(2) 有无明确的语义指向。

以"V 掉"为例。比如"(他)拔掉(了很多杂草)"。动词"拔"的意义具体实在,体现的是本义;同时"拔"是个自主的动作动词,及物性很强,能带宾语。补语"掉"体现的也是本义,指"脱落、去除";语义上指向受事"杂草"。"拔掉"是两个概念在本义基础上的整合,整合度较低。而"(影片主角演员)跑掉(了)","跑"虽然表示本义,具有自主性,但它是个不及物动词;补语"掉"与"跑"组合,"掉"的语义虚化了,指"消失、离开",语义的虚化导致语义指向的缺失,和"跑"融为一体,"跑掉"整合度显然要比"拔掉"高。

再以"V 透"为例。比如"(利剑)刺透(了心脏)"。动词"刺"的意义具体实在,体现的是本义;同时"刺"是个自主的动作动词,及物性很强,能带宾语。补语"透"体现的也是本义,指"通透",语义指向受事"心脏"。"刺透"是两个概念在本义基础上的整合,整合度较低。而"(她的脾气我早就)摸透(了)"。动词"摸"体现的是隐喻义"试着了解",补语"透"体现的也是隐喻义"透彻"。"摸透"是在隐喻义的基础上整合的结果,"透"与"摸"结合较紧,整合度显然要比"刺透"高。

(二) VR 组合的句法属性

可以从两个方面来考察:(1)能否插入"得/不"构成可能式;(2)能否进入"一 A 就 B"格式或有无分解式。

整合度相对较低的 VR 组合一般都可以插入"得/不"构成可能式,也都能进入"一 A 就 B"格式或可以分述。如"打死(老虎)""磨破(鞋底)"都可以插入"得/不"变成可能式,如"打得死/打不死"、"磨得破/磨不破"。它们都能进入"一 A 就 B"格式,如"一打就死""一磨就破";它们也都能分解成两个表述,如"打老虎→老虎死""磨鞋底→鞋底破"。这是因为 VR 组合的历时整合,就是具有因果关系的两个表述被压缩进入双音节框架的结果。

但是如果 VR 组合的整合度较高,补语 R 的语义虚化,VR 合二为一融为一体,一般不能插入"得/不"构成可能式,也不能进入"一 A 就 B"格式或进行分述。如"乐坏(了)""恨透(了)",补语"坏""透"都表程度义,整合度很高。一般就不能插入"得/不"构成可能式,没有"乐得坏/乐不坏"、"恨得透/恨不透"的说法;也不能进入"一 A 就 B"格式,没有"一乐就坏"、"一恨就透"的说法;当然它们也无法分解成两个表述。

(三) VR 组合的考察范围

汉语述补 VR 黏合两字组构式内部情况非常复杂,补语数量也十分繁多。对补语的研究,可以是定性的、综合的,也可以是相对定量的、封闭的。为了保证选择标准的一致性和研究的有效性,我们采取了第二种方法,将研究对象的范围进行了限定。本文选择《现代汉语八百词》(吕叔湘主编,1999 增订本)作为考察对象来限定我们的研究范围。因为《现代汉语八百词》在词条之下明确列出了作动结式第二成分的义项,所列举的又是最典型、最常用的结果补语。首先,我们对《现代汉语八百词》所收录的单音节动词和形容词进行了统计,检索到单音节动词 155 个(不包括趋向动词),单音节形容词 39 个。其次,我们对这些动词、形容词作进一步的考察,发现能作动结式(基本式)第二成分的单音动词和单音形容词一共有 28 个。按音序排列如下:

败	成	穿	到	掉	定	动	多	够	惯	好	坏	见	满
了	偏	平	破	伤	少	胜	死	透	醒	着	中	住	走

其中有几个词情况比较特殊,需要说明:"了(liǎo)"作动结式第二成分时,必带"得、不",如"吃得了/吃不了、受得了/受不了",属于能性述补结构,没有基本式;"见"已有明显的构词语素倾向,所搭配的"V见"都已融合为词,如"看见、拜见、参见、会见、接见、窥见、想见、引见、预见"等;"多"和"少"作动结式第二成分并不表示动作的结果,而是表示典型的数量义,如"吃多(了)、放多(了)、穿少(了)、买少(了)"等。因此,上述几个词暂不作为考察对象。这样,能作动结式第二成分的谓词共有 24 个。按音序排列如下:

败	成	穿	到	掉	定	动	够	惯	好	坏	满
偏	平	破	伤	胜	死	透	醒	着	中	住	走

二、整合度高低及层级分布

根据以上鉴别标准,笔者把 VR 组合的整合度高低分成三个不同的层级:A 级(低整合度)、B 级(中整合度)、C 级(高整合度),分别用"VR_1""VR_2"和"VR_3"来标示。

(一) A 级:低整合度 VR 组合(VR_1)

这一等级的 VR 组合是一种典型的致使表达,反映使因事件与致果事件,述语动词与补语之间往往存在一种因果关系。因此,这一等级的 VR 组合是典型的"动结式",整体构式义表达的是"致使义"。

1. VR_1 的语义属性

VR_1 的语义属性主要表现在如下两个方面:其一,动词 V 和补语 R_1 的语义都具体实在,一般都表示本义或基本义;VR_1 基本上是两个概念的本义或基本义的整合,V 表示导致结果的原因,R_1 表示动作产生的结果。其二,动词 V 一般由及物动词充当,自主性、动作性和及物性都比较强,所带宾语一般都是表示具体事物的名词;补语 R_1 一般由非自主的不及物动词(包括少数形容词)充当,补语 R_1 有明确的语义指向,多数指向受事(如下例(1)-(8)),少数指向施事(如下例(9)、例(10))。典型实例如下:

(1) 中国的击剑运动动员击败了对方。(《报刊文摘》)
(2) 现在不是已经有剪掉头发的女人,因此考不进学校去,或者被学校除了名么?(鲁迅《头发的故事》)

（3）秋风吹动着街道两旁的树叶，发出"沙沙"那种下雨似的声音。（余华《活着》）

（4）鲁迅曾为小时候故意踩坏小弟的一只风筝而内疚，是因为他理解了那颗童心。（《人民日报》）

（5）因为爬树有时跌下或扭伤了脚，刺破了手，就跟同学去采药，又认识了十来种草药。（《沈从文文集》）

（6）宋志龙刚当文书就带领一批年轻人住进山洞，苦干450天，凿透了一千多米深的山洞。（《报刊精选》）

（7）他不小心把麻袋戳穿了。（吕叔湘《现代汉语八百词》）

（8）快把虫子踩死，要不它会咬人的。（《汉语动词—结果补语搭配词典》）

（9）奶奶好容易走到了村口。（《读者》）

（10）小李被门外的喧闹声吵醒了。（《汉语动词—结果补语搭配词典》）

2. VR_1 的句法表现

VR_1 的句法表现主要表现在以下两个方面：

其一，该等级 VR 组合一般可以插入"得/不"，变成可能式。例如：

打赢 →	打得赢 /	打不赢	刺穿 →	刺得穿 /	刺不穿
割掉 →	割得掉 /	割不掉	碰着 →	碰得着 /	碰不着
搬动 →	搬得动 /	搬不动	治好 →	治得好 /	治不好
看惯 →	看得惯 /	看不惯	摔坏 →	摔得坏 /	摔不坏
叫醒 →	叫得醒 /	叫不醒	射中 →	射得中 /	射不中

其二，该等级 VR 组合一般都可以进入"一 A 就 B"构式。例如：

叫走 →	一叫就走	熨平 →	一熨就平
吃好 →	一吃就好	敲坏 →	一敲就坏
刺穿 →	一刺就穿	磨破 →	一磨就破
打胜 →	一打就胜	投中 →	一投就中
叫醒 →	一叫就醒	碰掉 →	一碰就掉

可以进入"一 A 就 B"构式，证明它们本来就是两个表述整合的结果。王红旗（1995）认为汉语述补结构的底层含有两个表述，分别称作表述1和表述2。表述1和表述2之间存在着因果关系，表述1表示原因，表述2表示由

这种原因而引起的结果。这两个表述映射（map）到表层结构以后，两个表述中的谓词就成为述补结构，表述₁中的谓词成为述语，表述₂中的谓词成为补语。笔者赞同王红旗的观点，其实这就是汉语动结式概念整合的构式机制。因此，该等级 VR 组合一般都能进行分解式变换。例如：

中国队打败了美国队。　→　中国队打美国队　/　美国队败了

薛仁贵一箭射穿了内甲。　→　薛仁贵射内甲　/　内甲穿了

秋风吹动了街道两旁的树叶。→　秋风吹树叶　/　树叶动了

大夫治好了他的腿。　→　大夫治他的腿　/　他的腿好了

妈妈不慎摔坏了花盆。　→　妈妈摔花盆　/　花盆坏了

孩子穿破了衣服。　→　孩子穿衣服　/　衣服破了

大个子砍死三个鬼子。　→　大个子砍鬼子　/　三个鬼子死了

我叫醒了弟弟。　→　我叫弟弟　/　弟弟醒了

看门的赶走了要饭的。　→　看门的赶要饭的　/　要饭的走了

他们终于搬动了石头　→　他们搬石头　/　石头动了

（二）B 级：中整合度 VR 组合（VR₂）

该等级 VR 组合的整合度比 A 级的要高，一个主要特征是补语 R₂ 的语义虚化了，与动词 V 的结合也更紧了；同时，动词 V 体现的也可能不是本义，语义引申了；相应的变异是 VR₂ 组合所带的宾语也抽象化了。因此，显而易见的事实是补语 R₂ 的虚化不仅同它本身的语义变化有关，也与动词 V 的语义制约及所处的句法语义环境有关。笔者的看法是一个成分的虚化是内因和外因双向运作的结果：内因指词语本身潜在的语义因子，外因指所处的句法语义环境；外因通过内因起作用，特定的句法语义环境（动词及其所带宾语）激活了特定词语潜在的语义因子，导致充当补语的 R₂ 语义发生变化（虚化）。

比如"杀死了歹徒"中"杀"和"歹徒"都是本义，"歹徒"是有生命的，"死"的本义"生物失去了生命"适应了"杀歹徒"的句法语义环境，所以体现的也是本义。而在"堵死了通道"中，"堵"和"通道"虽然都还是本义，但"通道"是非生命体，本无所谓"死"，"死"的本意无法落实；但"死"的语义域有一个语义因子指"死板、不活动"，这显然是"死"这个语义必然包含的状态之一，于是在"堵［　］通道"这个句法语义环境的作用下，"死板、不活动"的语义因子被激活了，"死"的语义也虚化了。又如"穿破了衣服"中，"穿"和"衣服"都是本义，"破"的本义"完整的东西受到损伤变得不完整"适应了

"穿衣服"的句法语义环境,所以体现的也是本义。而在"看破了红尘"中,与抽象名词"红尘"搭配,"看"的语义指"观察并加以判断",这是本义"使视线接触人或物"隐喻映射的结果,但对于一个非实体的"红尘","破"的本义无法落实;但"破"有潜在的"破除习惯、思想"这样的语义因子,从"使某件衣服破"到"使某种思想破"是一种本体隐喻,在"看〔   〕红尘"这个句法语义环境的作用下,"破除习惯、思想"这种潜在的语义因子通过隐喻被激活了,"破"的语义也虚化了。

1. VR₂的语义属性

VR₂最显著的特点是补语R₂语义有所虚化;而前边的述语V多数语义也已经引申或泛化;而VR组合所带宾语多数属于抽象名词。具体分析有如下三种情况:

其一,动词为不及物动词,体现的是本义,不带宾语。例如:

(11)一不留神,那个歹徒溜掉了。(《当代小说集》)

例(11)中"掉"的本义是"脱落",但由于"溜"的主体"歹徒"是有生命的,补语"掉"的本义无法与之匹配,于是在该句法语义环境中,"掉"的一个潜在的语义因子"消失"被激活,产生了转喻义(虚化)。

其二,动词为及物动词,体现的也是本义,所带宾语的语义也具体、实在。例如:

(12)为了怕小姐出逃,父亲锁了门,还用粗木条钉死了窗户。(《读者文摘》)

例(12)中"死"的本义是"使人或动物失去生命",但动词"钉"所涉及的对象是"窗户",是个无生命体,补语"死"的本义无法与之匹配,于是在该句法语义环境中"死"的一个潜在的语义因子"死板、不活动"被激活了,产生了转喻义(虚化)。

其三,这是该等级VR组合中最常见、最大量的现象。动词是及物动词,但语义已经引申或泛化;所带宾语都是抽象名词。例如:

(13)苏宇眼中流露出的疑惑和忧伤神色还是深深打动了我的心,燃起了我和苏宇继续昔日友情的强烈愿望。(余华《活着》)

(14)他们真正吃透了中央精神。(《人民日报》1994年)

例(13)中"打"是个泛义动词,指"通过某种方式激发对方心理",所带宾语是抽象名词"心"(思想)。补语"动"本义指"移动",语义上无法与"心"匹配,于是在这样的句法语义环境中,"动"的一个潜在的语义因子"思想感情因被触动而发生变化"被激活,从具体到抽象,产生了隐喻义(虚化)。例(14)中"吃"的本义指"进食",而在句中却是隐喻义"吸收、理解(某种知识、思想)",所带宾语"精神"是个典型的抽象名词;补语"透"的本义指"(物体)渗透、穿透",语义上无法与"精神"匹配,于是在这样的句法语义环境中,"透"的一个潜在的语义因子"透彻"被激活,产生了转喻义(虚化)。

上面三种情况有一个共同点,即由于补语 R_2 的语义已经不同程度地虚化了,它们不再有明确的语义指向,而是与动词 V 融为一体,补充说明行为动作所产生的"结果"。沈家煊(2003)认为,汉语基本属于"附加语构架语言",有必要将意义核心(semantic core)和结构核心(syntactic core)区分开来。两者可能一致,也可能不一致。一般充补语的动词是一个封闭类。这些动词大多句法语义功能已经弱化,有的可以读轻声,如"站住、听见、气死、改掉、拿开、想到、买着(zhao)",这种读轻声的补语动词在语义指向上只能与前面的动词发生联系。同时,这些补语 R_2 成分,作为虚化义一般已不能单独充当述语,类似于刘丹青(1994)提出的"唯补词"范畴。刘正光(2006)从非范畴化角度谈到实词语义虚化的问题,并指出在 V-V 动结式中,V_2 已经丧失了它作为动词独立出现在谓语位置上的许多属性特征,处于实义动词和助词之间的中间状态。实词语法化或非范畴化的前提就是语义抽象,因为语法意义总是抽象的,并且随着时间的推移越来越抽象。根据我们的考察,该等级 VR 组合中 R_2 虚化的语法意义虽然侧重点各不相同,但概括起来大致可以归纳为以下几类:

1)表示"达成义"

这一类虚化补语主要有"着(zhao)""中""到"等,侧重于表示行为动作完成并达到了预期的目的。例如:

(15) 那本侦探小说我可找着了。(《汉语动词—结果补语搭配词典》)

(16) 这部电视剧里需要几个群众演员演流氓地痞,我由于个子高,被选中了。(《中国北漂艺人生存实录》)

(17) 在那天早晨七点整时,他买到了一张七点半去小城的汽车票。(余华《世事如烟》)

上述例句中"找着""选中""买到"都侧重于行为动作达到了预期的目

的,可以概括为"达成义"。

2)表示"定止义"

这一类虚化补语主要有"定""死""住"等。它们都有固定、不动或不变的意思。例如:

(18)他拿定主意后,就义无反顾地干了起来。(《当代短篇小说》)

(19)当他因为"特嫌"和"恶攻"而被投放到号子里的时候,铁门哐地一声关死了。(《王蒙文集》)

(20)伯禽连连点头,表示一定记住父亲的教导。(曹余章《中华上下五千年》)

上述例句中"拿定""关死""记住"都表示固定、不动或不变的意思,可以概括为"定止义"。

3)表示"透彻义"

这一类虚化补语主要有"穿""破""透"等,表示识别、显露、领悟、透彻等意义。例如:

(21)这种欺骗如不坚决揭穿,根据下级片面的、歪曲的、不真实的信息作出决策,指导工作,任用干部,不出问题才怪!(《人民日报》)

(22)当初,他还只是冷笑,随后眼光便凶狠起来,一到说破他们的隐情,那就满脸都变成青色了。(《鲁迅文集》)

(23)这个人我算看透了,他太自私了。(《汉语动词—结果补语搭配词典》)

上述例句中"揭穿""说破""看透"都表示识破、显露、领悟、透彻等意义,可以概括为"透彻义"。

4)表示"损失义"

这一类虚化补语主要有"坏""掉""走"等,表示由于某种原因"引起了不好的变化"或"消失""离开"。例如:

(24)计划经济体制下,国家在煤炭企业物资上供"皇粮",产品搞统销,企业被宠坏了、惯坏了,只要有产量便一俊遮百丑。(《报刊精选》)

(25)秘密处工作人员统统包圆才十余人,工作开始方一周便吃掉

七千多袋方便面,喝掉一百公斤茶叶,实在过于糜费。(王朔《千万别
把我当人》)

(26) 不知怎么让老先生察觉了,将端砚收走不说,还用竹板奖赏
了他的手心。(《当代短篇小说》)

上述例句中的"宠坏""惯坏""吃掉""喝掉""收走"都表示由于某种原因"引
起了不好的变化"或"消失""离开"。"不好的变化"是一种"损","消失、离
开"是一种"失",都表示消极义,可以概括为"损失义"。

综上所述,该等级 VR 组合中的 R_2 表示的语法意义可以细分为"达成
义""定止义""透彻义""损失义",但它们的一个共同特征体现的都是不同
程度的虚化义,语义指向模糊,主要是补充说明动词 V。因此,VR_2 的致使
义弱化了,表达的是一种广义的"结果义"。

2．VR_2 的句法表现

上文 A 级低整合度 VR 组合中由于动词 V 和补语 R_1 体现的都是本
义,动词 V 和补语 R_1 都具有相当的独立性,内部结合相对松散,可以插入
"得"或"不"构成可能式。事实表明,VR 组合能否构成可能式与补语 R 的
语义独立性成正比,补语 R 的独立性越强,构成可能式的概率也越大,反之
则越小。该等级 VR 组合(B 级)中由于补语 R_2 体现的都是不同程度的虚
化义,独立性大大降低,因果链的致使义弱化了,插入"得"或"不"构成可能
式就受到限制。它们少数还能插入"得"或"不"构成可能式,多数不能插入
"得"或"不"构成可能式。例如:

看穿 → 看得穿 / 看不穿　揭穿 → ?揭得穿 / 揭不穿
卖掉 → 卖得掉 / 卖不掉　忘掉 → ?忘得掉 / 忘不掉
拿定 → 拿得定 / 拿不定　咬定 → ?咬得定 / 咬不定
看破 → 看得破 / 看不破　道破 → ?道得破 / 道不破
堵死 → 堵得死 / 堵不死　限死 → ?限得死 / 限不死
抓住 → 抓得住 / 抓不住　问住 → ?问得住 / 问不住

也由于同样的原因,B 级中整合度 VR 组合大多数不能进入"一 A 就
B"格式,当然也无法进行分解式变换。这是显而易见的,也就不必赘述了。

(三) C 级:高整合度 VR 组合(VR_3)

上面 B 级中整合度 VR_2,其中 R_2 的语义都是由 R_1 虚化而来,由于本
身演变速度及外部条件等多种因素的差异,会造成它们虚化程度参差不
齐。虚化程度高的,就有可能进一步虚化为 C 级高整合度 VR_3。根据我们

的考察,它们的词汇意义几乎消失殆尽,而语法意义却获得了强化,表示一种"附着义"。具体分析可以概括为"实现义"或"程度义"两种情况,下面分别加以说明。

1. 表"实现义"VR$_3$

这类 VR$_3$ 中,V 一般是非自主的不及物动词或形容词,R$_3$ 主要有"掉、着、住"等。例如:

(27)比阿特丽斯相信如果她和菲茨杰拉德一直受到压抑,两人身心都会垮掉。(引自《作家文摘》)

(28)他觉得这个家伙不是喝醉了就是疯掉了。(《人民日报》)

(29)全枝急着收拾她的衣物,杨妈劝她歇会儿,别累着了。(陈建功,赵大年《皇城根》)

(30)这孩子饿着了,让她先喝碗热粥吧。(《青年报》)

(31)公司职员看见那豪华气派、面积宽大的办公室,都愣住了。(《哈佛管理系列全集》)

(32)郑彦章、葛平等忙回头看,竟是林书记,都呆住了。(《人民日报》)

上述例句中"垮掉""疯掉""累着""饿着""愣住""呆住"中的 V 都是非自主不及物动词或形容词,"掉""着""住"都表示这些状态的实现,一般 VR$_3$ 后边带上"了",通常指生理状态或心理状态出现了某种消极的变化。

表"实现义"的 R$_3$ 类似于一个准体标记形态。通常体标记"了"附着于一般动词之后,与结果补语关系紧密,朱德熙(1982)认为,"把 + NP + V + 了"格式中的"了"很可能相当于南方方言里的结果补语"掉"。木村英树(1983)证明汉语表持续体的"着"不是真正的时态词尾,而是近乎结果补语的动词后加成分。这些学者的研究都表明现代汉语的体标记是结果补语虚化的结果,是一种比较彻底的语法化现象。但是我们也应该看到,"掉""着""住"还不是一个彻底虚化的体助词,它们在意义和搭配上仍受到一定的限制,与动词的结合能力相对较弱,而且后面也都能加"了"。这些性质都说明"掉""着""住"跟纯体助词"了"还有一定距离,是一个准实现体标记,没有彻底虚化为一个纯粹的体助词。

2. 表"程度义"VR$_3$

这类 VR$_3$ 中,V 一般也是非自主的不及物动词或形容词,R$_3$ 主要有"坏、死、透"等。例如:

（33）今天实在渴坏了,觉得凉丝丝的啤酒喝下去非常舒服。她一仰头把一杯酒全喝下去了。（蒋子龙《赤橙黄绿青蓝紫》）

（34）这个倒霉的消息可把老张气坏了。（《读者文摘》）

（35）这一天下来,队员们累死了,顾不得吃饭倒头便睡。（《青年报》）

（36）我们这儿的工作特点就是忙,一天到晚忙死了。（王朔《编辑部的故事》）

（37）那个鬼地方缺水,每人一天就一茶缸水,简直糟透了。（《报刊文摘》）

（38）对不起,我混得可穷透了,连火炉都生不起,每天只好买点饭吃。（杨沫《青春之歌》）

以上例句中 VR_3 的 V"渴、气、累、忙、糟、穷"都是非自主的不及物动词或形容词,通常表示消极义;R_3"坏""死""透"语义都高度虚化,"坏"不表示真的坏了,"死"不表示真的死了,"透"也不表示真的穿透了,它们都表示性状的程度达到极点,相当于一个表示程度的标记。语义虚化到一定程度,必然会导致功能的转化,事实上《现代汉语虚词词典》（张斌主编,商务印书馆2001）已经把"死"和"透"明确标注为程度副词,而《现代汉语词典》（第6版）也在"坏"的词条下专门说明"有时只表示程度深"（如"饿坏了""气坏了""忙坏了""乐坏了"）。

根据语料考察,VR_3 表达的程度义又可分为两种情况：一种表示"消极程度义"。常见搭配的单音节词如：

气　饿　忙　渴　累　急　愁　吓　困　馋　热　丑
闹　恨　烦　臭　难　闷　糟　穷　脏　窘　怨　笨

常见搭配的双音节词如：

惊吓　麻烦　嫉妒　后悔　讨厌　可怜　难看　难吃
难闻　难听　糟糕　失望　着急　担心　郁闷　伤心

汉语 VR 组合的原型是双音化驱使的结果,所以成形时 R_3 主要是单音节词（如"气死了、吓坏了、糟透了"）,但一旦构式凝固成型之后,构式就会具有一定的开放性,于是双音节词也可以"准入"该构式了（如"惊吓坏了、后悔死了、糟糕透了"）。值得注意的是,不管是单音节词还是双音节词,整体构式义都是表示消极意义的,这是该构式的原型特征。另一种表"积极程度义"。与"坏、死、透"搭配的形容词语义上主要表示对人的生理、心理构成积极影响的义项。常见搭配的形容词及心理动词主要有：

美　爽　乐　高兴　喜欢　神气　幸福　轻松　舒服　激动

一般来说，一个构式在成形过程中，总是保持自身的原型性，而一旦构式成型了，就会具有一定的能产性。VR$_3$构式的原型表示的都是消极义，但构式成型之后，由于类推扩展的后果，表示积极意义的词（包括单音节和双音节）也可以"准入"该构式了（如"美死了、爽透了、乐坏了"）。表示积极意义的 VR$_3$构式是非典型的，但却具有更典型的构式意义。

三、考察结论与同构多义

根据上文阐述，我们依据一定的句法语义鉴别标准，把 VR 组合的整合度分成三个不同的层级：A 级（低整合度 VR$_1$）、B 级（中整合度 VR$_2$）、C级（高整合度 VR$_3$）。这三个等级同属于述补 VR 黏合两字组构式，相互之间存在着显著而有规律的句法语义差异，详见下表归纳：

整合度分布		A 级低整合度	B 级中整合度	C 级高整合度
述语 V 的特征	语义属性	基本义	基本义/引申义	引申义
	自主/及物	强	较弱	弱
	宾语特征	具体事物	抽象事物	不带宾语
补语 R 的特征	语法语义	结果义	达成义　定止义 透彻义　损失义	完成义（准体标记） 程度义（程度标记）
	语义指向	指向受事施事	指向动词	无语义指向
VR 组合紧密程度	能否插入"得/不"构成可能式	能	少数能 多数不能	不能
	能否进入"一A就B"的格式	能	少数能 多数不能	不能
	能变换分解构成两个表述	能	少数能 多数不能	不能
整体构式义		致使义	结果义	附着义

第五章
构式赋义与话语功能

    构式语法的一个重要理论渊源来自 Lakoff 在 20 世纪 70 年代末建立的认知语义学,认知语义学理论是建立在"格式塔心理学"(Gestalt psychology)的研究基础上的,因此也称为"格式塔语法"(Gestalt Grammar)。"格式塔"意为"完形",格式塔心理学派是基于"完形"理念的心理学派,该学派认为实体的范畴化典型性评估涉及的心理过程不光是属性的计算,而更是"完形感知"(gestalt perception),即将范畴化对象功能重要、视觉显著的部分整合为一个整体视觉,即心理表征。这是因为在我们心目中作为一个原型物体,构成的部件固然重要,但更重要的是这些部件之间的比例、造型及整体感觉。沈家煊(2006)曾举过一个现实生活中的实例印证了上述道理。网上有人写了篇文章叫"最美的美女",作者编了一个顺口溜:"张柏芝的眉毛,范冰冰的眼,刘亦菲的鼻子,章子怡的脸。"认为这四个特征合起来就是美女。结果马上有网评人指出,真要把这四个东西拼起来未必就是"最美的美女"。因为美在于和谐,人们所感知的美是多种因素整合的结果,不是"最美因子"的简单相加。事实上也是这样,经验告诉我们,年轻人找对象时事先在心里总有若干个标准,但真的遇到了符合这些标准的对象时,却又往往觉得对方并不是自己所心仪的人。所以"找对象"就是"找感觉",这个感觉就是各种"标准"和谐整合的结果。

    因此,认知语义学主张把整个句子结构视为整体而不是各个部分的简单相加,强调"整体大于部分之和",从而把握结构的整体意义。Goldberg接受了认知语义学的基本理念,在 1995 年的专著中他系统描述了英语双及物构式、英语致使—移动构式、英语动结构式和英语 way 构式,从而使我们得以窥见她对构式研究的基本理念与程序。Evans & Green(2006)将其归纳并总结为五个步骤,其中前两个步骤是最基本的:第一步,要论述构式存在的理据,它们的某些语义和句法特征不能从可进入的词汇中预测出来,由此提炼出构式本身具有的特定意义;第二步,根据"基于用法的模型",详细调查构式的具体运用情况,由此提炼出构式的话语功能和表述方式。很显然,第一步强调语块整合及其构式义的提炼,第二步强调使用情景及其话语功能的归纳。

根据人类认知的共性,语言中的句法结构并不是如 Chomsky 所认为的,是以某个动词为核心并由这个动词的论元结构转化而来的;也不是传统语法分析所依据的,句法结构可以简单划一地建构在分析性的"主—谓—宾"或"施—动—受"这样的句法语义框架之内。语言的共性应该来自语义结构和象征结构之间映射的普遍性。Langacker(1995)认为认知语法应该重视对"语言组块现象"(grouping)的考察;Croft(2001)指出句子里的"组块关系"(grouping of elements)几乎全部是以语义为基础的。

事实表明,构式赋义即构式内部各构件组配的结果,也就是概念整合产生的"浮现意义"(emergent meaning);而说话人基于对情景(scene)的识解(construal)会选择这样或那样的构式来表达,是因为每一个特定构式具有特定的话语功能。两者是双向互动、相得益彰的。本章论述构式赋义与话语功能,将集中对前几章中阐述、解析的典型构式的构式义加以提炼,并对其话语功能加以归纳,其中涉及我们常见的主观量评价、感受性评价、消极义评价。下面分别加以讨论。

第一节　主观量评价表述

沈家煊(2002)指出:按照 Lyons(1977)的说法,"主观性"(subjectivity)是指语言的这样一种特性,即在话语中多多少少总是含有说话人"自我"的表现成分,也就是说话人在说出一段话的同时表明自己对这段话的立场、态度和感情,从而在话语中留下自我的印记。按照沈家煊的归纳,语言的"主观性"主要表现在三个方面:说话人的情感,说话人的视角,说话人的认识。其中主观量评价的动因是说话人的视角,同样面对半瓶水的事实,乐观者说"还有半瓶",悲观者说"只有半瓶",这是对同一客观"量"由于不同的视角形成不同的主观体验。下面我们以"A 不到哪里去"和"NP(受) + VP(t) + QM"两个构式为例,对主观量评价加以解析。

一、"A不到哪里去"构式解析

本专著第三章在论述构式原型与扩展承继时,曾专门列举并解析了主观小量评述的"A不到哪里去"构式(如"好不到哪里去")。这里我们将集中讨论该构式的构式义及其话语功能。

(一) 构式赋义的分析提炼

范伟(2010)在考察现代汉语情态系统时,指出该构式表达了说话者对命题中事物性状的评估和判定,属于认识情态范畴,笔者认为这是有道理的。由于A是性质形容词,具有评价义,而"不到哪里去"表达的是有限程度量,所以该构式表达"评述性的有限程度量"是显而易见的,关键在于这种评述带有"主观性"。事实证明,"A不到哪里去"表达说话者的主观性评述,即认定话语主体在某个方面不可能达到正或负的极致状态,只能处于一个有限范围之内。正因为这是说话人的主观评述,此类主观评述与客观事实未必相符。请看下面的例句:

(1)那书我还没看过,不过敢确定的是那书必定精彩不到哪里去,你想,那是一个语文老师写的,肯定很严肃很教条。(《金陵晚报》2004年)

(2)在他看来,中国邮政事业快不到哪里去,但他低估了,中午去门房间时见到他的信笔直地躺在Susan班级的信箱里。(韩寒《三重门》)

例(1)中说话者并没有看过那本书,却断定"精彩不到哪里去",所提供的理由也不具有必然性,主观的痕迹非常显著;例(2)中国邮政事业"快不到哪里去"只是说话者的偏见,而且事实证明不是这么回事,可见完全是出于说话者的主观臆断。同时,例(1)中的"你想"和例(2)中的"在他看来"都是典型的体现主观评价的话语标记,这也是此类构式中常见的主观化"印记"。

从语用的角度来说,说话人说"A不到哪里去"的心理预设是:

承认X所表现出来的性状,但认为该性状的程度量有限

"程度量有限"体现了说话人评价的主观小量。因此,这个构式的常见的语境切度是:当说话人觉得社会舆论或交际对方对某一事实的评价在程度上超出自己认定的范围时,说话人依据一些理据陈述自己对该事物性状程度量有限的评价,表明对方的评价过量。请看下面的例句:

（3）甲：你可别小瞧他，人家可是博士！

乙：博士又怎么啦？现在高学历低能力有的是，就算他是博士，也高明不到哪里去！（北青网）

（4）眼下有人认为房价居高不下，私车日益增多，境外游不断扩容，说明老百姓真的很富裕了；其实只要作一番调查就可以发现，高消费毕竟只限于少数人，多数老百姓富裕不到哪里去。（《报刊文摘》2009 年）

例（3）说话者"甲"对博士的评价很高，而"乙"不以为然，理由是"现在高学历低能力有的是"，因此认为"就算他是博士，也高明不到哪里去"，即"高明"的程度有限。例（4）针对社会上某些人认为老百姓真的很富裕了，说话者觉得这不符合事实，理由是"高消费毕竟只限于少数人"，因此"多数老百姓富裕不到哪里去"，即"富裕"的程度有限。

此外，当说话者发觉某个事实与社会规约性认知不相符合时，他也会依据一些理据陈述自己对该事物性状程度量未达标的评价。如"今年雨水太多，西瓜就是甜，也甜不到哪里去的。"在我们通常的社会评价中，"西瓜很甜"是规约性认知中的"默认值"，不值得特意地去陈述。而由于"雨水过多"的原因，西瓜的"甜"没有达到应该达到的程度，这才是导致说话者加以评述的语境诱因。因此，这种情况与上述语境适切度具有内在的同一性。

（二）话语功能的表达形式

任何一个构式如果孤立地考察构式本身，尤其对于意合型的汉语，只能获得有限的句法信息。特定的构式具有特定的话语功能，体现了说话者对特定语境的识解，因而是构式解析不可或缺的重要方面。"A不到哪里去"是个非自由形式，除了在对话语体中作为应答外，一般不能独立成为一个表述单位。按照传统语法分析，此类构式通常充当偏正复句后一分句，是表述的焦点，比如让步关系、转折关系、条件关系、因果关系。然而从构式的话语功能来看，这样的分析是不充分的，任何一个构式虽然表现形式不同，但它内在的话语功能却具有同一性。下面分而述之。

1. 常式表述：评述性的理据

通常认为让步或转折关系的复句表达的是一种心理关系，即承认既成事实或认定某种常理，但事实上却不是这样，前后分句在语义上是转折的（张斌 1998）。"A不到哪里去"的语用预设是"承认 X 所表现出来的性状，但认为该性状的程度量有限"，因此采用转折或让步关系的表达形式是一种优势表述。例如：

（5）林懿的人生不算悲剧，然而也喜不到哪里去。（思君如故《结婚只要九块钱》）

（6）虽然 NEI 肯定不是免费使用，但费用也大不到哪儿去。预期随着经济发展，一般家庭和企业都能承受。（《报刊精选》1994 年）

（7）他即使学坏了，也坏不到哪里去。（《报刊精选》1994 年）

（8）心地善良、关怀别人、自爱而有尊严，这样的人就是不化妆，也丑不到哪里去。（《报刊精选》1994 年）

例（5）承认林懿的人生不算悲剧这个事实，但认为"喜"的程度有限；例（7）认定他有学坏的可能，但认为"坏"的程度有限。余例可类推解读。值得指出的是，说话人要判定交际双方承认或认定的 X 的性状程度量有限，总要有根据或理由，因此语境中往往有理据性的表述。如例（6）的后续句说"随着经济发展，一般家庭和企业都能承受"，这就是"费用大不到哪里去"的根据；例（8）开头"心地善良、关怀别人、自爱而有尊严"是一个句首成分，复指句中"这样的人"，这就是"不化妆也丑不到哪里去"的理由。

这种理据性的表述成分往往是此类表达的语境条件之一，能突显说话人判定程度有限的根据或理由。因此，"A 不到哪里去"的表述也可采用因果关系或条件关系的复句形式来表达，因为因果关系或条件关系体现的是一种逻辑关系，能通过逻辑推理来强化表述的理据性。例如：

（9）（因为）她是大干部的老婆，文化自然低不到哪里去。（《邓一光文选》）

（10）（因为）他很明显地爱母亲，孝顺孩子坏不到哪里去。（《亦舒文集》）

（11）如果她不多多练习，那也好不到哪里去。（简·奥斯汀《傲慢与偏见》）

（12）要是一个人能说出自己的缺点，便坏不到哪里去。（岑凯伦《蜜糖儿》）

上述例（9）（10）是因果关系的复句，例（11）（12）是条件关系的复句。但是，从"A 不到哪里去"的话语功能分析，我们注意到这类因果关系或条件关系的复句不具有原型性，它们是因果或条件关系复句与转折或让步关系复句整合的结果。请比较下列句子：

（13）a. 天天有太阳，冷不到哪里去。（青岛新闻网）

    b. 近来阳光灿烂,要说冷,也冷不到哪里去。(《新民晚报》2009 年)

  (14) a.（印度是个农业国,农业比重占国民经济的 26%。）农业一旦拖后腿,经济增长率肯定高不到哪里去。(2004 年新华社新闻稿)

    b.（印度是个发展中国家,农业所占比重大。）如果农业受阻,明年经济增长率即使有所提高,也高不到哪里去。(《环球时报》2004 年)

例(13b)中"近来阳光灿烂,天气还算暖和"是一个因果关系的复句,"要说冷,也冷不到哪里去"是一个让步关系的复句,两者分别截取前一个分句和后一个分句,就可以构成"近来阳光灿烂,冷不到哪里去",与例(13a)的表述相似。可见例(13a)是一个经过整合的因果复句。例(14b)中"如果农业受阻,会影响经济增长"是一个条件关系复句,"明年经济增长率即使有所提高,也高不到哪里去"是一个让步关系的复句,两者分别截取前一个分句和后一个分句,就可以构成"如果农业受阻,经济增长率也高不到哪里去",与例(14a)的表述相似。可见例(14a)是一个经过整合的条件复句。

  2. 差比范畴：程度量的比较

  "A 不到哪里去"是对某个主体的性状程度量的一种判定,涉及量范畴,与差比范畴就有一种自然的关联。因此在含有"A 不到哪里去"的表述中,引进比较对象是很常见的。例如：

    (15) 一定会是场很激烈的火并,败者固是全军覆没,但胜者也好不到哪里去。(古龙《圆月弯刀》)

    (16) 晚辈不否认是鼠辈,但前辈也高明不到哪里去,城狐社鼠,大家差不多。(古龙《圆月弯刀》)

    (17) 事后找证据固然困难重重,实际上事先监督也容易不到哪里去,古今中外莫不如此。(《老田文集》)

    (18) 一下午的折腾让刚来实习的十几个同学叫苦连天,原来其他人也轻松不到哪里去。(秦婴宁《天之骄女》)

上述例句打点的成分都是互相比较的对象,引进了比较对象,整个表述强化了心理预设,即某人或某事应该怎么样,但实际上并没有达到这样的程度。如例(15)"胜者"的情况应该比"败者"好,但事实上"也好不到哪里去";例(17)"事先监督"应该比"事后找证据"容易,但事实上"也容易不到哪里去"。余例可类推解读。

引进比较对象，更有效的表达式是运用逻辑推论，来体现某种因果关联或条件关联。例如：

(19) 你爸爸没出息，你也好不到哪里去。(《哈佛管理培训系列全集》)

(20) 物质文明那么低，精神文明也高不到哪儿去。(《读者》)

(21) 内陆地区的气温达到了100度，沿海地区的气温也低不到哪里去。(《厄兆》)

(22) 如果干部思想作风乌烟瘴气，那么民风恐怕也好不到哪儿去。(《人民日报》2004)

(23) 假如一个人有了这种朋友，自己的境界也低不到哪里去。(余光中《朋友四型》)

(24) 要是先生不会表达，太太也高明不到哪里去。(《读者》)

例(19)(20)(21)是一种因果推论，例(22)(23)(24)是一种条件推论。这类逻辑推论往往有规约性的认知经验作为基础。如例(19)以父子之间的某种必然关联为依据，体现了"老子英雄儿好汉"的传统观念；例(22)以干部作风与民风的某种必然关联为依据，阐释了"上梁不正下梁歪"的常理识解。余例可类推解读。当然，这些因果或条件关系也是它们与转折或让步关系整合的结果(详见上文分析)。

引进比较对象，一种更直接的方式是采用比较句式，在"A不到哪里去"前边添加"比＋NP"的介词短语。例如：

(25) 烟雾在房间里弥漫，这房屋比柬埔寨难民营强不到哪里去。(权延赤《红墙内外》)

(26) 不过她们可不是简单地传球，她们的扣球威力比主攻手们也差不到哪里去。(2004年新华社新闻稿)

(27) 科学研究证明，在某些领域，人比猴子聪明不到哪里去。(2004年新华社新闻稿)

(28) 昨天买了个西瓜，有点生，比黄瓜甜不到哪去。(《新民晚报》2009年)

这种方式表达功能未变，却使一个复句紧缩为一个单句，显得更简洁。这种表达的预设依然明显，如例(25)"柬埔寨难民营"自然是很差的，那么"这房屋"应该强多了,可事实上"强不到哪里去"。例(27)"猴子"是聪明的,那么"人"应该更聪明,可事实上在某些领域"聪明不到哪里去"。余例可类推解读。

3. 紧缩形式:构式的扩展

作为一种构式,如果使用频率高,就会固化;在固化过程中,一些常见的同现成分也会同步固化,形成一种构式的扩展,扩展的结果是构成复句的紧缩形式。与"A 不到哪里去"常见的同现成分有重复的 A、语气副词"也"、关联副词"再",构成"A 也…""再 A 也…"扩展构式。例如:

(29) 在大城市,校际间房子设备差距并不大,差也差不到哪里去。(《人民日报》1996 年)

(30) 其实,多也多不到哪里去,有时候只多了巴掌大的一点。(陆文夫《人之窝》)

(31) 减肥贵在坚持:胖也胖不到哪去。(减肥产品广告语)

(32) 我是特例,生来是个书呆子,再呆也呆不到哪儿去。(《读者》)

(33) 江大侠客气了,你的掌门弟子,本领再差也差不到哪里去。(梁羽生《风雷震九州》)

(34) 文化人再阔也阔不到哪里去。(柏杨《红尘静思》)

例(29)(30)(31)构式扩展为"A 也 A 不到哪里去",例(32)(33)(34)在前边再扩展一个表关联的副词"再"。"再"和"也"的这种用法在词典中已有概括,如《现代汉语虚词词典》(2001)标明"再"表关联,其中一种用法就是表示让步关系,有假设意味;该词典同时还标明"也"表语气,有一定的格式,其中一种是"再 + 形容词 + 也"。

值得指出的是,扩展了的构式中前边重复的 A 具有次话题性质,在一些句子中,这些次话题的成分往往在前文已有陈述,可以窥见这种构式扩展的理据。例如:

(35) 我们在这里是受点苦,但也苦不到哪里去。(《人民日报》1993 年)

(36) 街上行人稀了一些,却也稀不到哪儿去。(池莉《一冬无雪》)

二、"NP(受)＋VP(t)＋QM"构式解析

本专著第四章在论述句法同构与多义解读时,曾专门列举并解析了同

构多义的"NP(受) + VP(t) + QM"构式。这里我们将集中讨论该构式的构式义及其话语功能。从语用上分析，"NP(受) + VP(t) + QM"格式是"VP(t) + QM + NP"格式语用变换的后果，即 VP 后面宾语成分 QM + NP 分裂而 NP 前移话题化。笔者认为，原型构式是对已然事件及其相关因素计量状态的一种客观陈述，语用变换后的构式 NP 前移话题化，QM 成为句子的焦点，凸显与某类事件相关的计量状态，话语的编码动机是显而易见的。因此该句式的构式义可以概括为：

对已然事件及其相关因素的计量状态的主观化评述。
其中核心特征是较充分地体现了说话人的"主观性"（subjectivity）。通过对语言事实的考察，笔者认为"NP(受) + VP(t) + QM"构式的主观性，集中体现在对量范畴的主观评价。

(一) 非常量与发话动因

"NP(受) + VP(t) + QM"构式的一个特征是 QM 成为句子的焦点，凸显与某类事件相关的计量状态。计量状态属于"量范畴"，无论是物量、动量、时量，都具有客观真值意义，反映了事物的自然属性。但作为语言中的计量表述却未必是客观的，客观计量通过人们的认知"过滤"，会产生主观评价，表现为对"常量"和"非常量"的判断。这两者可能是一致的，如果客观计量在人们看来是"常量"，那么除了必要的应答、说明、计算等需求，人们一般会认为不值一提，也就没有了发话的诱因；但如果客观计量在人们看来是"非常量"，那就会激发人们的发话动机，认为值得一说。例如：

　　(1) 儿子正是长身体的时候，红烧大排竟然一口气吃了七块，妈都看愣了，虽然自己一块都没尝到，可心里却美滋滋的。
　　(2) 正是在这个区域里地壳经常被地下的烈火燃烧，可比亚坡城两度被毁，14 年中圣地亚哥城震倒四次，如此频繁的地质灾害是很罕见的。
　　(3) 扬州城围攻了整整三个月，清军始终没能攻下，堪称奇迹。
上述例句表明在说话人看来所述事件涉及的都是"非常量"，超出了人们的心里预期。例(1)"妈都看愣了"，例(2)"如此频繁的地质灾害是很罕见的"，例(3)"堪称奇迹"，句子中的这些语境信息充分说明了这一点。这种现象在有对比格式的语境中体现得更为明显。例如：

（4）中法战争中，虽然福建水师也击沉了一艘敌舰，但由于北洋大臣李鸿章的妥协退让，福建水师损失惨重，军舰击沉 11 艘，水师官兵伤亡 700 多，清政府被迫对法宣战。

（5）他以为事情很顺利，只要再去一趟省城，就能办妥，没想到省城跑了七八趟，事情还没有眉目，这时可真有点着急了。

（6）婚期临近了，萧华一点不着急，寻思着再写三天论文，把差事了结了轻轻松松度蜜月，可论文写了整整两个星期，新娘子不高兴了，埋怨他不知轻重缓急。

上述例句中都含有 VP + QM + NP 的原型句式，体现了一种"常量"，如例（4）"击沉了一艘敌舰"，例（5）"去一趟省城"，例（6）"写三天论文"；而变换句式 NP（受） + VP（t） + QM 都体现了一种"非常量"，如例（4）"军舰击沉 11 艘"，例（5）"省城跑了七八趟"，例（6）"论文写了两个星期"。这里都体现了说话人对"量"的常态和非常态的一种主观评价，句法上选择了不同的句式，前者选择原型句式，后者选择变换句式。这种评价显然是主观的，取决于说话人的认定，如例（6）所说一篇论文写了两个星期，其实并不算长，也未必就是"非常量"。

（二）主观小量与主观大量

更值得关注的是，客观计量和主观评价不一致，往往体现为客观具体量背后蕴含的抽象的价值量。日常生活中的很多熟语体现了人们的这种认知方式，如"一句顶一万句""伤其十指，不如断其一指""与君一席谈，胜读十年书"，这些熟语通过具体量的对比，反映了人们对物量、动量、时量的价值评判。当客观发生的事件计量激发这种诱因，说话人就有了充分的发话动机，来表达自己的主观评价。比较常见的是一个客观小量在说话人看来却极具价值。例如：

（7）虽然代表队的比赛业绩平平，奖牌仅拿到一块，但在领队心里这块奖牌却是沉甸甸的，因为这是零的突破。

（8）兵书只写了一卷，薄薄的一册，却让后人受益匪浅。

（9）案子判错了一次，造成了一桩冤案，不但害了自己一生，也连累了别人一生。

（10）北京城就去了一回，老李头却似乎长了不少见识，待人和气多了。

（11）全区的电流切断一分钟，所付代价确实惊人，还留下了无数的隐患。

（12）写博士论文时,堂兄遇到了瓶颈,折腾了半年还是一筹莫展,后来叔叔介绍他去请教专业领域的高手,论文只谈了一个小时,堂兄就豁然开朗。

上述例句的一个共同特点是对于通常表示小量的"一 M",在说话人看来其价值量远远超出人们的预期。因此,从语义关系来看,分句之间都具有一种转折关系,充分体现了说话人的"预设"。如例（7）奖牌仅拿到"一块",但在领队心里却是"沉甸甸的";例（9）案子即使判错"一次",却会害了别人和自己"一生";例（11）全区电流虽然只切断"一分钟",但是"代价惊人"。余例可类推解读。

相反的情况也有,一个客观大量在说话人看来却毫无价值。例如:

（13）书读了上百本,论文写了几十篇,可一件小事都办不好,这些学问等于零。

（14）听证会开了十几次,方案一无进展,最后还是请来了高手,一锤定音,总算搞定了。

（15）培训整整进行了九十天,可真要对付岗位实践,时间还是太短了,好多东西只能边干边学了。

上述例（13）中"上百本书""几十篇论文"的价值等于"零";例（14）中"十几次听证会"还抵不上"一锤定音"（一次）有效;例（15）中"九十天培训"时间还是"太短"。这些具体量的对比背后其实是说话人对价值量的一种主观估量和评价。

第二节　感受性评价表述

笔者认为,在通常所说的阐述类语言表达功能中,最值得关注的是"评述"这一类言外行为,评述是说话人基于对交际"情景"（scene）的"识解"（construal）而表达的观点、态度、评价。本节论述的感受性评价正是一种典型的"评述",而笔者正是立足"评述"这类言外行为来讨论构式赋义与话语功能的。下面我们以"NP + VR"自致使义构式和"V 起来"话题义构式和为例,对感受性评价加以解析。

一、"NP＋VR"自致使义构式解析

本专著第三章论述构式原型与扩展承继时,我们曾专门讨论了"NP＋VR"自致使义构式,这里我们集中讨论该构式的构式义和话语功能。

(一)命题特征与构式赋义

该构式中的一个基本构件就是 VR(动结式),汉语研究中"动结式"这一术语最早见于吕叔湘的《现代汉语八百词》(1980),其所指与朱德熙(1982)指出的黏合式述补结构基本相同。现代汉语的动结式是一种典型的构式,是汉语"致使范畴"的主要表现形式之一,近些年来成为汉语语法研究的热点。梅祖麟(1991)认为,这种构式表示施事者用他动词表示的动作使受事者得到自动词或形容词表示的结果。这可以说是动结构式的原型语义结构。基于这样的理解,学界对该构式所包含的语义角色虽然所用术语不尽相同,但基本分析相仿,通常认为包括致使者、致使方式、被致使者和致使结果这四个基本语义角色(周红 2005;施春宏2008)。也就是说,该构式表示致使者通过某种行为动作使被致使者产生了某种状态的变化。如"小王打碎了花瓶","小王"(致使者)通过"打"(致使方式)导致"花瓶"(被致使者)"碎"(致使结果)。在这类构式中,致使力呈现如下方向:

$$X(致使者) \quad \rightarrow \quad Y(被致使者)$$

这里 X 和 Y 分别代表两个不同的实体(主体和客体),是一种典型的"他致使义"。事实上目前汉语学界对动结式的研究主要集中在"他致使义"构式。

笔者认为既然有"他致使义",就一定会有"自致使义",即致使者通过某种行为动作使自身产生了某种状态的变化。如"他跑累了","他"(致使者)通过"跑"(致使方式)使自身(被致使者)"累"(致使结果),这里"致使者"和"被致使者"合二为一,"累"语义上指向致使者自身。"自致使义"这个范畴能成立吗? 答案是肯定的。从《马氏文通》开始的早期汉语语法研究中,将动词分为"他动词"(及物动词)和"自动词"(不及物动词)两类,因为"他动词"的行为动作涉及其他事物,而"自动词"的行为状态只涉及施动者自身。而人称代词里有"反身代词",回指主体自身,也体现了同样的理据。事实上,学界已经开始关注这个现象,如黄锦章(1997)、周红(2005)、宋文辉(2007)等都已对这个现象进行了不同程度的探索。如果这个事实

能被确认,那么"自致使义"构式的致使力呈现如下方向(i表示同指关系):

$$X_i(致使者) \quad \rightarrow \quad X'_i(致使者自身)$$

(二) 语境信息与话语功能

从构式原型来看,"NP+VR"自致使义构式包含两个基本语块:主体(NP)+黏合述结(VR)。主体NP通常是能施行自主行为的生命体,否则无法体现"致使义";动词V多为单音节的不及物自主动词,表示主体施行的某种自主行为;结果补语R多为单音节性质形容词,表示主体出现的某种状态变化(生理的或心理的),通常是消极义的。如本专著第三章所举例:

(1) 也许是刚出家不久,凡心未泯,小和尚坐了两个时辰,就坐烦了。(小和尚坐烦了)

(2) 宝宝闹腾了一晚,现在很安静,瞪着两只眼睛,好像哭呆了。(宝宝哭呆了)

(3) 伤了脚,洪师父不得不在床上躺着,躺了几天就躺腻了。(洪师父躺腻了)

(4) 这个游戏很简单,无非就是听口令向左或向右转,可七转八转的,不少人就转晕了。(不少人转晕了)

(5) 姑娘天生喜欢笑,碰到这么一个会逗乐的,不停地笑,都笑傻了。(姑娘笑傻了)

(6) 孩子们在蹦床上跳了又跳,跳累了,就在蹦床上坐了下来。(孩子们跳累了)

上述实例显示,该构式的句法语义属性虽然与"致使"范畴有关,但体现的却是"弱致使义"。典型的"致使"范畴(causative)凸显的是动作和结果之间的一种自然的因果关系,如"打碎了花瓶",是"打"这个动作导致了花瓶"碎"的结果;"杀死了野猪",是"杀"这个动作导致了野猪"死"的结果。值得指出的是,这种因果关系并不是通常逻辑意义上的因果关联,而是基于我们经验认知的一种规约性的语用推理,即Lakoff所说的"理想化认知模式"里的"命题模式"(参见张敏1998)。而本文所讨论的构式体现的"致使义"是非典型的,因为动作和结果之间并不存在一种直接的因果关联。如例(1)中"坐"和"烦"之间并没有一种直接的因果关联,不能简单地说"坐"导致了"烦",更合理的解释是"长时间地坐"导致了"烦";同理例(4)中

"转"和"晕"之间并没有一种直接的因果关联,不能简单地说"转"导致了"晕",更合理解释是"不停地转"导致了"晕"。因此,此类表述中一定有某种表示"过量"的语境信息,如例(1)中的"两个时辰"是一种时间量,例(4)中的"七转八转"是一种动作量(频次)。余例可类推解读。

"弱致使义"的界定表明了该构式的两个必然的语义特征:其一是"过量后果",也就是说动作和结果之间必须有"动因",是某种属性的"过量"导致的"后果"。也就是说,由于时间或动作频次的"量"超出了人通常能承受的范围,使主体生理或心理上出现了某种"症状",因而通常是消极的。其二,正因为这是一种消极的过量后果,这种后果是"非预期的",也就是说这不是行为主体主观上的一种预期。通常人发出某种行为动作都是出于某种需要,"坐"不是故意要"烦","转"不是故意求"晕"。如果这些分析能成立,那么我们认为自致使义"NP+VR"主谓构式的构式义是:

　　　　非预期的过量后果义。
该构式的话语功能可以归纳为:

　　　　在某种条件下所产生的主体非可控、非自主的生理或心理上某种消极性的变化状态。

二、"V起来"话题义构式解析

本专著第三章论述构式原型与扩展承继时,我们曾专门讨论了"V起来"话题义构式,即"NP(受) + V起来 + AP"构式。依据分析该构式的话语功能可以归纳为:

　　　　说话人对某种惯常性活动或现象的状态所引发的感受加以评述。
从这个定性中可以看到,此类构式不是陈述一个带有时间因素的现实事件,而是对某种惯常性的活动或现象的状态描述,这种描述表达了说话人基于生活经验的感受,因此是一种常见的语言现象。

(一) 构式的命题特征

有些学者将"V起来"构式比附于英语的中动句,认为英语中动句具有通指性(generic)的特点,即不表达特定的施事,而是表示任意的施事,并认为汉语中动句也具有通指性解读。曹宏(2005)依据 Ji(1995)的观点进行了进一步的阐述。例如:

奔驰车开起来很舒服。

a. 对任何人来说,奔驰车开起来很舒服。

b. 通常的情况是,奔驰车开起来很舒服。

c. 任何一辆奔驰车,开起来很舒服。

这种通指性解读来自以下三个方面:(1)外部论元的通指性解释,如语义解释 a 所示;(2)中动句所表达的命题的通指性解释,如语义解释 b 所示;(3)句法主语的通指性解释,如语义解释 c 所示。也就是说,汉语"V 起来"构式与英语的中动句一样,所表达的命题具有一定的惯常性。

笔者认为这种简单的比附在研究理念上是值得商榷的。事实上,汉语"V 起来"话题义构式的命题确实体现了一种通指性,上述 b 的释义是合理的,但值得指出的是这种通指性是建立在说话人主观意念上的。也就是说,就说话人的感受而言这个命题具有惯常性,但未必是建立在社会规约化共识的基础上的,所以 a 的释义并不准确。请看下面的例子:

(1)大家在一起聊起了开车,都抱怨现在交通拥挤,人车混杂,汽车开起来不容易,但几个老司机却不以为然,觉得汽车开起来很容易的。

(2)姐妹俩性格完全不一样,夜里走山路,漆黑一片,各种奇奇怪怪的声音在耳边缠绕,姐姐毫不理会,妹妹听起来却觉得毛骨悚然,紧紧依偎着姐姐,心里直打怵。

上述例(1)中"老司机"的感觉和众人的感觉并不一样,例(2)中"妹妹"的感觉和"姐姐"也显然不同,但这并不影响"老司机"和"妹妹"对这种"情境"感受的惯常性。对同一"情景"的感受因人而异,这是人之常情,也是客观存在的事实。

至于上述 c 的释义限定 NP 是光杆通指名词,这与语言事实不相符合。语料显示,"V 起来"话题义构式中确实有部分 NP 是光杆通指名词,但更多的却是定指的,NP 前有指量成分。例如:

(3)这种苹果吃起来很酸。　　这类文章写起来很辛苦。

　　那种树木砍起来很费劲。　　那些碟子刷起来很方便。

还有的 NP 前有特定修饰成分。例如:

(4)你老兄的话听起来很高妙,其实是无所作为。

八千岁的米店看起来不大，门面也很暗淡。

学校南边那块瓜地，想起来叫人口中出甜水。

昨夜的怒火，只要回想起来 总觉得十分虚假。

根据笔者所掌握的语料统计：NP 是通指的占 13%；NP 是定指和特指的占 87%。因此对该构式来说，NP 通指并不是必要条件，NP 是通指还是定指、特指，只关涉 NP 所指范围的大小，并不影响"V 起来"话题义构式的构式义和话语功能。例如：

(5) 汽车开起来很容易。

这种汽车开起来很容易。

这辆汽车开起来很容易。

（二）构式的表述特征

朱德熙(1956)把形容词分为简单形式和复杂形式两类，并认为从意念上看，形容词的简单形式表示的是单纯的属性，形容词的复杂形式表示的属性都跟一种量的观念或是说话的人对于这种属性主观估价作用发生联系（即含有评价义）。在他所概括的形容词复杂形式中，很常见又很有效的一类就是以形容词为中心构成的短语，包括以下两种情况：a. 由程度副词以及某些表示程度的代词跟形容词构成的词组，例如：很大、挺好、非常漂亮、那么长、多么新鲜；b. 由并列的形容词构成的词组，例如：又高又大。笔者认为朱先生的判断非常准确，事实上本文所列举的实例中，AP 多数是以形容词为中心构成的词组，这与整个构式的评价义是相匹配的。进一步考察，平时人们说话总是"有感而发"，讲究"言之有理"，这是人们的言语交际经验所致。因此，为了使自己的评述更能为人所接受，更有说服力，往往在话语中会出现一些标志性的特定信息来强化所述的理据。这集中反映在以下两个方面：语境凸显理由和 AP 引进比较。

1. 语境凸显理由

既然该构式的话语功能是表明说话人对某种惯常性活动或现象的状态的主观评述，因此说话人往往会凸显这个评述的理由。凸显理由可以有各种表现手段，常见的有如下几种：

第一种常见的形式是在 NP 前添加理据性修饰语。例如：

(6) 简单的故事讲起来很容易。

(7) 发霉的卷烟抽起来又苦又涩。

(8) 受潮的柴火烧起来烟雾腾腾的。

(9) 伤心的事儿提起来叫人掉泪。

上述例(6)因为是"简单的故事",所以"讲起来很容易"。余例可类推解读。

第二种常见的形式是先提出话题,用一个或多个分句阐明 NP 的特征(表明理由),然后得出评述性结论。例如:

(10) 桃源石很硬,磨起来很不容易。

(11) 那烟显然放的时间长了,抽起来十分干呛。

(12) 鸭嘴是角质,就像指甲,没有神经,刻起来不痛。

(13) 白巡长已有四十多岁,脸上剃得光光的,看起来还很精神。

上述例(10)中因为"桃源石很硬",所以"磨起来很不容易",余例可类推解读。

第三种常见的形式是先交代某人或某事的"背景",然后再引出评述性的结论。例如:

(14) 从此笛子就传下来了,因为有这样一段惨事,笛子的声音听起来就很悲伤。

(15) 当时的我,是初出茅庐的一个十四岁未满的乡下少年,突然闯入了省府的中心,周围万事看起来都觉得新异怕人。

上述例(14)中作者先叙述了有关笛子的一段惨事,然后引出"笛子的声音听起来就很悲伤"的感受;例(15)中作者先交代了自己当年的年龄和经历,然后引出"周围万事看起来都觉得新异怕人"的感受。

正因为此类构式中往往通过各种形式凸显了理由,换一个角度来看,这些理据性表述是"因",说话人运用"V 起来"话题义构式所表达的感受就是"果"。因此这些带理据性的信息可以充当"致使因"的语义角色,使"V 起来"话题义构式变换为致使义构式("使"字句)。例如:

(16) 做母亲的快乐,使她看起来容光焕发。

(17) 这地方在我生活史中占了一个位置,使我想起来又痛苦又快乐。

(18) 好台词使人读起来心情愉快。

(19) 尖锐中肯的话使人听起来感到不舒服。

2. AP 引进比较

"比较"是一个宽泛的概念,共同特点是引进一个参照对象加以评述,

在比较中达到强化理据的意图。AP 引进比较可以有各种表现手段,常见的有如下几种:

第一种是"类比",采用"像……(一样)"之类的显性隐喻形式,形象地表明说话人的主观感受。例如:

（20）这家旅馆看起来像一件破烂衣服上完好的扣子。

（21）那些话听起来就像刀子一样往心里扎。

（22）这狗叫起来好像饿狼一样。

（23）她走动起来轻得像羽毛。

第二种是"差比",采用"比"字句的形式,通过差比凸显说话人的主观感受。例如:

（24）她跑起来比羚羊还快。

（25）二胡的声音拉起来比京胡柔和多了。

（26）畅销书卖起来比一般的书快得多。

（27）我校的统考平均分算起来比其他学校高出 20 多分。

第三种是"对比",用并列的"V 起来"话题义小句形式表达,表述焦点在后一个小句,通过对比强调说话人的主观感受。例如:

（28）饺子嘛,吃起来很过瘾,包起来就麻烦了。

（29）这个原则说起来容易,做起来难,在社会风气不正的环境中就更难。

（30）这个箱子看起来不大,搬起来可费劲啦。

（31）臭豆腐闻起来臭,吃起来香。

第三节 消极义评价表述

作为评述性言语行为,一个前提是要有发话动因,即说话人基于对情景的识解自然而然产生一种语用驱动,想发表自己的评述。显而易见,当客观事件、现象处于正常状态,一般没什么可说的,或者不值得评述;而一旦当客观事件、现象处于非正常状态,人们就有了发表自己评述的冲动,说话要表明自己的感受。这种语用功能与移情效应相关,Kuno(1987)指出

"移情"(empathy)就是说话人将自己认同于句子所描写的事件或状态中的一个参与者。大量语言事实表明,就语义倾向来说,此类评述往往趋于消极性,表现了说话人对所述事件、现象的不解或不满。汉语的很多口语表达式都有表达消极义评价的特征。

比如吴葆棠(1987)收集"把 N + V 了"(V 为光杆动词)句式的例句 62 个,其中 61 个的动词是表示违愿或丧失义的,而相反的表述不成立。如他所举实例:

> 把首饰当了。＊把首饰赎了。
> 把钢笔丢了。＊把钢笔拾了。

这就是沈家煊(2002)概括的汉语"把"字句体现一种"主观处置义",其中表现之一就是说话人的"移情",对"把"字引进的成分寄予一种"同情"。又如王力(1945)早就指出,汉语"被"字句所叙述的,对主语而言是不如意或不企望的事。如他所举《红楼梦》的实例:

> 老太太也被风吹病了。(42 回)
> 史妹妹这样一个人,又被他叔叔硬压着配人了。(106 回)

虽然句子所表述的是对主语而言不如意或不企望的事件,其实准确地说是说话人"移情"于句子的主语成分,有不如意或不企望的感觉。张洪明(Zhang 1994)曾从历时的角度证明汉语"被"字句确实是说话人"移情"过程的产物。

下面我们以"爱 V 不 V"构式、"V₁ 一量 V₂ 一量"构式为例,阐述消极义评价的表述方式。

一、"爱 V 不 V"构式解析

笔者的硕士生李文浩(2009)曾全面考察了现代汉语中常见的一种口语表达式"爱 V 不 V",其中的 V 前后相同,且一般都是单音节动词。例如:

> (1) 你爱听不听,反正我尽到我的心告诉你。(老舍《蜕》)
> (2) 你爱丢不丢,与我何干!(陈建功、赵大年《皇城根》)
> (3) 你爱信不信,他就是带着钱走了。(王朔《橡皮人》)
> (4) 爱卖不卖,一个子儿也不添。(北大语料库《李健吾与〈经国

美谈〉》)

（一）构式义与概念整合

对于这类构式及其构式义的解析，李文浩的观察是正确的。他认为"爱 V 不 V"的意义显然不是"爱 V"与"不 V"的意义的简单相加。说话人实际表达的是"爱 V"或者"不 V"两种动作行为任凭听话人选择的语义，同时在语用功能上也传递了说话人对听话人的不满情绪。例如：

> （5）桂秋没有说什么，只淡淡的一笑。桂枝生了气："不理你了！咱们走，我去打电话找瓦匠来，我不能陪着你叫炸弹炸成灰！"菁葜着嘴，桂枝扯着牧乾，欲忙而更媚的往回走，走了几步，她又立住，回头向哥哥说："你爱听不听，反正我尽到我的心告诉你。"（老舍《蜕》）

对于桂枝"挖个防空壕"的建议，桂秋不作明确回应，于是桂枝说"你爱听不听"。"听"即听从桂枝的建议挖防空壕，"不听"即不接受桂枝的建议，两者呈现了极性对立的语义关系，在逻辑上不可能同时成立，即"爱听不听"不可能是让听话人桂秋既"听"又"不听"。外显于句法结构上，两者的共现条件是选择性的语境，即说话人桂枝任凭听话人桂秋自己选择是"听"还是"不听"，尽管说话人桂枝本意并非如此（内心其实希望听话人桂秋"爱听"，接受自己的建议），但是面对听话人桂秋不置可否的表情反馈又显得无可奈何，因而对他隐含不满，说话时是"生了气"。从上面的分析可以看出，"爱 V 不 V"的"听凭选择"的语义和说话人"不满"的语用信息仅从"爱 V 不 V"表达式自身的组成成分无法推知，也无法用常规的语法规则和语义规则来解释。这体现了该表达式在语义和功能上的不可预测性，属于典型的构式。

对于"爱 V 不 V"的形成，江蓝生（2007）认为"爱 V 不 V"应该是从"爱 V 就 V，不爱 V 就别 V"紧缩而来的。她以"爱吃不吃"为例，列举了在现代汉语共时平面上各种互有差异的表达方式，认为下面例句从 a 到 e 显示了从正反并列双小句到四字格短语的整合过程。

> （6）a. 爱吃就吃，不爱吃就不要吃了。　（语气缓和，态度客观）
> 　　　b. 爱吃就吃，不爱吃别吃。　　　　（语气较生硬，态度较冷漠）
> 　　　c. 爱吃就吃，不爱吃拉倒。　　　　（语气生硬，态度不满）
> 　　　d. 爱吃吃，不吃拉倒。　　　　　　（语气很生硬，态度很不满）
> 　　　e. 爱吃不吃。　　　　　　　　　　（语气极生硬，态度极不满）

江蓝生依据"爱 V 不 V"能否还原为"爱 V 就 V,不爱 V 别 V"来证明推论的正确性,检验的结果是大都可以还原。少数例外,如使役动词(例:爱让不让)、心理动词(例:爱恨不恨)、消现动词(例:爱死不死)等不能还原,她认为这是"爱 V 不 V"格式形成后的类推结果。据此她认为"爱 V 不 V"是在语言经济原则驱动下通过省略和紧缩而产生的句法创新。

笔者认为江蓝生的观察和考虑基本上是符合语言事实的。从概念整合的角度来分析,"爱 V 不 V"构式成形的第一步是对于"爱 V 就 V,不爱 V 别 V"这个选择性的并列小句的压缩,是一种"截搭式"的整合过程,即分别截取两个并列小句的一部分"爱 V"和"不 V",截搭成"爱 V 不 V"构式。这是有现实理据的,事实上,现在我们还是可以选择"爱 V 就 V,不爱 V 别 V"或"爱 V 不 V"两类不同的表达方式,如例(6)所示。从语用驱动来看,这正是说话人基于对情景的识解而对语气程度递增的不同构式的一种选择。能进入该构式的主要是一些单音节的行为动作动词。"爱 V 不 V"构式成形的第二步是构式类推,于是使役动词(如"爱让不让")、心理动词(如"爱恨不恨")、消现动词(如"爱死不死")等也开始进入"爱 V 不 V"构式。它们不能还原为"爱 V 就 V,不爱 V 别 V",说明他们不是直接来源于这个并列小句,是"爱 V 不 V"构式类推的结果,也是该构式进一步成型的标志。事实表明,非典型的构式往往是更典型的构式,这显示了该构式框架的"同化力"和"能产性"。

(二) 消极义与构式固化

事实上"爱 V 不 V"构式还在进一步固化,实际语料显示在"爱 V 不 V"构式中,有一个高频出现的用例"爱理不理"(也作"爱搭不理"或"爱答不理")。例如:

(7) 你爱理不理,冷若冰霜,怎么样都行。(《读者》)

(8) 去向人问路,广州人爱理不理。(《作家文摘》)

(9) 郑绍畋对她说笑,她板着脸,爱理不理。(民国小说《留东外史续集》)

(10) 解决服务工作中方法简单、语言生硬、对旅客爱理不理的问题。(《人民日报》)

(11) 我爱理不理地回答他。(《读者》)

李文浩将"爱理不理"作为"爱 V 不 V"的特殊用例来处理的。他指出从句法分布来看,"爱理不理"除了可以充当谓语,如例(7)—(9);还可以用作定语、状语，如例(10)、例(11)。而一般的"爱 V 不 V"构式很少出现在后者的位置。由此他认为"爱理不理"由于高频使用，它的形义结合高度固化，已具熟语化倾向，其组成成分不可替换。事实上"爱理不理"已经被收录进《现代汉语词典》，这是其他"爱 V 不 V"构式所不及的。

《现代汉语词典》对"爱理不理"释义为："像是理睬又不理睬，形容对人冷淡、怠慢。"其中的"像是"一词说明这是说话人对被描述者的情感和态度的不满，这种不满还体现在被描述者情感和态度的"冷淡、怠慢"的程度上。例如：

> (12) a. 周炳爱理不理地说："我找这里的校长！"(欧阳山《苦斗》)
> 　　　b. 那小贩舒服地躺在树荫下，爱理不理地说："不愿花钱自己去摘就是！"(朱邦复《东尼！东尼！》)
> 　　　c. 孙太太爱理不理地应一声。(钱锺书《围城》)
> (13) a. 杜长海爱理不理地点点头应酬着，仿佛有什么心事，两个眼角勾勾着下坠。(郑万隆《古道》)
> 　　　b. "茅茅"慢慢抬起头，爱理不理地看看他，又埋下了头。(《人民日报》)
> 　　　c. 那人吃一惊，站住脚把盂二楞斜瞟一眼，爱理不理地又要往前走。(马峰《吕梁英雄传》)
> (14) 很多时候遇到的是爱理不理，面无表情。(《市场报》)

例(12)用言语回应，相对来说"理"的程度较高；例(13)是用表情回应，介于"理"和"不理"之间；例(14)则完全是不作回应，其实就是"不理"了。这三类从偏于"理"到完全"不理"构成一个连续统。如果进一步细分，同样是用言语回应，例(12)b、c 两例一个是从言语的内容看比较冷漠，一个是言语的量几乎等于零，比(12)a"理"的程度要低一些。再如同样是用表情回应，例(13)a 是"点点头"；例(13)b 是"抬起头""看看""又埋下头"；例(13)c 是"站住脚""斜瞟一眼"；显然这三例"理"的程度逐个降低。

笔者认为，李文浩的分析是有道理的。需要说明的是，"爱理不理"实际上是"爱 V 不 V"构式成形的第三步，即构式的固化(熟语化)。一般的"爱 V 不 V"构式的主要功能是说话人对听话人产生的言语行为反馈表示"不满"，往往以小句形式出现，如例(1)—(4)。而"爱理不理"的功能转化了，无论处于谓语位置(如例(7)(8)(9))，还是修饰语位置(如例(10)(11))，都是描写性的，相当于一个状态形容词。这是构式固化的普遍规律，也是熟语化的基本特征,可以说"爱理不理"比一般的"爱 V 不 V"构式整合度更高。事实上,这种转化不仅体现在"爱理不理",其他"爱 V 不 V"构式也有这种进一步固化的迹象。诚如李文浩所分析的那样,在实际语料中,也有少量其他"爱 V 不 V"式与上述"爱理不理"的语义和用法近似的。例如:

(15) 平日里趾高气扬,目空一切,有时就连县长的话也爱听不听。(季宇《县长朱四与高田事件》)

(16) 有家厂子看门的师傅,过去对有人将厂里的材料拿回家,爱管不管。(《报刊精选》)

其实这种共时平面所表现出的中间状态并不奇怪,它恰恰是"爱 V 不 V"构式继续固化的证明。而且我们可以推测,演变结果是某些使用频率高的"爱 V 不 V"构式(如"爱听不听""爱管不管")将会越来越向"爱理不理"靠拢,终极目标是语义和形式的熟语化。

二、"V₁ 一量 V₂ 一量"构式解析

本专著第三章我们论述了"V₁ 一量 V₂ 一量"构式,这里我们集中讨论该构式体现出来的消极义评价表述。

(一)构式语义分析

第三章讨论该构式时笔者指出"V₁ 一量 V₂ 一量"构式是篇章中条件复句的整合结果,因此两个"V 一量"之间蕴含特定条件关系。条件关系说明的是在什么样的条件下将会产生什么样的结果,表述的是一种惯常现象。这种惯常现象是蕴含某种条件和结果关系的同一事件多次反复而导致的社会认知结果,在语用层面属于非现实句。正因为惯常现象是某一事件多次反复,所以非现实句在语义上没有时间因素,在句法上不出现体标记成分。

事实上"V₁ 一量 V₂ 一量"构式表述的不是一次性事件,而是一个事件的多次反复,对话语主体来说已经成了一种行为的"惯性"。例如:

(1) 砍柴容易,可捆扎就不易了,她还小,扎一捆散一捆,扎来扎去也没能扎成个捆。

(2) 小学生被老师逼着背唐诗,背一句忘一句,到头来还是一句也记不住。

(3) 小丽特喜欢金鱼,可又不会养,养一条死一条,零花钱全用来

买金鱼了,家里鱼缸里总还是空空的。

上述例(1)"她"反复捆扎了多次都没有成功,有"扎来扎去"的语境信息为证;例(2)"小学生"反复多次地背记,却一句也没记住,有"到头来"这个时间性表述为证;例(3)"小丽"养鱼、死鱼的过程多次反复,以致零花钱花完了,鱼缸却老是空的。含有"V_1一量 V_2一量"构式的语段实例,某一事件的多次反复是显而易见的。因此,我们可以将"V_1一量 V_2一量"的构式语义概括为:

话语主体表现出来的某一事件结果多次反复导致的行为惯性。

(二)话语功能分析

从说话者对情景的识解来看,"V_1一量 V_2一量"构式的话语功能表达了说话人对话语主体表现出来的某种行为惯性的消极评价。如上文所举实例(1)—(3)。又如:

(4)只见李逵抡起两把板斧,杀进城来,不问青红皂白,见一个砍一个,杀了不少宋军将士,却也伤了几个无辜百姓。

(5)老公喜欢戴手套,可又粗心,丢哪忘哪,结果买一副丢一副,不知道买了多少手套。

(6)总经理缺乏市场预见,以致新店开一家亏一家,不得不坐下来重新规划。

上述例(4)说话人显然对李逵的行为表示质疑,所以语境中有"不问青红皂白"的评述。例(5)说话人对"老公"的做派显然不满意,所以语境中有"不知道买了多少手套"的抱怨。例(6)说话人认为总经理缺乏市场预见,导致新店屡开屡亏,这自然是不能令人满意的,所以语境中"不得不坐下来重新规划"的表述。

其实仔细考察该构式的动词,我们会发现构式中的 V_2 表示的意义往往是消极的,如上述例中的"散、忘、死、砍、丢、亏",因此表述的是消极性后果是很自然的。然而更能证明"V_1一量 V_2一量"构式表达了说话人对话语主体表现出来的某种行为惯性的消极评价,我们可以从另外一些同类构式中得到印证。因为这些构式中的 V_2 并不表示消极义,但在特定语境中体现出来的语用义却还是表达了说话人的消极评价。例如:

(7)他可是个情种,碰到女孩子是见一个爱一个,女朋友一大堆,却也没娶上个媳妇，老大不小了还是个光棍。

（8）这孩子兴趣广泛，绘画、拉琴、踢球、练剑，学一样迷一样，可到头来什么都会两下子，就是不成气候，父母颇为无奈。

（9）这女孩特爱买衣服，每次逛商场，她是拿一件买一件，搞得男友小张特心疼，可又不敢说，只能乖乖地买单。

上述例子中 V_2"爱、迷、买"表示的情感义至少是中性的，并不消极。但在篇章中，由于特定语境义的介入，显示出说话人的主观评述义是消极的。

这说明"V_1一量 V_2一量"构式的话语功能，在于某人的反复多次的行为惯性刺激了说话人心目中的"默认值"，这是说话人的发话的语用驱动。也就是说，说话人觉得某人的反复多次的行为惯性不合理，所以产生了发话动因，表达了自己的评述。这就是"V_1一量 V_2一量"构式话语功能的体现。

第六章
语用心理与语境适切度

认知语言观强调：语义和语用是一个非离散性的连续统（continuum），两者都作用于语言的意义。语言的意义并不限于语言系统内部，而植根于人类与世界互动过程中形成的物质经验，植根于说话人的知识和信仰系统。因此，语义知识和百科知识是不可能截然分开的。语义是我们总体概念系统的一个部分，不是完全独立的模组部分（module）。Goldberg 在 1995 年的专著中就开宗明义地宣称：构式语法在很大程度上来源于 Fillmore 的框架语义学和 Lakoff 的基于体验的语言研究方法，而所采用的语义研究方法强调 Langacker 所提倡的以说话者为中心的对"情境"（scene）的"识解"（construal）。

为了突出体验哲学和认知语言学的理论背景，Goldberg 在 2006 年的专著中调整了构式的定义，指出任何语言结构，只要在形式或功能的某个方面不能从其组成部分或其他已知构式中严格预测出来，就可视为构式；即使是能够被完全预测出来的语言结构，只要有足够的出现频率，也可被视为构式。Goldberg 对于构式定义的变化体现了她对构式的理解进入了一个更高的层面。"不可预测性"不再作为构式设定的必要条件；根据"人类识解世界的方式"与"所见即所得"的原则，有足够出现频率，可以完全预测的语言结构也可被视为构式。构式的定义从"形式与意义"的匹配延伸到"形式与功能"的匹配，功能所涵盖的范围包括语义、语用和认知，而不局限于单纯的一般语义分析。

笔者的理解是，特定的句法形式往往隐含着特定的语义结构，而特定的语义结构又体现了特定的语用功能。归根结底，作为人类的交际工具，语言形式都是语用驱动的结果，可以追溯到人们基于客观世界经验的认知规约性。因此，笔者提出"语境适切度"的概念，这个概念指某个特定构式所适用的某类特定语境。也就是说,我们要探索的是特定构式的构式义所制约的特定话语功能,一个人在什么样的语境条件之下会选择什么样的构式来表述。本章通过现代汉语若干典型构式的示例,集中讨论三个相关问题:反预期心理表达式的语用驱动;隐性语义等级序列的激活机制;[±积极]语义特征的心理解读。

第一节　反预期心理表达式的语用驱动

"反预期"是一种心理状态,即客观事件或现象表现出来的状态违反了人们基于社会规约性认知的心理预期;就心理机制而言,是客观事件或现象表现出来的状态超过了人们基于社会规约性认知的"尺度",所以也有学者称之为"超预期"。在这种语用驱动之下,说话人会激发起发话冲动,表达自己的主观评述。这也可以说是一种人之常情,一种很自然的语用表现。笔者(2014)在烟台举办的主观性和主观化学术研讨会上,集中探讨了此类反预期心理表达式的语用驱动,探讨要点如下。

一、语义三角与语用三角

(一) 语义三角

Ogden & Richards 在《意义的意义》(1923)中用"语义三角"把语言符号与概念、客体的生成关系显示如下:

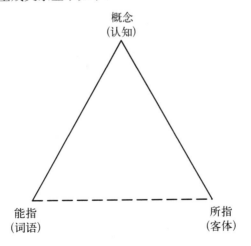

上图"能指"代表"概念","概念"代表"所指",它们之间的关系是直接生成的,所以用实线显示;但"能指"和"所指"之间没有直接关系,只有间接关系,所以两者之间用虚线连接。在 Ogden & Richards 看来,指称关系是"能指"与"概念"之间的关系,而不是"能指"与"所指"之间的关系(参见徐烈炯1995)。我们从图示中可以看,"词语(能指)"与"客体(所指)"之间之所以没有直接联系,是因为两者的联系必须通过"概念"这个中介,而"概念"体现了人们对客观世界的认知,就必然受制于人们认知的局限性。事实表明,在语言范畴化的过程中,能显示此类关系的实例极多。比如属于哺乳动物的鲸我们可以称为之为"鲸鱼",因为在一般人看来,鲸鱼远远的在大海深处的状态就像鱼类;不明飞行物我们可以创造一个概念叫"飞碟",因为它的形状像碟而且在空中飞性。至于"天堂、地狱、神仙、鬼魂"这些根本不存在的事物,我们照样可以通过对现实世界的曲折反映而将它们概念化,所以任何神话或童话都是现实社会的"翻版"。由此可见,人们客观社会的概念范畴化本质上是主观化的产物。

(二)语用三角

用同样的原理演绎,将上述基于语义域概括出来的"语义三角",通过隐喻映射到语用域,将概括的范围扩大到言语表述,我们就可以得到一个"语用三角"。如下图显示:

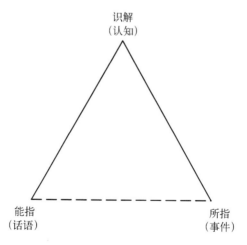

上图"能指"指由词语构成的话语,"所指"指客观发生的事件(包括背景、过程、状态及其相关实体),两者之间也只有间接关系,所以也只能用虚线连接。因为对一个客观发生的事件如何表述,取决于人们对"情境"(scene)的

"识解"(construal),即 Lakoff(1987)提出的基于社会规约性认知的"理想化认知模式"(idealized cognitive models,简称 ICM)。从逻辑层面来看是人们运用概念进行判断、推理的结果;从心理层面来看涉及人们的视角、情感和认识。由于观察的视角有不同、寄托的情感有差别、属性的认识有局限,人们对客观发生的相同事件会有不同的表述。这就好比同样看庐山,由于观察视角不同,"横看成岭侧成峰,远近高低各不同";又好比同样赏西湖,由于寄托情感差异,"水光潋滟晴方好,山色空蒙雨亦奇"。由此可见,人们对客观发生事件或现象的表述本质上也是主观化的产物。

从这个意义上说,主观性是人类自然语言的本质属性之一,而主观化是人们运用语言进行交际的基本功能之一,而认知语法研究的一个重要方面就是要去发现主观化的句法手段及其实现机制。

二、言语行为与心理预期

(一)言语行为

在当代语用学研究中,Searle 基于对 Austin 言语行为理论的深化,将这一理论提高到解释人类语言交际的层面。他认为使用语言就像人类许多其他的社会活动一样,是一种受规则制约的有意图的行为。每当我们讲话时,我们便是在按照使用语言成分的规则施行着各种各样的言语行为。语言交际的最小单位并不是人们通常所认为的那样是单词或句子等语言单位,而是言语行为。因此,语言交际过程实际上就是由一个接一个的言语行为构成的。每一个言语行为都体现了说话人的意图(参见何兆熊 2000)。

Searle 将言外行为分成五个大类,其中第一大类就是"阐述类"(representatives),与传统话语功能分析的"陈述类"大致相仿。其实,如果着眼于实际的言语行为,这种分类显然还可以进一步细化,"阐述类"至少可以细分为三类:一类是"叙述",是对客观事件或现象的表述,叙述的是"事";另一类是"论述",是对自然或社会事理的论证,论述的是"理"。虽然这种"叙述"和"论述"未必客观,但正如 Searle 所界定的,阐述类的"言外之的"是使说话人对所表达命题的真实性作出承诺,也就是说他相信自己所说的话的真实性;这一类言外行为的"适从向"是从话语到客观现实,所表达的心理状态是"相信"(参见何兆熊 2000)。笔者认为,这样的概括未必完全,阐述类更值得关注的是"评述"这一类言外行为,评述是说话人基于对交际"情景"(scene)的"识解"(construal)而表达的观点、态度、评价,具有鲜明的主观性。笔者正是立足"评述"这类言外行为来讨论语言的主观性和主观化。

（二）心理预期

就认知语言观来分析，"评述"言语行为是语用驱动的后果，说话人要有来自交际情景的刺激，才能产生发话动因，而基于日常经验的心理预期"尺度"（scale）就是语用驱动的依据。符合心理预期（在规约性"尺度"之内）的事件或现象不值得说，因为没有发话动因；而一旦超过心理预期（超出规约性"尺度"界限），即"出乎意料"，说话人就有了发话动因，这就叫"有感而发"。这种主观评述的心理认知跟语言中的情态范畴有关，属于"认识情态"（epistemic modality）范畴（参见沈家煊 2001）。笔者认为，认识情态主观化的后果之一，就是产生了一个系列构式群，即反预期表达式。

那么这类反预期表达式的心理认知基础是什么呢？这里我们需要借鉴认知语法中 Talmy（2000）提出的"事件框架"（event frame）论述，其中他列举了五类常见的事件认知框，即"路径"（path）、"因果链"（causal chain）、"循环"（cycle）、"参与者互动"（participant interaction）及"相互关系"（interrelationship）。他还指出：处于事件框架之内或构成事件框架的是概念上可以相互激活的一组成分及其关系，这种可激活的关系取决于"关联性原则"（the principle of relevance）。事实表明，客观情景超出了人们心理预期，往往是因为事件认知框架内的匹配性、合理性或协调性出现了偏差，即存在的事件或现象的状态超过了人们基于日常经验的心理预期"尺度"，让说话人感到"出乎意料"，于是就激发了主观评述的发话动因。

三、反预期表达式的类型

依据 Talmy 提出的"关联性原则"，从语用驱动来分析，反预期表达式至少应该有如下三个类型：

（一）非常态的匹配关系

此类反预期表达式表明：特定的事件框架中，事件参与者（主体）的身份与表现出来的行为状态不匹配。典型构式如"都 NP 了，还 + VP（否定）"。笔者发现，前句"都 NP 了"中的"都"一般轻读，是个语气副词，主要表达说话人始料未及的语气；"了"是传递新信息的句末语气词，属于"了₂"，表达说话人对已然变化的事实的重新确认。"都 NP 了"一般不独立成句，是个依附小句，后边有主句"还 + VP"衔接、呼应，是一个语用否定形式（有否定词或表示否定义）。例如：

都大姑娘了，还这么疯疯癫癫的。

都教授了，还这么不明事理。

事实表明，该构式体现了说话人始料未及的语用心理，即事件参与者（主体）表现出来的行为状态与自己的心理预期不符，表达了一种超预期的主观评述。说话人有这样一个预设：具备某种身份的人应该怎样而事实上不是这样。如上述实例，在说话人看来，身为"大姑娘"不应该"这么疯疯癫癫的"（表否定义），而身为"教授"是应该"明事理"的（有否定词）。关于该个案，可以参见本章第二节解析。

这个类型的同类构式列举如下（括号中是实例）：

还 NP 呢，也＋VP(否定)。　　　（如：还大哥哥呢，也不让着点妹妹。）

才 NP 呢，就 VP 啦？　　　　（如：才小媳妇呢，就想当家啦？）

S＋连 NP 都　／　也＋VP(否定)。（如：老王连县城都没去过。）

NP＋都(轻)＋VP 了。　　　　（如：人家残疾人都报名参赛了。）

（二）非常态的因果关系

此类反预期表达式表明：特定的事件框架中，事件参与者（施事）的行为与产生的结果状态不合理。典型构式如重动句（即"动词拷贝句"），可以码化为 S＋VP_1＋VP_2，其中 VP_1 具有次话题属性。重动句其实分为两种类型，一种是 VP_2 直接对 VP_1 本身加以评述，如"他打篮球打得好"，"打得好"是对"打篮球"的评述；"孩子吃饭吃饱了"，"吃饱了"是对"吃饭"的评述。另一种是 VP_2 对 VP_1 这个行为动作产生的后果加以评述。例如：

村民们挖井挖出了一坛金子。

渔民们打鱼打到了一具尸体。

这种评述体现了说话人对该行为动作导致的后果感到出乎意料，即事件参与者（施事）的行为与产生的结果状态与自己的心理预期不符，表达了一种反预期的主观评述。说话人有这样一个预设：VP_1 这种行为不应该产生 VP_2 这样的结果。如上述实例，在说话人看来，"挖井"一般是不会"挖出金子"的，"打鱼"一般是不会"打到尸体"的。关于该个案，可以参见笔者的硕士生裴晓燕（2007）的详细解析。

这个类型的同类构式列举如下（括号中是实例）：

带"得"补语句（如：老王在公园睡得不能说话了。）

转折关系复合句(如：他只说了几句公道话,却惹出这么大的麻烦。)

(三)非常态的事理关系

此类超预期表达式表明：特定的事件框架中,事件参与者(施事)的行为与背景状态不协调,这个背景状态包括时间、空间、天气、事理、关系等等各类范畴。典型构式如"大 N_t 的 + V 什么 N?"。该构式中"大 N_t"为时间词;"的"是表肯定的语气词,确认"大 N_t"这个时间背景;"什么"是否定义用法,因此主体部分"V 什么 N?"这个反诘形式表达的语用义是否定的。例如：

大热天的吃什么火锅?
大白天的睡什么觉?

该构式同样体现了说话人始料未及的语用心理,即事件参与者在该时间背景下的行为与自己的心理预期不符,表达了一种反预期的主观评述。说话人有这样一个预设:这样的背景下不应该干某些事。如上述例句,在说话人看来:"大热天"太热了,不该"吃火锅";"大白天"应该干点正事,而不该"睡觉"。

这个类型的同类构式列举如下(括号中是实例)：

非自主动词的"把"字句　　(如：要紧关头,偏偏又把个老王病倒了。)
瞧(把你)A 的　　　　　　(如：瞧把你乐的! /看把你气的!)

第二节　隐性语义等级序列的激活机制

非形态语言以语序和虚词为主要语法手段,由某种语法结构形式产生的语法意义就叫作"句法范畴",准确地说是"句法语义范畴"。近 20 年来,汉语研究的一个热点就是对此类句法语义范畴的探索。按照陆俭明、沈阳(2003)的概括,汉语中已经引起关注并产生了研究成果的重要句法语义范畴包括"时间范畴""空间范畴""数量范畴""领属范畴""自主范畴""动态范畴""顺序范畴""持续范畴""趋向范畴""指示范畴""情态范畴""体貌范畴""程度范畴"等等,而且事实上汉语中还可以根据语法意义的特征和表现归纳出更多的句法语义范畴。

其中"顺序范畴"(sequence category)就是一个典型的语义范畴。从目前国内的相关研究成果来看,笔者认为顺序范畴表现出来的"顺序"应该分为两类。一类是显性的顺序,指语言符号编码的顺序(即"语序")。比如戴浩一(1988)提出的"时间顺序原则",在无时间标记的表述中语序依据客观事件发生的时间顺序排列;又如袁毓林(1999)讨论的多项定语的排列语序,与定语本身语义范畴对立项的多少相关。此类顺序是句法临摹的结果,体现了语言编码的象似性原则。另一类是隐性的顺序,指某个名词性词语在特定构式中可能被"激活"(activation)的语义等级序列。此类语义等级序列是隐含的,它的激活不仅依赖于编码形式的"触发"(即特定句法、语义、语用的综合作用力),更体现了话语社团的规约性认知,在听话人的"解码"过程中具有关键性作用。问题在于此类隐性的语义等级序列在特定的构式中是如何被激活的,必须要有一个令人信服的解释。笔者探讨的是这后一种顺序范畴的表现,以上一节提到的现代汉语中"都 NP 了,还VP(否定)"与"连 NP 都/也 VP(否定)"两类构式作为示例,探讨其中 NP 隐性语义等级序列的激活机制及其语篇整合效应。

一、"都 NP 了"构式与语义等级序列

"都 NP 了"构式是现代汉语中常见的口语表达式,吕叔湘主编的《现代汉语八百词》(增订本)在"都"的释义中专门立了项,认为该句式中的"都"表已经,句末常用"了"。最早发现并讨论此类构式的是邢福义(1984),他将此类构式概括为"NP 了"句式,并对该句式进行了较为充分的描写。其实"名词语 + 了"构式并不同质,有两种类型,值得甄别。例如:

    (1) 大姑娘了,懂规矩了。
    (2) 都大姑娘了,还这么不懂规矩。

上述例(1)前边不能出现"都",后续句是肯定形式,也不能出现"还";例(2)前边有"都",后续句是带"还"的语用否定形式。从话语功能来分析,两者都表达了说话人对话语主体 NP 的某种状态的评述。但例(1)"大姑娘了懂规矩"符合说话人的预期,所以后续句采用肯定形式;而例(2)"大姑娘了还不懂规矩"与说话人的预期相悖,所以后续句采用带"还"的否定形式。如果说例(1)的评述体现了说话人的"正预期"的语用心理,那么例(2)的评述体现了说话人的"反预期"的语用心理。本文讨论的是这后一种情形,下面笔者从构式语法的角度对此类句式加以重新审视,具体讨论该构式中 NP

隐性语义等级序列的激活机制及其语篇整合效应。

（一）"都 NP 了"构式

该构式的句法形式应该码化为"都 NP 了"，基本框架是"都…了"。根据上文分析，其中"都"一般轻读，是个语气副词，主要表达说话人始料未及的语气（在口语中可以隐去，如下列例 4）；"了"是传递新信息的句末语气词，属于"了₂"，表达说话人对已然变化的事实的重新确认。"都 NP 了"一般不独立成句，是个"依附小句"，后边有主句衔接、呼应。方梅（2013）借鉴国外理论，从语篇衔接的角度提出了"自立小句"（independent clause）与"依附小句"（dependent clause）的区别。前者在句法上可以独立进入语篇，而后者在句法上不能独立进入语篇。由于汉语没有明显的限定动词与非限定动词的形态屈折，依附性小句表现为两种基本类型：（1）关联词语标记型，通过关联词语实现的依附性关系；（2）无关联词语标记型，通过句法范畴特征实现的依附关系。本文讨论的"都 NP 了"是个依附性小句，属于（2）类中"非谓特征小句"类型。例如：

　　（3）都局长了，还这么不检点。

　　（4）（都）老夫老妻了，还闹什么别扭啊。

上述例句表明，"都 NP 了"体现了说话人始料未及的语用心理，即话语主体 NP 实际表现状态与说话人的心理预期不符，因此该构式的构式义表达了说话人的一种反预期的主观评述。即说话人有这样一个预设：具备某种身份的人应该怎样而事实上不是这样。在语篇衔接上，"都 NP 了"后边有理据性说明的主句，是表意的重心。如例（3）说话人确认话语主体是"局长"，按照规约性认知担任了这个职务的人处事不该这么"不检点"；例（4）说话人确认话语主体是"老夫老妻"，按照规约性认知到这个年纪是不该"闹别扭"的。整个构式的表达说话人是以"都 NP 了"确认的事实作为"参照"，对 NP 呈现的反预期状态"出乎意料"，因而有感而发。说话人的评述体现了负面价值取向，因此后续主句的命题通常是否定的，包括形式否定（出现否定词，如例 3）或语义否定（表达否定义，如例 4）。此类构式的后续主句一般都带有语气副词"还"，本质上属于语用否定，而非严格意义上的逻辑否定。

（二）语义等级序列

该句式框架中插入的名词语 NP 是重要"构件"，邢福义（1984）发现能进入该句式的名词必须具有[＋顺序]的语义特征。例如：

a. 都中学生了，……　　都大学生了，……　　都研究生了，……

b. 都连长了，……　　都营长了，……　　都团长了，……

c. 都科长了，……　　都处长了，……　　都局长了，……

d. 都大姑娘了，……　　都妈妈了，……　　都老太太了，……

实际语料显示，该类句式中的名词绝大多数凸显的是指人的身份，自身形成一种语义等级序列。如上例中 a 行的名词体现的是学业阶段序列；b 行的名词体现的是军队领导序列；c 行的名词体现的是行政级别序列；d 行的名词体现的是基于生活形态的社会角色序列。

这种由预设及其构式义产生的对于 NP 的制约就形成了"准入条件"，显然不是所有名词都能进入这一句法格式的，下列各组名词都不能进入"都 NP 了"句式。例如：

a. ＊都苹果了，……　　＊都教室了，……　　＊都宠物了，……

b. ＊都农民了，……　　＊都居民了，……　　＊都公民了，……

c. ？都小孩了，……　　？都小兵了，……　　？都小科员了，……

上例中 a 组都是普通物质名词，是一个个各自离散的类指范畴的"集合"，范畴本身不构成语义等级序列，自然不能进入该构式。b 组都是指人身份的名词，有可能进入该句式，但这些指人身份的名词具有泛义性，范畴本身也不构成语义等级序列，所以一般也不能进入该句式。c 组也都是指人身份的名词，而且范畴本身能构成语义等级序列，如"小孩→青年人→中年人→老年人"，它们具备进入该句式的条件；但"小孩""小兵""小科员"这些名词处于这个语义等级序列的初始端（最低等级），凡处在语义等级序列初始端的名词无法与后续主句所陈述的偏离状态形成"落差"，无法表达特定的话语功能，因而也不能进入该句式。

值得解释的是，为什么进入该句式的 NP 会具有［＋顺序］的语义特征并能让听话人领悟到呢？就语用心理来分析，基于生活经验在我们心目中都积淀了一些规约性的共识，即具有某类身份的人必须表现出与此相匹配的某种状态，而某人应该表现出来的状态却随着某种级差而具有可变性，这样就会形成某种匹配序列的"清单"，不同级差的人表现出相应的不同级差的状态。这种规约性的共识形成了一种心理预设，一旦话语主体的行为或状态偏离了应有的匹配系列，违反了我们的心理预期，说话人就以"都 NP 了"确认的事实作为"参照"，表达对 NP 行为状态的质疑，而特定构式"都 NP 了"及其后续句就是用来有效实施此类话语功能的句法形式。这种语用心理可以从两方面得到证明：

其一，语料显示"都 NP 了"的后续主句可能是一个差比句。例如：

（5）都博士生了，还不如一个硕士生。
（6）都三个孩子的妈妈了，还比不上人家一个闺女。
（7）都成年人了，比小孩还任性。
（8）都老兵了，比新兵还胆小。

上述例子中"都 NP 了"的后续主句都是一个差比句，差比句中也出现了一个 NP，两个 NP 之间具有显性的"级差"，属于同一个语义等级序列。如例（5）的"硕士生→博士生"，例（6）的"闺女→妈妈"，例（7）的"小孩→成年人"，例（8）的"新兵→老兵"。这种语篇中两个句式的衔接，典型地反映出"都 NP 了"中 NP 位置在线激活隐含的语义等级序列的语用心理。

其二，"都 NP 了"中被激活的 NP 的语义等级序列，其认知基础涉及与后续主句陈述的状态之间的匹配关系。这种匹配关系越合理，句子越容易接受，否则句子的可接受度就会有问题。例如：

a. 都妈妈了，还不会带孩子。
b. ？都大姑娘了，还不会带孩子。
c. ？？都小姑娘了，还不会带孩子。

上例中 a 句是可以接受的，作为妈妈应该具有带孩子的能力，而事实上不会带孩子，所以值得质疑；b 句的接受度就很差，因为大姑娘尚未婚嫁，没有育儿经验，不会带孩子很正常，两者的匹配性不尽合理；c 句难以接受，因为小姑娘与带孩子似乎没有关联，两者不具备匹配性。上述句子在句法、语义上都没有问题，是语用层面不合适，属于语用失当现象。可见"都 NP 了"句式中 NP 激活语义等级序列的机制，在于 NP 的身份与后续主句陈述的状态之间的匹配关系，两者的合理性与句子的合格度成正比，而是否合理取决于我们的认知规约性。

（三）语篇整合效应

综上所述，"都 NP 了"在实际使用中与后续主句的语篇整合为如下模式：

都 NP 了，还 + VP(否定)。

该语篇衔接模式是说话人出于语用驱动而产生的"编码"结果,诱发了听话人的"解码"言语行为。其中 NP 隐含的某一语义等级序列的激活,首先是句式的编码形式(即句法、语义、语用形式)的"触发"效应,概括起来可以细分为三点。下面我们以上述 a 句为例加以说明:其一,先行小句中表示新信息出现的句法标记"了₂"暗示前边的 NP(即已然成为"妈妈"的身份)可能代表了一个语义序列;其二,后续主句中的 VP 在语义上提示了 VP 与 NP 匹配系列的行为类范畴(即"妈妈"与"会带孩子"的匹配关系);其三,先行小句中的"都"和后续主句中带否定义的"还"这些语用标记明示了句子的语用预设(即某类人应该会干某类事而事实上不是这样)。值得说明的是,我们之所以把这些过程看作是"触发",那是因为"触发"不等于"激活",这就好比开关和通电的关系,打开开关未必亮灯,因为亮灯的前提是必须通电。而所谓"通电"就是我们心目中积淀的某些规约性共识的"激活",即听话人需要依据"默认"的 NP 与应有状态之间匹配系列的"清单"来判定两者之间是否偏离,从而准确把握话语的意思。仍以上述 a 句为例,听话人经过与心目中"默认"的 NP 与应有状态之间匹配系列的"清单"的判定,认同作为妈妈应该会带孩子,而事实上这个"妈妈"却不会带孩子,从而理解了说话人的发话诱因,准确解读了说话人的话语。只不过上述这两个环节的过程是瞬间发生的,就好比开关一开灯就亮了,所以这两个环节的衔接过程我们容易忽略。

二、否定性"连"字句与语义等级序列

汉语"连"字句是汉语学界研究得比较充分的构式,指具有强调义的"连 NP 都/也 VP"构式。例如:

(9) 老王连老鼠肉都敢吃。

(10) 老王连石狮子也举得起来。

语料显示,多数"连"字句中 NP 的语义角色是"受事"(见上例),本文即以此类典型用例作为示例考察。经众多学者研究(如白梅丽 1981、周小兵 1990、崔希亮 1990/1993、刘丹青、徐烈炯 1998、徐烈炯 2002、蔡维天 2004、袁毓林 2006a/2006b),学界对"连"字句的句法构造、句式意义、预设蕴涵、会话含义、关联作用等都有了较为深入的解析,并达成了较为一致的认识。刘丹青(2005)对此有较为全面的概括,汉语"连"字句特点包括:1) 构式中的 NP 体现了可能性的低端,同时又是词汇义的高端;2)"连"字句都包含

一个说话人的主观预设,句子的强调意味就是由预设中的"极不可能真"和断言中的"事实为真"之强烈反差造成的;3)句子的言外含意是其他对象(在可能性等级尺度中高于 NP 的成员)更会是 VP/AP 了;4)处在等级尺度中的其他成员也可以显性地出现在上下文中;5)"连 NP"的话题性多于焦点性;6)"连"所标记的成分在语类上以名词为主,但也可以是动词或小句,从语义角色来看可以是施事、受事等核心论元或时间、处所等外围题元。

(一) 否定性"连"字句

与我们探索的主题相关的主要有两点结论,下面分别加以讨论:

其一,刘丹青从构式语法的角度对汉语"连"字句的语用功能进行了较为精准的概括,他认为"连"字句蕴含了说话人的主观预设(presupposition),即进入该句式的 NP 处在一个可能性(可预期性)等级尺度(scale)的低端,比起该尺度中的其他成员来说是最不可能实施 VP 的行为;而句式的字面义(断言 assertion)所讲的事实却是这一可能性最低的行为倒(出乎意料地)为真,句子的强调意味就是由预设中的"极不可能真"和断言中的"事实为真"之强烈反差造成的。比如例(9)说话人的预设是"老鼠肉"为设定的食物集合中最不可能被吃的,而字面义是"老王"却(出乎意料地)敢吃老鼠肉。

其二,刘丹青指出可能性的低端很可能正是词汇义的高端,所以周小兵(1990)将"连"字句中的 NP 称为"分级语义系列"的"顶端"。如例(10)"石狮子"是物体重量的高端,而"举起石狮子"是可能性的低端。

值得注意的是学界考察的"连"字句以肯定形式为常(见上例),笔者在考察语言事实之后发现,在实际使用中大量"连"字句表现为否定形式(包括出现否定词或表达否定义)。也就是说,具有同样意义的是进入该句式的 NP 处在一个可能性(可预期性)等级尺度(scale)的高端,比起该尺度中的其他成员来说是最有可能实施 VP 的行为;而句式的字面义(断言 assertion)所讲的事实却是这最有可能的行为倒(出乎意料地)为非真,句子的强调意味就是由预设中的"极可能真"和断言中的"事实非真"之强烈反差造成的。例如:

(11)老王连县城都没去过。
(12)老王连一尺来宽的沟也不敢跳。

上述例(11)说话人的预设是"县城"为设定的城镇集合中最可能去过的,而字面义是"老王"却(出乎意料地)没去过。同样道理,可能性的高端很可能正是词汇义的低端,如例(12)"一尺来宽的沟"是跳跃宽度的低端,"跳一尺来宽的沟"是可能性的高端。

(二) 语用心理分析

可见"连"字句的语义、语用功能与肯定否定具有反向共变关系,对于此类现象,沈家煊(1999)借鉴 Fauconnier(1975)提出的"量级"(scale)概念,阐述了一条可以推导出周遍义的认知原则。图示如下:

$$
\left[
\begin{array}{l}
\text{m(最轻)} \\
X_2 \\
X_1 \\
\text{M(最重)}
\end{array}
\right.
$$

在这个重量等级上,人们根据对客观世界的认识形成一种"常规推理":在 X_1 比 X_2 重的情形下,如果某人能举起 X_1,那么在不需要其他信息的情形下就可以得知,他也能举起 X_2。这不是逻辑上的蕴含关系,因为完全有可能 X_2 比 X_1 轻,但 X_2 反而比 X_1 难举起(比如由于形状、大小、先举后举等原因)。这只是人们根据经验建立的一种"常规"而已,它跟人的认知能力和认知特点密切相关。运用这种"常规"可以推导出周遍义:对一个极大量 M 的肯定意味着对全量的肯定,对一个极小量 m 的否定意味着对全量的否定。袁毓林(2006)也曾借鉴该语用尺度(pragmatic scale)直接解释了"连"字句的反预期语用表达效应。

演绎到本文讨论的"连"字句,可能性的低端很可能正是词汇义的高端,而可能性的高端很可能正是词汇义的低端;对一个可能性低端的肯定意味着对全量的肯定,对一个可能性高端的否定意味着对全量的否定。笔者认为,正是这种说话人的预设同事实状态的强烈反差,诱导了说话人的发话动因,而汉语"连"字句就是基于这样一种语用心理而选择的一种反预期表达式。

那么否定性"连"字句与肯定性"连"字句的区别究竟在哪里呢?笔者认为主要是语用心理的差异。肯定性"连"字句的主观评述倾向于积极义(至少不含消极义,如例(9)(10)),而否定性"连"字句的主观评述通常是消极义(如例(11)(12))。日常生活经验告诉我们,对他人的褒扬是人们所期待的,即使话语与事实的可能有偏离,听话人也往往采取容忍态度;而对他人的贬斥是人们所不期待的,听话人对话语评述的理据性比较敏感,因此说话人对话语评述的理据性特别关注,会尽可能地采用语言手段提升话语的说服力,这可以说是人之常情。也就是说,交际中听话人对话语与事实偏离的"容忍度",与话语命题的肯定或否定成反比关系,这是肯定或否定差异在语用心理上的反映。

(三)语篇整合效应

这种语用心理在否定性"连"字句中的表现,集中在对话语主体 X(施事/主语)的身份的确认,这也是学界以往关注不够的,即主语(施事)这个位置成分的选择性和准入条件。尤其当表述的命题超出了日常生活的范畴,这种选择性和准入条件就会凸显出来。例如:

> (13)一个哲学教授连《易经》都没读过。
> (14)一个县长连最近的乡镇也没去过。
> (15)一个跳水运动员连一米跳台也不敢跳。
> (16)一个老股民连逆向操作都不懂。

上述"连"字句都是否定形式,对 X 的准入在句法、语义及语用上都有特定的条件限制:其一,句首的 X 从通常的定指成分变成了类指成分(句法形式是"一个 + 通指类名"),凸显了某类人的特定"身份";其二,句中与 X 这个特定身份相匹配的特定状态被否定了,即 X 应该具备实施 VP 的能力,而事实上却(出乎意料地)不能实施 VP。如例(13)中的 X 是"哲学教授",却没读过体现中国传统哲学精髓的《易经》;例(14)中的 X 是"县长",却没去过辖区内最近的乡镇。例(15)中的 X 是"跳水运动员",却不敢跳一米跳台;例(16)的 X 是"老股民",却不懂逆向操作的基本道理。也就是说,对进入上述"连"字句的 X 的"身份"是有限制的,对说话人来说,必须将句中意念上受 VP 制约而前置于 VP、用"连"字标示的 NP 所隐含的某一语义等级"项",与 X 的特定身份相匹配,并加以否定(违反了规约性常理),话语才能被听话人所接受。

可事实上从话语功能来分析,"连"字句的主语应该是定指的,说话人正是针对某个确定的人的行为状态的"偏离"有感而发而加以评述的。因此在实际运用中,为了满足确定 X 身份这个条件,"连"字句中 X 的部分往往被扩展成一个先行小句(依附小句)。例如:

> (13′)他还是个哲学教授呢,连《易经》都没读过。
> (14′)尽管老张是县长,连最近的乡镇也没去过。
> (15′)说起来她也是个跳水运动员,连一米跳台也不敢跳。

(16′) 老爸是老股民了,连逆向操作都不懂。

上述扩展的实例中,"他""老张""她""老爸"都是定指成分,由于前一小句确认了他们的类指身份,就顺理成章地与"连"字句在语篇中实现了有效衔接,整合成如下表达格式:

$$NP_{(定指)} + V_{(系动)} + NP_{(类指)},连 NP 都 \quad / \quad 也 + VP_{(否定)}。$$

该语篇衔接模式也是说话人出于语用驱动而产生的"编码"结果,诱发了听话人的"解码"言语行为,从中可以窥见听话人对否定性"连"字句的"解码"过程也具有与"都 NP 了"类似的"触发"机制。下面我们以上述句(13′)为例加以说明:其一,后续主句中话题标记"连"字暗示后边的 NP(即《易经》)可能代表了一个潜在的语义序列,同时先行小句中"X 是 Y"判断句式也暗示话语主体(即"他/哲学教授")可能代表了一个潜在的语义序列;其二,后续主句中构成的事件类(行为 + 受事)在语义上提示了与话语主体的匹配关系的行为类范畴(即"哲学教授"与"读《易经》"的匹配关系);其三,后续主句中"连 … 都/也 + 否定"这些语用标记明示了句子的语用预设(即某类人应该会干某类事而事实上不是这样)。在这些编码形式"触发"的基础上,听话人经过与心目中"默认"的 NP 与应有状态之间匹配系列的"清单"的判定,认同作为哲学教授应该研读过《易经》,而事实上这个哲学教授竟然没有读过《易经》,从而理解了说话人的发话诱因,准确解读了说话人的话语。

三、量级模型配置与语篇整合效应

"焦点—背景"(Figure-Ground)理论是认知语言学中以凸显原则(Prominence)为基础的一种理论,究其渊源来自完形心理学(Gastle)的研究。Talmy(2000)对焦点和背景的考察是在概念结构系统的"注意观"(attention)框架内进行的,而 Langacker(1987)把焦点和背景归结为人类认知建构活动,把它们放在"视角"(perspective)这个理论框架内进行考察。他们都强调焦点和背景关系不仅可以在单句中体现一种空间位置关系,而且能扩展到其他抽象领域,通过复句的主句和从句的形式表达出来,这与人类从具体到抽象的认知顺序是一致的。认知语言学家认为,在概念化过程中从句中的事件往往是主句事件的"参照点",所以从句对应的是"背景",主句对应的是"焦点"。借鉴该理论可以用来解释以下语篇整合效应。

(一)构式的语篇整合效应

根据上文分析,出于某种特定的语用驱动,"都 NP 了"在实际使用中与后续主句的语篇整合为如下模式：

$$都\ NP\ 了，\underline{\qquad S\qquad}$$

该语篇衔接模式的语义整合条件表明：先行小句中 NP 代表的某一语义等级序列中的某个特定身份，要求后续主句 S 否定一个与 NP 特定身份相匹配的特定状态。而同理，出于某种特定的语用驱动，否定性"连"字句在实际使用中与先行小句的语篇整合为如下模式：

$$\underline{\qquad S\qquad}，连\ NP\ 都\ /\ 也 + VP_{(否定)}$$

该语篇衔接模式的语义整合条件表明：后续主句（否定性"连"字句）中 NP 所代表的某一语义等级"项"构成的 VP 命题，要求先行小句 S 确认一个与之相匹配的特定身份 NP，而后续主句的命题却是被否定的。

在这种构式义及其话语功能的制约下，上述两个语篇整合模式就有可能互相套嵌，合二为一，编码为极强的反预期表达式："都 NP 了，连 NP 都/也 VP$_{(否定)}$"。在实际语料中，我们发现了不少这样的语篇整合用例。例如：

(17)（老王）都这把年纪了，连县城都没去过。

(18)（小王）都大小伙子了，连一尺来宽的沟也不敢跳。

(19)（他）都哲学教授了，连《易经》都没读过。

(20)（老张）都县长了，连最近的乡镇也没去过。

(21)（她）都跳水运动员了，连一米跳台也不敢跳。

(22)（老爸）都老股民了，连逆向操作都不懂。

我们发现此类整合构式的表达效果非常强烈，两个构式本身都含有一种反预期的语用预设。"都 NP 了"构式表达的是某个特定身份应有的状态与实际状态之间的强烈反差导致的"出乎意料"，否定性"连"字句表达了预设中的"极可能真"和断言中的"事实非真"之强烈反差导致的"出乎意料"。两者都有极强的话语表达功能，就好比"强强联手"，产生了更强烈的表达功能。试比较下面的情景：

a. 小丽风风火火地闯进家门，一头撞到了娘身上，娘一把抓住她，嗔怪道："瞧你这德行，都大姑娘了，还这么冒冒失失的。"

b. 见客人邀请，闺女也就不客气了，一屁股坐到了客人边上，老爸忙责备说："快过来！都大姑娘了，还这么不懂规矩。"

　　c. 老张头踱到村头,远远看到姑娘们都在河里洗澡,又笑又闹的,
不免生气了,自言自语地骂起来"这成何体统,都大姑娘了,连起码的
礼数都不顾"。

上述 a 句的后续主句用了否定义词语"冒冒失失的",实施的言语行为是
"嗔怪";b 句的后续主句用了否定命题"这么不懂规矩",话语主体实施的
言语行为是"责备";c 句的后续主句用了否定性"连"字句"连起码的礼数都
不顾",话语主体实施的言语行为是"骂"。从语用表达的力度来分析,显然
形成了 c>b>a 的等级序列,表明说话人对话语主体 NP 与应有行为状态
之间的偏离有不同程度的"识解",而其中"都 NP 了,连 NP 都/也
VP(否定)"是语用表达力度最高的整合模式。

(二) 整合效应的认知基础

　　我们在上文分别分析了听话人在解读"都 NP 了"和否定性"连"字句过
程中,句子编码形式(句法、语义、语用形式)的"触发"机制,并指出"触发"
不等于"激活",因为听话人需要依据"默认"的 NP 与应有状态之间匹配系
列的"清单"来判定两者之间是否偏离。那么我们需要进一步解释的是,在
说话人和听话人心目中共享的、关于某类 NP 与应有状态之间匹配系列的
"清单"的认知基础又是什么?

　　记得为了说明汉语中与副词"还"相关的两个句式,沈家煊(2001)曾借鉴
Fillmore,Kay & O'Conner(1988)和 Kay(1990)提出的"量级模型"理论进行了
精辟的解释。笔者认为这个"量级模型"同样可以用来解释本文所探讨的隐性
语义等级序列被激活的认知基础,下面我们选取不同学历阶段学生与相应的
写作能力之间的匹配性为例,设定如下匹配关系(→表示可匹配性):

　　　　A 大学生　→　D 专业论文
　　　　B 中学生　→　E 命题作文
　　　　C 小学生　→　F 简单短文

上述关系排列组合的 9 种状态可以构成如下矩阵图:

	A 大学生	B 中学生	C 小学生
D 简单短文	X	x	0
E 命题作文	x	0	y
F 专业论文	0	y	Y

在上述语篇整合模式中,后续主句(否定性"连"字句)的命题是否定的。上述矩阵图表明当命题是否定时,依据规约性认知会出现三种情况:(1) 0 线状态(三个 0 的位置)的判定是"不合常理",依次为 AF(大学生不会写专业论文)、BE(中学生不会写命题作文)、CD(小学生不会写简单短文);(2) X 区状态(X 及两个 x 位置)的判定是"出乎意料"(其中 X 程度强于 x),依次为 AD(大学生不会写简单短文)、AE(大学生不会写命题作文)、BD(中学生不会写简单短文);(3) Y 区状态(Y 及两个 y 位置)的判定是"不言而喻"(其中 Y 程度强于 y),依次为 CF(小学生不会写专业论文)、CE(小学生不会写命题作文)、BF(中学生不会写专业论文)。从语用心理来分析:当状态"不言而喻"时,自然不值得说(除非有特殊语境支撑),不然听话人就难以接受或莫名其妙;当状态"不合常理"时,说话人就有了发话动因,用以表明自己的主观评述;当状态"出乎意料"时,说话人的发话动因更强,信息量也最大。例如:

(23) ?? 这孩子都小学生了,连专业论文都不会写。(Y 区 CF 状态)

(24) ? 老张的儿子都中学生了,连命题作文都不会写。(0 线 BE 状态)

(25) 他都大学生了,连简单短文都不会写,真不可思议。(X 区 AD 状态)

例(23)是"不言而喻"的,小学生与写专业论文几乎没有联系,两者之间没有匹配性,不存在合理的发话动因,因而是难以接受的;例(24)是"不合常理"的,中学生与会写命题作文有匹配性,所以可能被接受;例(25)是"出乎意料"的,说话人觉得"真不可思议",因此发话动因最强,可接受度也最高。而这一切评价的取向是基于我们日常生活的经验积累,是语言社团规约性认知的结果,成为我们心目中"默认"的衡量某类 NP 与应有状态之间匹配系列的"清单",作为话语解读时的依据。

第三节 [±积极]语义特征的心理解读

20 世纪 90 年代以来,汉语研究开始采用语义特征分析方法来解释句法问题(参见陆俭明1991)。"语义特征"这个概念是从语义学中引进的,原指某个词语在意义上所具有的特点,用以对语义类进行细分并凸显语义类之间的差异。句法学中的"语义特征"是基于句法分析,从具体的语义特征中概括出来的,目的在于对功能范畴类进行次范畴的分类,以解释句法问题。比如名词的[±述人]特征能有效解释某些构式变换的理据,而[±事件]特征能体现该次类与何种量词搭配;又如动词的[±自主]特征能有效区分某些构式的下位变体,而[±持续]特征与句子的体范畴有着某种关联;再如形容词的[±量度]特征决定该次类能否与数量短语搭配,而[±动态]特征决定该次类能否后附体标记和趋向补语。从中可见,句法研究采用语义特征分析法,注重的是语义特征在句法层面的投射后果。

笔者认为,"语义特征"是有层次性的。通常分析的"语义特征"是依附于某个功能类词语的,如上文提到的名词、动词、形容词的某些语义特征。值得关注的还有另一类"语义特征",它是从一般词类的语义特征中概括出来的,是超范畴类的。这一层次的"语义特征"很值得关注和探索,它们不仅是词汇层面的表征,而是投射到了句法层面,是句法、语义的"接口",并直接影响语用义的表达。本文探讨的[±积极]就属于这种跨实词范畴类的"语义特征"(其中符号"＋"或"－"分别表示是否具有此类特征),在传统词汇学中称为"褒贬义",属于词汇附加意义层面的感情色彩,名词、动词、形容词等都可能具有此类特征。此类语义特征在 Leech 的 *Semantics* 中被称为"感情意义"(affective meaning),指通过概念意义表现出来的说话人的感情或态度(参见伍谦光 1988)。笔者(2013)曾借鉴构式语法理论,选择若干典型案例,探讨[±积极]的语义特征在词类功能转化和语用心理分化两方面的投射表现,并从认知功能的角度对此进行合理的解释。

一、词类功能转化:"形容词使动"的功能漂移

在传统词类研究中,词的"兼类"是一个常见的现象。所谓兼类是指某些词处于两类或两类以上词类范畴的交集区域,处于非典型的边缘化状态,兼有两类或两类以上范畴类功能。近些年来,随着认知语言学的兴起,学界借鉴认知范畴观,对兼类现象重新审视并进行了解释。张伯江(1994)在讨论汉语词类活用的功能解释时,提出了词类"功能漂移"(functional shifting)这一概念。他认为典型的词类有其基本的意义和形式表现,如名词拥有空间性,前加名量词;动词拥有时间性,后加时体成分。凡是偏离基本用法的,都可以看作功能漂移,并给出了"临时活用→常见活用→兼类→同形词"的演化轨迹。在笔者看来,这种范畴类的功能漂移,需要句法环境

的支撑,实质上是构式赋义的后果,比如现代汉语"形容词使动"的功能漂移就是一个典型的范例,具体论述如下。

(一) 功能漂移的认知动因

笔者集中考察的是双音复合形容词向动词漂移的现象,即动态形容词转指及物动词的使动用法。以《现代汉语词典》(第 5 版)的统计为准,凡词典中的义项排列先标注为形容词,另有标注为动词,并采用"使××"释义方式的,都作为考察对象。例如:

【繁荣】① [形](经济或事业)蓬勃发展;昌盛　　② [动]使繁荣
【端正】② [形]正派;正确　　③ [动]使端正

需要说明的是,词典作为实用的工具书,词类及其转类的标注未必绝对准确,但反映某种倾向是没有问题的。笔者对《现代汉语词典》(第 5 版)进行了搜索,统计结果表明,能转指动词(使动用法)的双音形容词有 82 个(不包括方言词、古语词、口语词等)。常见实例如下:

便利	纯洁	端正	繁荣	丰富	方便	巩固	缓和	纯洁
活跃	激动	感动	健全	滋润	密切	明确	平整	规整
强壮	完善	温暖	协调	严肃	严格	振奋	振作	壮大
严明	充实	开阔	平定	稳定	确定	安定	坚定	鼓舞

上述实例都是典型的动态形容词,动态性蕴含了时间因素,是这些形容词能转指动词的语义基础。它们转指动词后能直接带宾语,属于及物动词范畴。

对于此类形容词转指动词的现象,可以从认知动因来加以解释。本章第一节我们论述反预期心理表达式的语用驱动时,曾借鉴 Talmy(2000)提出的"事件框架"(event frame)概念,他列举了五类常见的事件认知框,其中之一是因果链(causal chain),可以用来解释形容词转指动词的语用心理。形容词转指动词(使动用法)的现象,其认知机制与一种基于常理的"以果推因"的语用推理方式有关,即在一个"事件框架"的"因果链"中,从"已然状态"(结果)转指"导致该状态产生的过程"(原因)。沈家煊(2005)将这种语用推理称为"回溯推理"(abduction),并以能性述补结构"V 不 C"的形成来加以诠释。比如"学(而)不成"在近代汉语中表已然结果,"学"是行为,"不成"是行为的结果,这是两个具有因果关系的相关概念;在现代汉语中整合为能性述补结构"学不成",表"不可能",是用事实上"结果没有实现"来转指"结果不可能实现"。

事实表明"以果推因"的认知优势在自然语言的语义建构中具有普遍性，因为从已然确定的"结果"出发推导其原因，具有心理现实性。动态形容词转指及物动词，就是一个典型案例。比如"气氛很活跃"中"活跃"是一种结果状态，从这种结果来反推"使活跃"的过程（原因），就有了"活跃了气氛"的表述；又如"态度很端正"中"端正"是一种结果状态，从这种结果来反推"使端正"的过程（原因），就有了"端正了态度"的表述；而"活跃""端正"带上了宾语，凸显了及物性，也就在形式上成了及物动词。动态形容词能否转指为及物动词，取决于"状态（结果）"和"过程（原因）"之间是否具有一种"显著性"（prominence）的关联，这是转喻的认知基础（参见吴为善2012）。

（二）积极义的心理导向

笔者感兴趣的是双音形容词能否转指动词，对[±积极]的语义特征很敏感。就共时层面考察，在我们统计的双音形容词转指及物动词的82个实例中，除了极少数中性义的词语之外，表积极义的有65个，占总数的81%（见上文所举常见实例）。表消极义的只有10个，如"涣散、困惑、麻痹、迷惑、勉强、疏远、冤枉、滞缓、冷淡、孤立"，占总数的14%。这还只是词典标注条目的静态统计结果，如果引进动态的使用频率的参数，两者的比例将更加悬殊。这充分表明表积极义的动态形容词更容易产生使动用法。

其实进一步考察可以发现，这种倾向还表现在一些更深层次的句法功能上。一方面，上述表消极义的形容词转指动词，虽然词典释义也是"使××"，实际上及物性很弱。比如"困惑、滞缓"等在实际使用中极少带宾语，相当于一个不及物动词。"疏远、冷淡"虽然在形式上能带宾语，但使动性不强。如"疏远了朋友"是"对朋友疏远"，而不是"使朋友疏远"；"冷淡了客人"是"对客人冷淡"，而不是"使客人冷淡"。可见这些宾语的受动性很弱，也证明这些由形容词转指的动词及物性很弱，这与表积极义形容词的使动用法有很大差别。另一方面，上文所举表积极义的形容词有使动用法，而从反义类聚关系分析，相对的表消极义的词语根本就没有使动用法。如"市场很繁荣"可以说"繁荣了市场"；而"市场很萧条"却不会说"萧条了市场"。又如"生活很丰富"可以说"丰富了生活"；而"生活很枯燥"却不会说"枯燥了生活"。上述两方面现象说明表积极义的形容词及物性极强，而表消极义的形容词不具有及物性或及物性很弱。

就历时层面考察,形容词的使动用法在古代汉语中就很普遍,被归入"词类活用",意思是说它们还只是活用,并没有跨功能类实现"非范畴化"(参见刘正光 2006)。笔者发现在一些古汉语论著中列举的此类用例同样表现出这个倾向,表积极义的形容词占优势,而且往往对举。例如:

(1)高其闬闳,厚其墙垣。(《左传·襄公三十一年》)
(2)是以圣人苟可以强国,不法其故;苟可以利民,不循其礼。(同上)
(3)圣人清其天君,正其天官,⋯⋯以全其天功。(《荀子·天论》)

表消极义的形容词用例不是没有,但是往往表达的语用含义却是积极的。例如:

(4)强本而节用,则天不能贫(之)。(《荀子·天论》)
(5)天之将降大任于斯人也,必先苦其心志,劳其筋骨⋯⋯(《孟子》)
(6)诸侯恐惧,会盟而谋弱秦。(《贾谊·过秦论》)

例(4)的"贫"表示消极义,但命题却被否定了;例(5)"苦""劳"表示消极义,但句子的意思却指经受磨炼而造就圣人;例(6)"弱"表示消极义,但削弱秦国却代表了当时诸侯的积极愿望。

综上所述,此类现象可以归结为人们的规约性心理"期望值":美好的结果状态是人们所期待的,为此而采取的行为是人们愿意付诸实施的,因此表积极义的形容词更容易产生使动用法,向及物动词漂移;而相反的结果状态显然是人们所不期待的,人们不愿意为此付诸行动,因此表消极义的形容词不容易产生使动用法。这种认知动因转化为语用驱动,投射到句法层面,形成了本文所述的不对称现象,可见词义蕴含的[±积极]的语义特征不仅属于词汇层面,在句法功能上也有所反映,只是隐蔽得比较深而已。

二、语用心理分化:"看你 A 的"的语用驱动

"看你 A 的"这个表达式在北方口语中使用频率较高。例如:

a. 看你累的!　看你忙的!　看你们伤心的!

　　b. 瞧你乐的！　瞧你美的！　瞧你们得意的！

该构式有几个明显的特征：1）其中的"你"指交际对方，也可以是复数人称"你们"；"看"也可以是"瞧"，两者除了语体差异外没有区别；2）"看你/看你们"的语义已经虚化，相当于一个话语标记，与"的"呼应凸显语气；3）能进入该构式的A以单音词为主（如"累、忙、乐、美"），也有部分双音词（如"伤心、得意"），有的表示消极义（如a组），有的表示积极义（如b组）；4）该构式的使用通常是现场交际，一般有后续句，表明说话人的评述和态度，也可以在一定的语境中单独成句。分析语料发现，该构式的话语功能很广泛，可以实施多种言语行为，而且语气有轻有重，表现力很丰富。但仔细分析起来又万变不离其宗，其语用心理可以概括为：对方反预期的状态所引发的说话人的否定取向。其中的核心要点是对方的已然状态偏离了说话人心目中的"度"，由此引发了说话人的主观态度和情绪的变异，并呈现出两极分化。

（一）语用义的两极分化

　　由于形容词表示的是某种性状，积极义和消极义的语义聚合特别敏感，因此对"看你A的"构式的语用义影响很大，而且形成了一定的倾向性。下面分别加以分析。

　　1. A表消极义

　　如果该构式中的形容词是表消极义的，说话人表述的语用义就体现出对对方的慰藉、爱怜、关心等态度，语用义倾向于"正值"。例如：

　　　　（7）"哎呀，看你急的！"春玲安慰他，"这又不是上前方，你就放宽心吧。"（冯德英《迎春花》）

　　　　（8）瞧你吓的！也没什么，李主任今天给我号了脉，又检查了一下身体，没事的。（张欣《梧桐梧桐》）

　　　　（9）政委心疼地说："哎，看你瘦的，多注意点身体嘛！"（雪克《战斗的青春》）

　　　　（10）她忙说："看你累的，先坐下来，喘口气，慢慢再谈。"（周而复《上海的早晨》）

　　　　（11）刘满仓回头捏了一下郎小玉的鼻子，小声说："看你困的，快去睡吧，有我呢。"（雪克《战斗的青春》）

　　　　（12）他轻松地笑道："瞧你紧张的，彭科长，你放心回去探亲，好好陪陪你媳妇儿。"（电影《冬至》）

上述例中的"急、吓、瘦、累、困、紧张"都是表示消极义的形容词。具体分析其语用义,例(7)(8)凸显了说话人对对方的慰藉,例(9)(10)凸显了说话人对对方的爱怜,例(11)(12)凸显了说话人对对方的关心。概括而言,"看你A的"表示说话人觉得对方的状态偏离了自己的心理标准,从而引发了否定性的态度和情绪。如例(10)"看你急的",在说话人看来"这又不是上前方",对方不该这么着急。余例可类推解读。基于这样的判定,说话人由此生发出慰藉、爱怜、关心等情绪,后续句表明整个表述的语用义是正向取值的。也就是说,A表示的语义是"消极"的,而说话人所生发出的心态是"积极"的。

2. A表积极义

如果该构式中的形容词是表积极义的,说话人表述的语用义就体现出对对方的质疑、不满、斥责等态度,语用义倾向于"负值"。例如:

(13) 邻里老人说:"瞧你美的! 这事可没那么顺当。"(李佩甫《羊的门》)

(14) 小如停下手里的毛衣针,温柔地露出白牙,说:"看你能的。我才不信你能认出他来! 凭什么呢?"(《人民日报》1995年)

(15) 贵他娘嘲笑他说:"嘿! 看你乐的,要飞上天去呢。"(梁斌《红旗谱》)

(16) 老张教训道:"有几个臭钱,看你们烧的,也不怕外人听了笑话。"(徐坤《热狗》)

(17) 老孙头冷冷地说:"瞧你神气的,这八字还没一撇呢,可不要高兴得太早哦!"(《三十年代小说精选》)

(18) 她连忙止住了他们,低沉地说:"看你们得意的,别拍巴掌,给左邻右舍听到,又要惹祸了,听到没有!"(周而复《上海的早晨》)

上述例中的"美、能、乐、烧、神气、得意"都是表示积极义的形容词,具体分析其语用义,例(13)、例(14)凸显了说话人对对方的质疑,例(15)、例(16)凸显了说话人对对方的不满,例(17)、例(18)凸显了说话人对对方的斥责。概括而言,"看你A的"表示说话人觉得对方的状态偏离了自己的心理标准,从而引发了否定性的态度和情绪。如例(13)"瞧你美的",在说话人看来"这事可没那么顺当",对方不该这么沾沾自喜。余例可类推解读。基于这样的判定,说话人由此生发出质疑、不满、斥责等情绪,后续句表明整个表述的语用义是负向取值的。也就是说,A表示的语义是"积极"的,而说话人所生发出的心态是"消极"的。

（二）语用义的心理导向

综上所述，"看你 A 的"的构式义具有同质性，即对方反预期的状态所引发的说话人的否定取向。然而基于 A 的语义倾向，语用义却发生了分化：如果形容词是表消极义的，说话人表述的语用义倾向于"正值"；如果形容词是表积极义的，说话人表述的语用义倾向于"负值"。两者形成了一种反向共变关系（A 指形容词，S 指话语，＋ 为正值，－ 为负值）：

A 的语义倾向	S 的语用义倾向
－	＋
＋	－

对此现象，笔者的解释是在日常生活中，对于他人表现出来的精神状态，我们通常心目中都有一个"度"，作为"常态"和"非常态"的判定依据。一旦对方的状态偏离了这个"度"，就是"过度"，对说话人来说就属于"非常态"，就会"有感而发"产生发话诱因。对于"非常态"的不同倾向，人们会产生不同的心理反应：如果对方是过度消极状态，人们会油然而生悲悯之心，生发出慰藉、爱怜、关心等情绪，表现出对"受损者"的同情；如果对方是过度积极状态，人们容易激发不以为然的情绪，生发出质疑、不满、斥责等情绪，对对方过度优越的自我感觉产生不以为然的感觉。这也许是一种"人之常情"，却会在语用中折射出来，由此导致上述现象的产生。

三、考察结论：同类现象的思考与解释

综上所述，笔者借鉴认知构式语法理论，选择了动态形容词的使动用法和"看你 A 的"习语化构式两个案例，讨论了形容词［± 积极］的语义特征在句法、语义及语用三个层面的投射，并从认知功能的角度对此进行合理的解释。依据笔者的考查，此类基于认知的、由功能驱动而导致的词语语义倾向在句法、语义乃至语用层面的投射，是一种很普遍的现象。

比如趋向动词"来"与通指类名组合有两种语序，可以说"客人来了"，也可以说"来客人了"，两者的区别是"客人"在前是定指的，在后是不定指的。其实这后一种格式是有限制的，我们可以说"鬼子来了""狼来了"，却不说"来鬼子了""来狼了"。笔者推测这也许与名词的语义倾向有关，"鬼子""狼"之类是我们不希望遇到的，因此此类名词不期而遇的后置无定构式就不可取。

又比如表示状态变化的动词可以构成所谓的"作格动词句",主体成分 NP 可以后置于不及物动词 V 体现"丧失义",如"沉了船""翻了车""丢了钱包""死了父亲"等等,能进入该构式的动词的语义倾向大都是表示消极义的,这无疑跟整个构式的话语功能是一种语义上的匹配。

再比如双音形容词处在状位,可以看作是两个述谓结构的整合,其中状位的双音形容词成分是降格的次谓语,如"成功地发射了导弹""光荣地加入了组织""认真地准备考试""敏捷地回答问题"等等。其中能处在状位的形容词大多是表积极义的,表消极义的(如"失败、可耻、马虎、迟钝")一般不会进入这个句法位置。

诸如此类的现象,都可以从认知功能的角度得到解释。就认知动因来分析,此类现象可以归结为人们基于生活经验而形成的社会规约性认知,也就是人们的心理"期望值":表积极义的事物是人们期望拥有的,表积极义的行为是人们愿意付诸行动的,表积极义的性状是人们喜欢看到的。而消极义的事物是人们不期望拥有的,表消极义的行为是人们不愿意付诸行动的,表消极义的性状是人们不喜欢看到的。不过更值得注意的是,[＋积极]的语义特征与人们的心理预期之间并不能简单地划等号,[＋积极]的语义特征通常符合人们的心理预期,但反过来人们的心理预期未必就一定与[＋积极]的语义特征相关。因为心理预期的价值评判归根结底取决于说话人对"情境"的"识解",未必一定是"积极"的,本质上取决于人们的心理期望。但总而言之,词语[±积极]的语义特征不仅仅是词义层面的表征,还会在句法、语义乃至语用层面有所"投射",而这正是值得我们去进一步探索的机理。

第七章
参数变量与构式变异

"参数"（parameter）是一个数学概念，指方程中可以在某一范围内变化的数，当此数取得一定值时，就可以得到该方程所代表的形式，因此"参数"是一个可变量。语言学引进该概念，在形式语法学派的管辖约束理论中，用"参数"这一术语标定一条语法原则在不同语言中体现的变化。

Goldberg 在 1995 年的专著中系统描述了英语双及物构式、致使—移动构式、动结构式和 way 构式，从而使我们得以窥见她对构式研究的基本理念与程序。一般来说，在确认构式义和话语功能的基础上，准确定位所述构式的句法框架，分析相关语义结构的特征。也就是说要准确地分析参与构式的每一个"构件"的特征，并进一步考察这些构件变异导致的构式变异。

所谓"构件"只是一个隐喻的说法，指的是具有一定句法语义属性的"语块"（chunk）。早在 20 世纪 80 年代，陆丙甫（1985）就借鉴认知科学的研究成果提出了"板块组合"的概念，主张对句子的分析要概念化、程序化，最大可能地符合我们的认知直觉。即认定谓语动词为全句核心，其他成分是作为一个个整体分别附加上去的，因此析句时也把它们分别作为各个整体一层层分离出来，叫作"核心推导语法"。这种分析同吕叔湘（1979）倡导的"只停大站，不停小站"的"阶层分析法"有相似之处。而此类分析的结果就是构成线性语符链的一个个"语块"，也就相当于特定构式的一个个"构件"。

笔者认为，说话人所说的话，就是基于对情境的识解而选择的编码形式，表现为这样或那样的构式，而构式是由"构件"配置而成的，每一个"构件"都蕴含了特定的句法、语义、韵律乃至词义信息，并具有特定的语用功能。但是，构式中的"构件"不是一成不变的，恰恰相反，他们具有敏感的可变性。本专著的第三章我们集中讨论了"构式原型与扩展承继",第四章我们集中讨论了"句法同构与多义解读",都从不同角度证明了构式的"构件"具有可变性,这种可变性导致一个特定构式内部产生了基于"家属相似性"的系列构式成员,只不过此类变异还属于"内部承继"。然而"构件"的变化在积累了一定的量变之后,就会产生质变,导致构式变异,属于"外部承继"(即 Goldberg 所谓的"多重承继")。因此,我们把"构件"演绎为"参数变量",并考察这些参数变量对构式变异的影响。本章通过典型示例方式,集中讨论三个相关问题:多义范畴衍生与构式变异;韵律框架变形与构式变异;语境特征消长与构式变异。

第一节　多义范畴衍生与构式变异

多义范畴衍生与构式变异,我们以汉语包含"有"字的构式作为示例个案。现代汉语中"有"字构式的使用频率很高,包括学界认定的"有＋N"短语和"有"字句,其实两者有内在的关联,从构式来看是一回事。笔者(2012)曾对"有＋N"进行了较为详尽的考察,发现在所收集的 500 多个比较固定的"有＋N"实例中,N 表示积极义或者整个结构表积极义的占总数的 70%,语义倾向比较显著。其实对于此类现象,学界早有关注,如邹韶华(1988)、贺阳(1994)、李宇明(1994)、沈家煊(1996)、石毓智(2001)等学者都指出了这种倾向,并进行了一定的解释,这里不再赘述。值得解释的倒是其中的缘由。

一、"有"的语义原型及其语义分化

(一)"有"的语义原型

"有＋N"构式中 N 表示积极义或者整个结构表积极义的显著语义倾向,就其原委显然与"有"的原型义有关。《说文解字·有部》许慎对"有"的解释是:"不宜有也。春秋传曰:'日有食之'。从月,又声。"章炳麟批判了许慎的训解,认为他的解释"说《春秋》虽可尔,说字则不可通。"事实上,古典文献中对此也早有存疑,并对"有"的诠释加以纠正。如《广雅·释诂》解释:"有,取也。"清王筠《说文释例》说"'有'字从又从肉会意"。近代研究古文字的学者依据毛公鼎、令鼎诸古字形,断定"有"字系"从又持肉之象"(参见陆宗达 1981)。也就是说,根据古汉字字形分析,"有"是个会意字,表示

"手"提着"肉",表示"拥有"。

值得思考的是为什么古人要用"手提着肉"来转喻"拥有"呢？很显然，在上古时期，由于生产力低下，生活质量也不高，能吃到肉是一件不易之事。《孟子·梁惠王上》曾描绘了以王道治国的美好愿景：

> 五亩之宅，树之以桑，五十者可以衣帛矣。鸡豚狗彘之畜，无失其时，七十者可以食肉矣。百亩之田，勿夺其时，八口之家可以无饥矣。

可见当时只有年岁高的老人才能"衣帛食肉"，"肉"是当时人们公认的"值得拥有的好东西"。因此，"有"的原型义应该是"拥有（美好的物品）"。

直到现代汉语，"有"字的语义倾向还延续了这种原型义的特征，通常表示"好""多"的积极义。赣方言中至今仍有这样的说法，如"听说那家人家好有诶"，"有"指的是家境富裕，表达的是富足之意（参见笔者硕士生章丽燕 2011）。刘丹青（2011）也指出，汉语"有"本性里潜存表多、表好的倾向，自古而然，从而形成特有的语义倾向和信息结构，与英语 have 之类较为中性的领有动词不同。在领有句中"有+宾语"结构本身倾向于表多、表好，因此只有倾向多和好的定语才能与整个动宾结构达到语义和谐，从而整合成一个尾焦点。笔者认为刘丹青的观察和结论是符合汉语事实的。

（二）"有"的语义分化

《现代汉语词典》（第 6 版）对"有"的释义多达 10 个义项，除了一些标记性专门用法之外，"有"的词汇意义集中在两个义项：一个表示"拥有"；另一个表示"存在"。从语源来看，"拥有"是本义，"存在"是引申义。显然"有"的这两个基本语义项之间的关系有两点值得关注：其一，"存在义"属于客观范畴，而"拥有义"属于主观范畴，因为是否值得拥有取决于人们认知上的价值评判；其二，从所指范畴来看，"存在义"大于"拥有义"，因为凡拥有的东西总是存在的，但存在的东西却未必是值得拥有的。

从动词次范畴来分析，不论"有"表拥有还是表存在，都不表具体的行为动作，概念意义比较空灵，属于关系动词一类，主要用来表示前后两个名词的关系。上述"有"字的两种语义在句法上的投射形成了两种不同的句式，即"领有句"和"存现句"。"领有句"是表示某人拥有什么，"存在句"表示某处存在什么，很明显这是由于"有"字语义分化导致的构式变异。那么判定这两种构式的依据究竟是什么？按照传统语法的分析，这取决于"有"字句主语名词的"生命度"。例如：

　　　　a. 村民们有很多漂亮的小楼。(表拥有：领有句)
　　　　b. 村子里有很多漂亮的小楼。(表存在：存现句)
上述 a 句中"村民们"指人，生命度极高，"有"表拥有，即"村民们"和"小楼"是主体和领有物的领属关系；b 句中"村子里"带方位词"里"，处所义凸显，"有"表存在，即"村子里"和"小楼"是处所和存在物的存现关系。也就是说主语名词的语义特征对"有"的语义以及整个构式具有句法语义的强制性，a 句是以述人主体为标记的"有"字领有句，b 句是以处所话题为标记的"有"字存现句。

　　但是实际语料表明：当主语名词指处所时，能强制性赋予"有"表存在；而当主语名词指人时，"有"未必表示拥有。例如：

　　　　a. 老王有钱。(表拥有)　　　b. 老王有病。(表存在)
上例的主语"老王"明确指人，但是我们对"有"字语义的理解不一样。a 句的"钱"是人们所期待拥有的东西(表积极义)，我们倾向于理解为"拥有"，即"老王拥有钱财"；b 句的"病"不是人们所期待出现的现象(表消极义)，我们倾向于理解为"存在"，即"老王生理上存在毛病"。可见，当"有"字句的主语名词不是处所词因而无法强制性赋予"有"表存在时，人们在理解该构式时，倾向于将表积极义的宾语名词与"拥有"匹配，将表消极义的宾语名词与"存在"匹配。

二、构式变异动因及其整合效应

(一) 构式变异动因

　　"有"字构式可以码化为"S + 有 + N"，上述倾向在"有"字句解读时具有普遍效应。例如：

　　　　(1) 这个女人有魅力　/　这个女人有毛病
　　　　　　这个学生有教养　/　这个学生有陋习
　　　　　　这个老板有气度　/　这个老板有案底
　　　　(2) 这家公司有实力　/　这家公司有隐患
　　　　　　这家商店有信誉　/　这家商店有灾难
　　　　　　这个村庄有运气　/　这个村庄有猫腻
　　　　(3) 这件文物有价值　/　这件文物有缺陷
　　　　　　这件事情有意义　/　　这件事情有阴谋

这个股票有潜力　 / 　这个股票有风险

上述例(1)一组的主语都是指人的名词,生命度极高;例(2)一组的主语都是指单位的名词,有一定的生命度;例(3)一组的主语都是指事物的名词,没有生命度。这三组实例中的宾语 N 都是抽象名词。

由于主语都不是处所词,无法强制性赋予"有"表存在,但也未必就表拥有。上述左列句子的宾语名词表积极义,我们倾向于将"有"解读为"拥有",如例(1)"拥有魅力"、例(2)"拥有实力"、例(3)"拥有价值"等等。右列句子的宾语名词表消极义,我们倾向于将"有"解读为"存在",如例(1)"存在毛病"、例(2)"存在隐患"、例(3)"存在缺陷"等等。如果上述解读符合我们的语感,那么可以这样解释:在此类"有"字构式中"有"表拥有还是表存在,认知机制上的"默认值"取决于宾语名词的语义倾向,当名词具有[＋积极]的语义特征时激活"拥有",当名词具有[－积极]的语义特征时激活"存在"。这是词义蕴含的语义特征产生了多义范畴的分化,对"有"字构式的构式义产生制约,并进而导致构式变异,形成了"领有句"和"存在句"两种不同的构式,也使我们对"有＋NP"构式产生了两种不同的解读。至于将 S 替换为处所成分而导致"有"字构式表存在,这可以说是一种人为的"设置"。

(二) 构式整合效应

问题是这种纯语义驱动的"有"字构式解读,在句法上有什么意义呢?从"概念整合"的角度来分析,上述三组实例的"有＋N"结构中的宾语名词都是抽象名词,但左列形式(宾语名词表积极义)与右列形式(宾语名词表消极义)的整合度不一样,其中左列形式的整合度高于右列形式。这种整合度差异的句法表现是左列形式的"有＋N"结构的整体功能已经发生变化,相当于一个形容词,明显的标记是前边可以加程度副词(以"很"为例)。例如:

(1左列) 很有魅力　　 很有教养　　 很有气度

(2左列) 很有实力　　 很有信誉　　 很有运气

(3左列) 很有价值　　 很有意思　　 很有潜力

再进一步考察发现,此类"有＋N"结构已经成为固定搭配,熟语性很强,《现代汉语八百词》注明此类组合"不用程度副词,也能有程度深的意思"。这说明此类结构自身已蕴含了程度义,解正明(2007)认为此类结构的构式义表示"非常量",笔者非常赞同,这是概念高度整合的后果。事实上,此类

"有 + N"已经凝固成一个习语性"构式",产生了构式的"压制"效应（coercion）,即使是中性义名词进入该构式同样会产生程度高的积极义。例如：

> 有气氛(气氛很好)　有理由(理由充分)　有证据(证据确凿)
> 有价值(价值极高)　有内容(内容充实)　有特点(特点显著)
> 有作用(作用很大)　有学历(学历很高)　有结果(达到了预期目标)

就事理而言,上例中的 N 都是中性的,并没有显著地褒贬义。如"气氛"可能好也可能不好,"价值"可能高也可能不高,"作用"可能大也可能不大,但整个构式表达的语用义显然是积极的(见括号内注释)。余例可类推解读。

　　而上述右列形式的"有 + N"结构却尚未发生同样的变化,整体功能还是一个述宾结构,前边不能加程度副词"很"。例如：

> （1右列）＊很有毛病　＊很有陋习　？很有私心
> （2右列）＊很有隐患　＊很有灾难　？很有猫腻
> （3右列）＊很有缺陷　＊很有阴谋　？很有风险

理由很简单,当"有"被解读为"存在"时,整个结构是不可能具有程度属性的。

　　那么为什么同样是"有 + N",整合度却会有差异呢? 笔者认为这还是与"有"的原型义有关。"有"的本义表示"拥有(美好的物品)",表积极义的名词强化了这种本义,两者组合有一种天然的和谐度,这是高度整合的语义基础;而表消极义的抽象名词,按照普遍的认知机制,只能激活"有"表"存在",可融合度相对就较低。这说明,表积极义的"有 + N"结构更容易趋向熟语化,与表消极义的"有 + N"结构相比,无论实际用例还是使用频率都占有绝对优势。这同样可以用人们的规约性心理"期望值"来加以解释：美好的事物或属性总是人们所期待"拥有"的,而相反的事物或属性也许会"存在",却不是我们所倾心的。

第二节　韵律框架变形与构式变异

　　事实表明,汉语的韵律框架是句法和节律共同作用产生的语言构式,为语言成分的整合提供了条件。笔者(2008)曾以同形异构体"V双 + N单"

的复合化及其整合效应为例,说明韵律框架变形与构式变异的关系。

　　一个双音动词和一个双音名词直接组合,在我们的结构识别中有两种可能的关系模式:一种是述宾关系,另一种是偏正关系。识别的依据有两条:(1)动词能否带受事宾语,即动词和名词之间是否具有"动作"和"受事"的语义关系;(2)动词对名词是否具有分类的认知基础,即动词能否直接修饰名词表示名词在功能属性上的类别。假如一个动词和一个名词直接组合,具有(1)的特征而排斥(2)的特征,那么这个组合在结构上一定是述宾关系,比如"制造汽车"。假如一个动词和一个名词直接组合,具有(2)的特征而排斥(1)的特征,那么这个组合在结构上一定是偏正关系,比如"消防汽车"。假如一个动词和一个名词直接组合,同时具有(1)和(2)的特征,那么这个组合一定是一个同形异构体,也就是通常所说的歧义形式,比如"出租汽车",既可以理解为述宾关系"V + O",也可以理解为偏正关系"V 的 N"。因此一个双音动词和一个双音名词直接组合在我们的结构识别中形成如下非离散性的连续统:

述宾关系	┈┈┈┈┈┈┈┈ 同形异构 ┈┈┈┈┈┈┈	→ 偏正关系
V + O	V + O ／ V 的 N	V 的 N
制造汽车	出租汽车	消防汽车

本文主要讨论"出租汽车"这类同形异构体在"$V_{双} + N_{单}$"(2+1)的韵律框架中的复合化整合效应。

　　通常一个动词和一个名词直接组合,述宾关系是一种优选模式,因此"出租汽车"类的同形异构体要突显偏正关系,通常需要更大的句法环境的支撑,比如"三辆出租汽车"(前有数量词)、"这些是出租汽车"(整体是判断构式)、"出租汽车来了"(处于指称位置)。而 2+1 韵律框架能有效地突显这类同形异构体的偏正关系,要求是将后边的双音节压缩为同义位的单音节形式,比如"出租汽车 → 出租车"。这种整合集中体现为两种效应。第一是"隐退"效应。整合理论认为"隐退"是相对"突显"而言的,"一隐一显"才形成一个整体。这种"隐退"效应具体表现为:在句法结构关系上"偏正关系"突显,"述宾关系"隐退。"出租车"内部的关系被锁定为偏正关系,排斥了述宾关系的可能性。第二是"复合"效应。突显了的"偏正关系"的两个成分在 2+1 韵律框架的作用下"固化"为"复合词"。原偏正关系的"出租汽车"是短语,可以扩展(如"出租的名牌汽车");"出租车"是典型的三音节复合词,已经成为某个范畴的类名,如"出租车/自备车/公用车"。同类实例如下：

（A）	设计图纸	→	设计图	译制影片	→	译制片
	储备资金	→	储备金	复印文件	→	复印件
	雇佣士兵	→	雇佣兵	装修房屋	→	装修房
	修改稿件	→	修改稿	承包项目	→	承包项
（B）	测量仪器	→	测量仪	检测车辆	→	检测车
	搜查证件	→	搜查证	选修课程	→	选修课
	报销单据	→	报销单	讨论题目	→	讨论题
	筹备会议	→	筹备会	传染疾病	→	传染病

从"事件框架"的语义关联来看，上述这种整合结果对原 2＋2 的述宾关系所陈述的行为动作而言，2＋1 的偏正复合词的意义表现为两种类型：A 类中整合后的复合词表示原组合表示的行为动作产生的"产物"，比如"设计图"是"设计图纸"的产物，"译制片"是"译制影片"的产物，"储备金"是"储备资金"的产物，余例可类推解读。B 类中整合后的复合词表示原组合表示的行为动作进行时所需要的工具、依据、手段，比如"测量仪"是"测量仪器"的工具，"搜查证"是"搜查证件"的依据，"筹备会"是"筹备会议"的手段，余例可类推解读。

一、整合框架的特征分析

同形异构体的整合框架是"$V_双＋N_单$"（2＋1）的格式，是一种典型的韵律框架，表现为句法上的黏合性和节律上的紧密性，这种特征导致了 2＋1 成为汉语三音节复合词的构式主体。周韧（2006）从语言类型学的角度对汉语动宾饰名复合词现象进行了深入的研究，指出汉语"单单式 VON 型复合词"（如"碎纸机"）的成因应归结为"韵律构词"，也证实了 2＋1 是汉语韵律构词的模式。

一个相关现象是，汉语 2＋1 韵律模式的特征与它的相对格式 1＋2 的韵律模式形成某种对立。在考察汉语单双音节组合规律时，笔者（2006）曾提出过一条规则：单数音节段与双数音节段组合"前松后紧"。即当一个单数音节段处于双数音节段之前，结合比较松散；而处于双数音节段之后，结合比较紧密。可描写为：

        ×∥××   ××／×

其中×代表单数音节段，××代表双数音节段，//或/表示音节之间组合的紧密度，其中//大于/。这条规则表明，当一个单音节处于双音节之后，具有极强的黏附性（参见吴为善 2003）。这个特征可以从汉语上声连读变调现象得到证实。汉语中的上声调曲折而略长，在语流中几个上声字连读会产生有规则的连读变调现象。一般有两种变化，一种是"半上"（小变化：214 → 211）；一种是"全上"（大变化：214 → 24，近乎阳平）。若音节结合不太紧则变调呈小变化（半上），反之则出现大变化（全上），因此上声连读变调是鉴别音节组合相对松紧的一个较为灵敏的"试剂"。根据北京语言学院一些老师的听辨实验，发现三个上声字连读，凡 1＋2 音段中前一个单音节变为"半上"；而 2＋1 音段中后边单音节前一个音节变为"全上"。如：

	状 中	定 中	动 宾	主 谓
1＋2：	很//勇敢	好//雨伞	有//影响	我//也有
2＋1：	也许/有	展览/馆	领导/我	旅馆/少

1＋2 中"很"、"好"、"有"、"我"表现为一种小变化，这是因为这些单音节与后边的双音节结合相对较松散；2＋1 中"许"、"览"、"导"、"馆"表现为一种大变化，这是因为后边的单音节与前边的双音节结合相对较紧密（参见胡炳忠 1985）。吴宗济（1984）用声学实验的方法对普通话三字组的变调规律进行了深入考察，其中三个上声字组的连读变调结果与上述听辨实验的结果一致。上述两类实验中所用实例，不论 1＋2 还是 2＋1，都包含了各种句法结构类型，但变调规律却是一致的。这说明"前松后紧"的规则是有事实支撑的：前置单音节具有相对独立性，后置单音节具有黏附性。

近些年来，随着国外非线性音系学研究的深入，汉语韵律层级系统及"韵律构词"的研究取得了较大的进展，对于汉语音节组合的规律有了更为科学的解释。王洪君（2000）将 2＋1 界定为"韵律词"范畴，而 1＋2 界定为"韵律短语"范畴。这可以从连调模式和音步稳定性两个方面得到证实。

（一）连调模式

就单说时可以是单音步的三字组而言，"雨伞厂"（韵律词）和"小雨伞""买雨伞"（韵律短语）最明显的区别在于连调式的不同，前者的连调只能是"顺向"的，后者可以是"逆向"的。普通话中上声字的连调与单字调的区别最明显，所以下面均以上声字为例。它们虽然不能反映连调状态的精确值，但应该可以反映"位"的区别。例如（括号表示音步的界限，笔者引用时略作了简化）：

雨伞厂	跑雨伞厂	老跑雨伞厂
(35 - 5 - 213)	(213)(35 - 5 - 213)	(35 - 213)(35 - 5 - 213)
小雨伞	买小雨伞	想买小雨伞
(213)(35 - 213)	(213)(21 - 35 - 213)	(35 - 213)(21 - 35 - 213)
买雨伞	想买雨伞	早想买雨伞
(213)(35 - 213)	(35 - 213)(35 - 213)	(35 - 213)(21 - 35 - 213)

从上面的实例可以看出："雨伞厂"(2+1)常见的连调式是(35 - 5 - 213)。很明显,这一连调式是按从左至右的次序连续运用"连上前字变阳平(213 → 35)"的结果。首字受次字影响变阳平,次字又受末字影响变阳平(因短促声调 35 描写为 5),这就是从左至右的"顺向连调"。而"小雨伞""买雨伞"(1+2)的连调模式是(213)(35 - 213),更常用的是(21 - 35 - 213)。这种连调只能是按内部语法结构(1+(1+1))的次序运用"连上前字变阳平"的结果:先是次字与末字结合,然后才是首字与次字的结合(更大韵律框架中两摩拉调描写为 21),这与说话时实际出现的先后次序相反,所以称为"逆向连调"。

(二) 音步稳定性

韵律词和韵律短语的第二个区别与第一个有关,这就是三字组的首字是否可以取"三摩拉调"。"三摩拉调"是指相当于曲折调长度的调,如全上调 213、全去调 51 和略带降尾的阴平、阳平(可分别记做 554、354)。上述实例中,较紧密的顺向三字连调,首字只能是两摩拉调(如半上 21,半去 53 和不带降尾的阴平 55,阳平 35)。"雨伞厂"的首字"雨"在各种组合环境中都只能用无降尾的阳平(35),而不能用有降尾的阳平或全上。较松散的逆向三字连调则完全不同。如"小雨伞"和"买雨伞"的第一个音节,单说时一般选择拖长的 213。同时,许多学者已经指出,普通话语流的特点是,声调只有在音步、停延段、句段的分界前才取三摩拉长度,不在分界前(如两字组前字)的音节则取两摩拉长度,也就是说三摩拉调有标界作用。所以全上调的 213 能够标志音步的界线。2+1 定中式的"雨伞厂"在各种组合中都只有末字一个字是 213 调,也就是说它在各种组合都是一个三音节的单音步,单音步构造稳定。而 1+2 定中式"小雨伞"和 1+2 述宾式"买雨伞"在更大的组合中首字、末字可能都用有标界作用的全上(213),这说明它们有可能分裂为 1+2 的两个音步(如"想买/雨伞")。也就是说,逆向连调的三音节音步是不稳定的单音步。

综上所述：节律结构层面上的"松"和"紧"必然和句法结构层面上的"松"和"紧"相匹配，而节律层面的"松""紧"在句法层面的投射结果，是对不同等级的语言单位的选择：

节律结构 语言单位
1＋2 → 短 语（或"类短语"）
2＋1 → 复合词（或"附缀词"）

二、复合化及其整合效应

同形异构体 V＋N 的复合化及其整合效应是在 2＋1 的韵律框架中实现的，结果是构成了"$V_双＋N_单$"格式的偏正型复合词，表示某个范畴的类名。其中输入的整合元素有两个，一个是动词，另一个是名词。在此类构式中，显然对动词的选择性要求比较高：（1）必须具有直接修饰名词的句法功能，（2）能从功能属性的角度对所修饰的名词产生一种分类的效应。而对名词的选择要求相对比较单一，即能表示某个范畴的类名。对于整合元素的选择性条件分析，属于构式准入的范畴。

（一）动词的特征考察

本节开头列举的典型实例中包含如下这些动词：

设计 译制 储备 雇佣 复印 装修 修改 承包
测量 检测 搜查 选修 报销 讨论 筹备 传染

分析这些动词的构成特征，一个明显的倾向是这类动词基本上都属于联合式双音动词。值得研究的是为什么这类动词能作为"元素"参与同形异构体"$V_双＋N_单$"的复合化整合。我们可以从两方面来考察这个问题。

1. 汉语单双音节动词的功能差异

王灿龙（2002）认为双音节动词跟与之对应的单音节动词相比，它们的语法范畴特征都有不同程度的变化。试比较：

收收 割割 ／＊收割收割   种种 ／＊种植种植
收了 割了 ／? 收割了   种了 ／? 种植了
收过 割过 ／? 收割过   种过 ／? 种植过

　　　收一收　割一割　／＊收割一收割　种一种　／＊种植一种植

他对此的解释是双音节动词跟单音节动词在基本层次范畴和原型性方面有较明显的对立。单音节动词具有典型的动词语法特征，而由这些单音节动词作为语素参与构成的双音节动词，其动词的语法特征都弱化或部分丧失了。从表义方面看，单音节动词通常表示的都是人或事物（含动物）的基本动作，动作性都较强，动作义也很具体。在人们的认知范畴中有一个明晰的、有界的关于某一动作的意象与表示该动作的动词相对应（如"收、割"和"种"）。而双音节动词的情况则不同，由于它是两个语素的结合，无论其中的两个语素或某一语素的动作性多强，整个词的语义只能是两个语素义的最大公约数，这样，所得的语义就相对比较抽象、比较间接（如"收割"、"种植"）。张国宪(1997)的相关研究证明双音节动词的"动性"强度存在差异，这种差异与词的内部构造密切相关。他根据语料的概率分析将双音节动词的强度等级序列描述为：

　　　　构成：前加／后附＞偏正＞补充＞陈述＞支配＞联合
　　　　动性：强————————————————————→弱

研究表明联合式双音动词的动性最弱。我们基本同意上述两位学者的意见。这说明联合式双音动词的"动作性"有所弱化（参见第四章第二节的解析）。

　　2. 汉语动词直接修饰名词的功能

　　学界研究表明，定语在名词性结构中的作用可分为两种类型：一类是确定指称，另一类是刻划概念。前者的功能是个体指称的确定，主要作用于中心语概念的外延；后者的功能是概念属性的刻划，主要作用于中心语概念的内涵。Seiler 认为，定语的限定作用实际上构成一个非离散性的连续统，其两端分别是"确定指称"（离中心语远）和"刻划概念"（离中心语近），并依据英语事实给出了一个限定序列，体现了多项定语语序规律的距离动因。张敏(1998)借鉴上述观点根据汉语的实际情况，给出了汉语定语的限定序列：

　　　　词类：　乙类形容词　甲类形容词　区别词　名词　动词＋名词
　　　　表义：　　情状　　　属性（形体、颜色、质料、功能等）
　　　　恒定性：小……………………………………………………→大
　　　　客观性：小……………………………………………………→大

上述"恒定性"指定语与中心语事物内在联系的稳定程度,"客观性"指定语表示的性状与事物的联系在多大程度上以个体的主观判断为转移。事实证明,这两个"参数"都是从左到右依次增大。从中可见"功能"属性反映了事物的本质,几乎完全不以个体的主观判断为转移,是事物最稳固的属性,而双音节动词所表示的往往是这类属性。这和陆丙甫(1993)关于汉语多项定语的两条相关的顺序原则是一致的:(1)越是反映事物稳定的内在本质的定语越靠近核心,(2)外延性定语在外层,内涵性定语在内层。

　　综上所述:参与整合的联合式双音动词的动作性弱化了,语义上动作性的弱化必然导致修饰性的强化,句法上表现为充当述语向充当定语转化,语用上表现为述谓性功能向描写性功能漂移。联合式双音动词的这种特征为它直接修饰名词性成分,并从功能属性的角度对所修饰的名词产生一种分类的效应提供了现实的可能性。因此这类动词直接做定语时,与中心语名词成分在概念意义上的整合度极高,对中心语概念内涵的影响最大。本文所列举的典型实例中的双音动词充分体现了上述特征,如"设计、译制、储备、装修、测量、检测、搜查、选修、报销、讨论、筹备"等,都是一些随着社会发展后来出现的概念,两个构词语素的意义已高度整合,行为特征明显而动作意义弱化,并没有对应的那种带有原型性特征、表示基本层次范畴的单音动词。

　　(二) 名词的特征考察
　　本节开头列举的典型实例中包含如下这些名词:

　　　　图纸　影片　资金　士兵　文件　房屋　稿件　项目
　　　　仪器　车辆　证件　课程　单据　题目　会议　疾病

上面所举实例中的名词都属于双音节的事物名词,从构成方式来分析,多数是联合式复合词,也有一部分"名量式"复合词(如"稿件""车辆")。值得研究的是这类名词具有什么特征,又是如何作为"元素"参与同形异构体V+N的复合化整合的。

　　汉语双音事物名词的特征,是与对应的单音事物名词的比较中体现出来的。王灿龙(2002)认为双音名词一般都不表示基本层次范畴,它们的原型性较弱,跟对应的单音名词相比,这些双音名词的语法特征明显发生了变化。试比较:

一枝花　一根草　/＊一枝花草　＊一根花草
一抔土　一块地　/＊一抔土地　＊一块土地
一张纸　/＊一张纸张
一本账　/＊一本账本

他对此的解释是单音名词具有典型的名词语法特征,而这些单音名词作为语素构成或参与构成的双音名词,其语法特征却有所丧失,或者说弱化了。这种情况对于并列式或名量式复合名词来说尤为突出。从语义的虚实来看,单音名词通常都可指称客观世界的某类事物,人们可以在词与事物之间直接建立一种语义关联;在人们的认知范畴里有一个具体可感的关于该事物的"意象"与词相对应(如"花、草、土、地、纸、账")。而双音名词则不同,它不是两个语素简单的相加,它的语义也不是两个语素义之和。在"完形"心理学看来,整体总是大于部分之和。因此,双音名词的语义应是对两个语素义的更高层次的抽象,它既与语素义相关联,同时又获得了一种语素义所不具备的抽象义。在人们的认知范畴里该意象既不是直接的,也不是清晰的,甚至还是无界的(如"花草、土地、纸张、账本")。因此从总体上说,单音名词的语义大都很具体、很直接、很明晰,双音名词的语义一般都较抽象、较间接、较模糊。

我们认为王灿龙的思路是值得肯定的,双音事物名词在认知范畴层次等级上的抽象,充分体现了词语搭配在认知范畴层次等级上的"同一性原则",双音事物名词实体义的虚化与双音动作动词动作性的弱化相适应。但值得注意的是,这些双音事物名词在更高一个层次上形成了新的概念,这些概念是随着社会发展后来出现的,表示的往往是新事物的总称或集合类名。因此在现代汉语中很多双音事物名词并没有对应的那种带有原型性特征、表示基本层次范畴的单音名词,比如本文列举的典型实例中的"影片、资金、文件、稿件、项目、仪器、证件、单据"。这些双音事物名词进入"V双＋N单"格式后,"N单"都是不能单用的黏合语素,如"片、金、件、稿、项、仪、证、单"。正因为汉语中的双音事物名词是随着社会发展而产生的更高认知层次的事物类名,就使得它们有资格作为"元素"参与同形异构体V＋N的复合化整合。同时也证实"V双＋N单"格式中的"N单"不是天然的单音节"元素",而是双音事物名词音节长度压缩所致。这好比"削足适履",为了适应2＋1的韵律框架,双音节必须压缩为单音节,这是"V双＋N单"构式整合的关键程序。这样解释才能说明为什么"V双＋N单"构式中的"N单"同"V双＋N双"格式中的"N双"属于同一义位,同时也能说明为什么不少"V$_双$ + N$_单$"构式中的"N$_单$"是不能单用的黏着语素。

（三）动词名词的分类性选择

上面我们考察了"V$_双$ + N$_单$"复合化整合中双音动词和双音名词所具备的选择性条件，但并不是所有的双音动词和双音名词都能实现"V$_双$ + N$_单$"的整合，整合动因还取决于动词所表示的动作行为对名词所表示的事物范畴是否具有分类性。这种分类性取决于人们的经验认知，是建立在人们范畴化认知系统中的稳定性基础之上的，通常我们用于解释语言现象的所谓"约定俗成"，实质上就是人们范畴化经验认知的"规约化"。例如：

修改稿件	→	修改稿（相对于"原稿"）
校对稿件	→	校对稿（相对于"样稿"）
装修房屋	→	装修房（相对于"非装修房"）
租赁房屋	→	租赁房（相对于"非租赁房"）
讨论题目	→	讨论题（相对于"非讨论题"）
选择题目	→	选择题（相对于"非选择题"）
测量仪器	→	测量仪（相对于"非测量仪器"）
观察仪器	→	观察仪（相对于"非观察仪器"）

假如充当定语的动词所表示的动作行为对名词所表示的事物范畴不具有分类功能，即使是符合整合条件的同形异构体 V + N，也不可能产生"V$_双$ + N$_单$"的整合效应。比如"复印文件"可以整合为"复印件"，那是因为"文件"通常有"原件"，这个类名可以成立；而"学习文件"不能整合为"学习件"，那时因为下发的"文件"通常都是要学习的，分类缺乏基础。又如"表演节目"不能整合，是因为排练节目就是为了表演的；"开发产品"也不能整合，是因为任何产品都是开发出来的；它们都不具备分类的认知基础。

第三节 语境特征消长与构式变异

本节所谓的"语境特征"，指的是体现某种特定构式义的语境信息特征，此类语境信息特征是特定构式义得以实现的条件，因而此类语境特征的消长必然导致构式变异。比如"一 M 比一 M + VP"构式体现的是递进性差比义，当语境中的"量级序列"信息特征消失，构式就边缘化，变异为遍指性非差比义了；又如"VR + NP"自致使义构式，当说话人要凸显致使因时，就会将致使因成分话题化,变异为"NP(受) ＋ VR ＋ NP(施)"构式。下面分别加以解析。

一、量级序列缺失与"一 M 比一 M＋VP"构式

(一)递进性差比义构式

根据本专著第三章考察,"一 M 比一 M＋VP"递进性差比义构式在演化过程中由于量词的扩展,构式产生了 A、B、C 三种变式,他们之间具有某种承继性,符合"最大理据性原则"。概括如下:

> A 式(时量):一天比一天 VP(M 为时量词)
> B 式(动量):一次比一次 VP(M 为动量词)
> C 式(物量):一个比一个 VP(M 为物量词)

A、B、C 三种变式的典型实例如下:

> A 式(时量):在争创一流社会治安的三年中,一个覆盖苏州全市的群防群治网络,一年比一年缜密,一天比一天完善。(《人民日报》1994 年第 3 季度)
>
> B 式(动量):鬼子的新一轮大扫荡又开始了,形势一阵比一阵紧张,战斗一次比一次残酷!(冯德英《苦菜花》)
>
> C 式(物量):翻山越岭不说,还要爬有名的七十二道拐,山坡一座比一座陡峭,道路一条比一条崎岖,等他爬坡爬累了,走不动的时候,我们就请他坐上滑竿。(《人民日报》1996 年 8 月)

上述实例表明,例(1)M 为时量词(A 式)扩展为例(2)M 为动量词(B 式),表示"递进性差比"的构式义没有变,不同的是作为差比对象由"时段"(一天)变为"类事件"(一次)。也就是说,在 A 式中无界的性状被时段分割成为差比对象,而在 B 式中伴随时间推移的有界事件成为差比对象。例(3)M 扩展为物量词(C 式),表示"递进性差比"的构式义也没有变,不同的是差比对象是有界实体(一座、一条),体现的是物体属性程度量的递进性差比。而构式中有界实体集合的成员互相之间形成的属性程度量的递进性差比,同样是时间序列导致的,例(3)中的语境信息"爬七十二道拐"暗示这是一个"类事件",而"类事件"的实现是蕴含了时间因素的。上述实例表明,"一 M 比一 M＋VP"构式中的量词从时量扩展到动量,再扩展到物量,三类变式的递进性差比对象示意如下:

A 式：无界性状 ＿＿＿＿＿＿＿＿＿＿＿＿＿＿＿＿
　　　有界时段|1 天|1 天|1 天|1 天|1 天|（差比对象）
B 式：无界时间 ＿＿＿＿＿＿＿＿＿＿＿＿＿＿＿＿
　　　有界事件|1 次|1 次|1 次|1 次|1 次|（差比对象）
C 式：无界事件 ＿＿＿＿＿＿＿＿＿＿＿＿＿＿＿＿
　　　有界实体|1 个|1 个|1 个|1 个|1 个|（差比对象）

值得关注的是,作为自然的时间本没有什么"界限",大大小小的"时段"是人为界定的,这些"时段"随着时间的推移形成某种"序列",这是构式能表示递进性差比义的语境条件。

　　既然时间要素可以形成序列,那么具有量级差比的其他要素当然也可以构成序列,这些非时间因素的"量级序列"也可以进入"一 M 比一 M ＋ VP"构式,表示某个集合成员之间的递进性差比。例如:

　　（1）文渊阁、文华阁、保和殿大学士,级别没有变,但是地位一个比一个高,这个保和殿大学士地位是最高的。（《百家讲坛》:正确看待康雍乾之世）

　　（2）天子九鼎,他要用九个鼎摆在一起,这九个鼎它不一样大,一个比一个小,叫列鼎。（《百家讲坛》:华夏盛宴）

例（1）说清代大学士,差比的是"地位"高低的等级序列;例（2）说皇宫的九鼎排列,差比的是象征权力等级的"列鼎"大小的等级序列。递进性差比对象示意如下:

　　非时间序列 ＿＿＿＿＿＿＿＿＿＿＿＿＿＿＿＿
　　有界实体|1 个|1 个|1 个|1 个|1 个|（差比对象）

从上述差比对象的"示意"可见,从时间序列到非时间序列,认知动因是不同认知域之间的一种隐喻映射（metaphorical mapping）。语境中的"量级序列"这个信息特征的语用功能,是为"一 M 比一 M ＋ VP"构式体现递进性差比义提供了有效的支撑。因而语境中"量级序列"这个信息特征一旦缺失,"一 M 比一 M ＋ VP"构式就由"渐变"导致"质变",构式义从"递进性差比义"蜕变为"遍指性非差比义"。（详见第三章解析）

（二）遍指性非差比义构式

　　遍指性非差比义构式可以码化为"一个比一个 ＋ VP",构式义表达的是在特定的实体集合中"个个都 VP"的评述。典型实例如下:

　　（3）代表团 8 日到达雅典后,运动员们都显得无比轻松,甚至一个比一个"酷",一个比一个调皮。(新华社 2004 年新闻稿)

　　（4）摩登的小姐太太们一个比一个妖艳,一个比一个俏丽。(《作家文摘》1993 年)

　　（5）看一看海内外新闻媒体的标题,一个比一个耸人听闻。(《报刊精选》1994 年)

　　（6）冰雪的山峰矗立在夜空中,一个比一个高。(冯德英《苦菜花》)

上例句中打点的词语都代表某个实体集合,"一个比一个 + VP"指"个个都 VP"。如例(3)"运动员们"是一个集合,"一个比一个酷"意思是"个个都酷","一个比一个调皮"意思是"个个都调皮"。余例可类推解读。产生这种变异的根源在于表述中"量级序列"的缺失,构式一旦失去了"量级序列"的支撑,就直接导致了如下两个后果。

　　第一,"一 M"的所指发生了变异。表"递进性差比"的构式中,"一 M"指"某一 M",是一种"实指",特指在某个"量级序列"(时间序列或非时间序列)制约下某个集合中的某一成员,因而是确定的。在"一 M 比一 M"中,前"一 M"一定是相对处于序列的后者,而后"一 M"一定是相对处于序列的前者,构式义表示"后者比前者更 VP"。而上述实例由于"量级序列"的缺失,"一个"是一种"任指","一个比一个 VP"构式中前后两个"一个"都可以指某个集合中的任何一个成员,"一个比一个 VP"是某个集合中所有成员互相之间的比较,因而是不确定的。比如"他们三个都很出色,一个比一个高明",假设"他们三个"分别为 A、B、C,那么:A 比 B 高明,A 比 C 高明;B 比 A 高明,B 比 C 高明;C 比 A 高明,C 比 B 高明。由此产生的构式义就是"A、B、C 都高明"。

　　第二,"比"的结果发生了变异。表"递进性差比"的构式中,由于某类"量级序列"(时间序列或非时间序列)的制约,"一 M 比一 M"的比较结果是相对处于序列的后者比前者更 VP,这种"递进性差比"的结果具有逻辑真值义,可以与客观事实相印证。而"一个比一个 + VP"构式中由于"量级序列"的缺失,比较结果的"递进性差比"消失了。试比较下面实例:

　　（7）这里出产的苹果品种特优,树上结满鲜红的苹果,一个比一个大。(《报刊精选》1994 年)

　　（8）七仙女都回来了,只见她们篮子里半青不熟的桃子,一个比一

个小。（吴承恩《西游记》）

从逻辑语义上来分析，例(7)苹果这个集合中"一个比一个大"，相对来说应该是"一个比一个小"；例(8)桃子这个集合中"一个比一个小"，相对来说应该是"一个比一个大"。但事实上逻辑语义上的后一种推论是不存在的，句子表达的实际意义是单一的，前者指苹果"个个都大"，而后者指桃子"个个都小"，也就是说比较的结果不具有逻辑真值义（参见项开喜1993）。从语用上来分析，"一个比一个＋VP"的预设是"个个都VP"，VP是语义上的"下限"，例(7)预设是确认苹果"大"（没有"小的"），例(8)预设是确认桃子"小"（没有"大的"）。这种"个个都VP"的构式义是构式效应的体现，同时也可见窥见该变异构式中"比"的原型义已经虚化，从"实比"演化为"虚比"。

"一个比一个＋VP"的构式一旦确立，同类的物量词也就可以进入这个构式，并表示相同的构式义。例如：

(9) 现在满街跑的小汽车一辆比一辆豪华，想鹤立鸡群很不容易。（《哈佛管理培训系列：哈佛经理领导权力》）

(10) 不是吹的，本人领带有七八条之多，而且一条比一条来劲，但我只在郊游时扎过三两次，平素日在办公室便放纵着脖子。（《读者》（合订本））

(11) 来到浦东陆家嘴金融中心，只见高楼林立，一幢比一幢漂亮，令人目不暇接。（《报刊文摘》2009年8月）

(12) 毕竟是原始森林，到处是参天大树，盘根错节，一棵比一棵粗大。（《探索自然》）

二、致使因凸显与"NP(受)＋VR＋NP(施)"构式

(一) 自致使义构式B式

本专著第三章中我们论述了NP＋VR自致使义构式的构式原型与扩展承继。从构式原型来看，NP＋VR自致使义构式包含两个基本语块：主体NP＋黏合动结VR。主体NP通常是能施行自主行为的生命体，否则无法体现"致使义"；黏合动结VR中，核心动词V多为单音节的不及物自主动词。我们把该原型构式称为"A式"，如"小和尚坐烦了"。值得关注的是由于核心动词V的扩展，NP＋VR自致使义构式产生了"B式"。典型实例如下：

（1）这可是令人思乡的家乡小调，那个小伙子唱啊唱的，竟然唱哭了。（小伙子唱哭了）

（2）文秘的工作就是整天写，小王面对这一大堆报告，写腻了，就溜出去找女孩聊天。（小王写腻了）

（3）老张能说会道，可天天说这些重复的大道理，也说烦了。（老张说烦了）

（4）这一大盆脏衣服，妈妈洗了一天，还真洗累了。（妈妈洗累了）

（5）那盼望巳久的录取通知书迟迟不来，小平天天眼巴巴地等着，等急了。（小平等急了）

（6）这么大场面的精彩电影，李老师也是头一回看到，不禁看呆了。（李老师看呆了）

与原型构式相比，上述例句的构式、构式义及话语功能都基本一致，但构式中的不及物动词被及物动词所替换。及物动词一般有支配的论元（受事），处于宾语的位置。但在此类构式中及物动词一般不带受事宾语，这个受事论元在语境中是存在的，假如变换为动词拷贝句式，及物动词支配的受事论元就会显现。例如：

（1'）小伙子唱小调唱哭了。

（2'）小王写报告写腻了。

（3'）老张说道理说烦了。

（4'）妈妈洗衣服洗累了。

（5'）小平等通知书等急了。

（6'）李老师看电影看呆了。

这种现象在以往的研究中早已引起学界的关注，即现代汉语中动补短语带宾语有一条规则：补语语义指向施事主语的动补短语不能带宾语（参见陆俭明、马真 1997；李讷、石毓智 1997）。而上述实例中结果补语 R 在语义上指向主体 NP，所以及物动词不能带宾语。例如：

＊小伙子唱哭了小调。

＊小王写腻了报告。

＊他说烦了道理。

＊妈妈洗累了衣服。

＊小平等急了通知书。

　　＊李老师看呆了电影。

这是为什么呢？仔细分析构式的机理，我就可以发现这些受事论元虽然属于句子的论元结构成分，但对构式来说却是"构式外成分"。由于 NP＋VR 自致使义构式中主体 NP 身兼"致使者"和"被致使者"的双重语义角色，及物动词支配的受事论元在该构式的语义结构中没有被指派相应的"角色"。从中可以发现，句子的论元结构和构式的语义结构不完全对应，因此构式语法强调不能完全从句子的论元结构来判断它的构式义及其话语功能，这是有道理的。（详见第三章解析）

（二）致使因成分话题化

　　VR＋NP 自致使义构式有一种变异构式，动因是说话人需要凸显致使因。句法操作有两个变异：其一，将隐含在语义结构中的受事论元指派为"致使因"语义角色，使之居于句首话题化；其二，原构式中居于句首的施事成分 NP 须腾出位置，移位至句末充当 V 的施事宾语。这样，原型构式出于语用驱动，经过必要的句法操作，变异为 NP(受) ＋ VR ＋ NP(施) 构式。不过要指出的是，构式变异是有条件的。条件就是这个话题化的"致使因"角色成分要有足够的信息量，信息量不足（如光杆名词），句子可能不成立；信息量越充分，句子的合格度就越高。例如：

　　（7）妈妈(洗衣服)洗累了。

　　　　→　　＊衣服洗累了妈妈。

　　　　→　　？脏衣服洗累了妈妈。

　　　　→　　　这一大盆脏衣服洗累了妈妈。

　　（8）李老师(看电影)看呆了。

　　　　→　　＊电影看呆了李老师。

　　　　→　　？精彩电影看呆了李老师。

　　　　→　　　这么大场面的精彩电影看呆了李老师。

沈家煊（2005）在论述"语用逻辑"时，曾指出凡是"A 单向蕴涵 B"的逻辑推导式，A 蕴涵 B，那么从信息量来说 A＞B。如"白马"蕴涵"马"，那么"白马"的信息量大于"马"。上述变换构式的实例显示：语言成分的"扩展"虽然在句法功能上是等价的，但信息量的"递增"在语义上却不等价，它直接关涉到构式的条件。例如：

　　（7′）衣服 ＜ 脏衣服 ＜ 这一大盆脏衣服

　　(8′) 电影 ＜ 恐怖电影 ＜ 这么毛骨悚然的恐怖电影

上述扩展式和原式相比句法功能没有改变,但信息量递增了,递增的信息量凸显了"致使因",理由越充分,事实越合理,构式的合格度就越高。

　　本专著第三章在解释 NP＋VR 自致使义构式的构式义时,我们指出该构式体现的是一种"非预期的过量后果义",因此在表述中一定有表示某种"过量"的语境信息,以凸显行为动作与所导致结果之间的原因。这就可以解释为什么前置的"致使因"必须有足够的信息量,所谓"足够"的判定依据是是否有"过量"的信息。"这一大盆脏衣服"说明脏衣服多,体现了一种"物量";"这么大场面的精彩电影"不是一般的电影,体现了一种精彩的"程度量"。它们在句中成为话题,凸显了"过量"的致使原因。同类构式变异实例如下:

　　(9) 这可是令人思乡的家乡小调,那个小伙子唱啊唱的,竟然唱哭了。

　　　　→　那令人思乡的家乡小调唱哭了那个小伙子。

　　(10) 文秘的工作就是整天写,小王面对这一大堆报告,写腻了,
　　　　　就溜出去找女孩聊天。

　　　　→　这一大堆报告写腻了小王。

　　(11) 老张能说会道,可天天说这些重复的大道理,也说烦了。

　　　　→　这些重复的大道理说烦了老张。

　　(12) 那盼望已久的录取通知书迟迟不来,小平天天眼巴巴地等
　　　　　着,等急了。

　　　　→　那盼望已久的录取通知书等急了小平。

　　值得指出的是,我们把这种致使因构式 NP(受) ＋ VR ＋ NP(施) 看作是原型 NP＋VR 自致使义构式的变式。虽然从句法形式上看"致使因"角色充当了主语,NP(致使者)充当了宾语,但构式的语义角色关系没有改变。例(7)"这一大盆脏衣服洗累了妈妈"这个句子,洗衣服的还是"妈妈","累"还是"洗"导致的结果,语义上指向"妈妈",只不过此类变式凸显了"这一大盆脏衣服"这个"致使因"。同时我们也注意到,此类变式中的动词(如"唱、写、说、洗、等、看"等)本身并没有"使动"的意义和用法,这完全是构式赋予的,属于"强制"效应(coercion),一旦离开特定的构式,"使动"的意义和用法就不复存在。因此我们完全没有必要去改变构式的语义结构关系,比如把"这一大盆脏衣服"看作"致使者",把"妈妈"看作"被致使者"。形式的句法结构是一回事,构式的语义结构是另一回事,它们属于不同的层面,不应该将两者完全对应起来,这也是构式语法的分析原则。

第八章
结语和思考

第一节　专著主要结论及其考察范围

本专著的撰写思路和整体框架如下：以笔者多年来探索汉语构式的研究成果以及指导研究生相关论题的学位论文为基础，通过典型示例的方式，分别阐述了如下论题：概念整合与框架构式；构式原型与扩展承继；句法同构与多义解读；构式赋义与话语功能；语用心理与语境适切度；参数变量与构式变异。笔者希望通过对这些论题的探讨，能对汉语构式的实际面貌有一个比较全面的梳理和阐释。

一、专著的主要结论

构式语法理论是国外语言学界对语法研究不断创新的产物。一方面，认知构式语法是从格语法逐步演化而来的，因此注重语义结构的研究；另一方面，认知构式语法作为认知语言学派的一个分支，必然把语法视作是一种包括心智、感知和实际运用语言的综合能力。认知构式语法理论是Goldberg 所创建的，然而从学术渊源来看，有很深厚的背景：Fillmore 为认知构式语法的语义建构提供了主要的理论依据，通过对英语习语的研究，Kay & Fillmore 强调构式是一个"形义匹配体"，开创了基于语义差异的同构变体的承继关系描写；Lakoff 把句子结构视为"完形"整体的研究思路成为认知构式语法理论中方法论的核心前提，构式系统是由原型范畴和次范畴组成的辐射状的构式扩展系列，形成了上下位的承继关联，理据是这个承继网络得以建构和延伸的链接点；Langacker 重视从"意象"的角度解释和分析语言的构式，把构式定义为象征性的集合，从经验识解的角度讨论象征单位之间的关系,极大地推动了同形构式语义变异的研究。可见认知构式语法理论不完全是个人的研究成果,而是代表了当前过内外语法研究的新思路、新理念、新视野。

近 20 年来,国内学者对于构式及其承继关系的语义基础、同构扩展、隐喻承继、语用功能、认知心理等方面均有相当深入和细致的分析和描写,但此类研究多局限于某个特定构式的考察,尚未对汉语构式作全面、系统的梳理和阐释。本专著除了第一章"绪论"、第八章"结语与思考"之外,从第二章至第七章以典型示例的方式,分别对汉语构式的相关论题进行了梳理和阐释。具体总结如下:

(一) 概念整合与框架构式

概念整合理论与构式语法理论具有"异曲同工"之妙,整合侧重"过程",构式凸显"结果"。也就是说,概念整合的结果产生各类构式,而各类构式的产生过程就是概念整合。"整合"包括了各类语言成分的各种形式的整合,既包括词语(复合词和黏合短语)内部的整合,也包括类固定短语(框架构式)内部的整合,更包括各类常见构式内部的整合。各类整合没有实质性区别,只是整合方式以及整合结果有所差异罢了。词语内部的整合结果是产生各类复合构式,类固定短语内部的整合结果是产生各类框架构式。本章集中阐释概念整合与框架构式,主要讨论三个论题:词语复合模式及其整合等级;框架标记构式及其整合等级;汉语四字格及其习语化效应。

示例个案:词语整合包括"述宾两字组 V + N"和"黏合定中 $N_双$ + $N_双$",框架构式包括类固定短语"没 X 没 Y"和"X 前 X 后"。

(二) 构式原型与扩展承继

Goldberg 构式语法的基础理论阶段(1995)比较注重构式的"内部承继",这是构式能产性的体现。具体做法是考察原型构式基于各种动因,通过"构件"的扩展向其他"家族成员"映射的方式,并论证构式之间的承继性理据。这是语言中构式衍生的起点,也是考察特定构式的基础性工作。原型构式基于"构件"扩展而产生子类变式的承继关系,就汉语构式来说表现为各种类型。本章集中阐释构式原型与扩展承继,主要讨论三个论题:核心谓词的扩展承继;组配构件的扩展承继;整体构式的扩展承继。

示例个案包括:NP + VR 自致使义构式,"V 起来"话题义构式,"一 M 比一 M + VP"递进性差比义构式,"V_1一量 V_2一量"述宾复叠构式,"A 不到哪里去"主观小量构式,"能性否定 + 疑问代词"系列构式。

（三）句法同构与多义解读

语言事实表明，语言中形式和意义的对应往往不是一对一的，而是一对多的关系。因此"同构异义"与"异构同义"现象是客观存在的。相对而言"同义"而"异构"现象比较容易识别，而"异义"却"同构"现象就不易识别。Goldberg 认知构式语法的发展性理论（2006）强调形式和功能的匹配，认为表层形式相同、话语功能一致的若干构式形成一个多义范畴，范畴成员共有最大化的承继性理据，而最大理据性原则正是我们判断一些句法形式是否同构的依据。囿于传统语法研究的局限，汉语中存在不少被我们误判的具有多义解读的同构形式。本章集中阐释句法同构与多义解读，主要讨论三个论题：实体、事件、时段的数量同构；黏合定中 NN、NV 的称谓同构；述补 VR 黏合两字组的虚实同构。

示例个案包括："NP$_{(受)}$ + VP$_{(t)}$ + QM"分裂前移话题化构式，"一量 + 都/也 + VP$_{(否定)}$"全量否定构式，"V$_1$一量 V$_2$一量"述宾复叠构式，黏合定中 NN 称谓构式，黏合定中 NV 称谓构式，述补 VR 黏合两字组构式。

（四）构式赋义与话语功能

构式语法的一个重要理论渊源来自 Lakoff 在 20 世纪 70 年代末建立的认知语义学，该理论基于"完形感知"（gestalt perception）的心理学理念，主张把整个句子结构视为整体而不是各个部分的简单相加，强调"整体大于部分之和"，从而把握结构的整体意义。事实表明，构式义即构式内部各构件组配的结果，也就是概念整合产生的"浮现意义"（emergent meaning）；而说话人基于对情景的识解会选择这样或那样的构式，是因为每一个特定构式必定具有特定的话语功能。因此，有必要对前几章中阐述、解析的典型构式的构式义加以提炼，并对其话语功能加以归纳。本章集中阐释构式赋义与话语功能，主要讨论三个论题：主观量评价表述；感受性评价表述；消极义评价表述。

示例个案包括："A 不到哪里去"主观小量构式，"NP$_{(受)}$ + VP$_{(t)}$ + QM"分裂前移话题化构式，"V 起来"话题义构式，NP + VR 自致使义构式，"爱 V 不 V"习语构式，"V$_1$一量 V$_2$一量"述宾复叠构式。

（五）语用心理与语境适切度

特定的句法形式往往隐含着特定的语义结构，而特定的语义结构又体现了特定的语用功能。归根结底，作为人类的交际工具，语言形式都是语用驱动的结果，可以追溯到人们基于客观世界经验的认知规约性。因此，笔者提出"语境适切度"的概念，这个概念指某个特定构式所适用的某类特定语境。也就是说,我们要探索的是特定构式的构式义所制约的特定话语功能,一个人在什么样的语境条件之下会选择这样或那样的构式来表情达意。本章集中阐释语用心理与语境适切度,主要讨论三个论题:反预期心理表达式的语用驱动;隐性语义等级序列的激活机制;[±积极]语义特征的心理解读。

示例个案:反预期表达式包括"还 NP 呢,也 VP否定","才 NP 呢,就 VP啦?","NP＋都[轻]＋ VP 了","大 N₁的＋ V 什么(N)?",带"得"状态补语句,动词拷贝句,转折关系复合句,非自主动词"把"字句。其他构式包括"都 NP 了"隐性语义等级构式,"连 NP＋都/也＋ VP(否定)"强调义构式,动态形容词使动构式,"看你 A 的"习语构式。

(六) 参数变量与构式变异

说话人所说的话,就是基于对语境的识解而选择的编码形式,表现为这样或那样的构式,而构式是由"构件"构成的,每一个"构件"都蕴含了特定的句法、语义以及韵律信息,并具有特定的语用功能。但是,构式中"构件"并不是"铁板一块",而是可变化的。"构式"变异的最终结果会发生量变到质变,导致另一类变异构式的诞生。正因为"构件"是可变化的,所以我们把它们演绎为"参数变量",并考察这些参数变量对构式变异的影响。本章集中阐释参数变量与构式变异,主要讨论三个论题:多义范畴衍生与构式变异;韵律框架变形与构式变异;语境特征消长与构式变异。

示例个案包括:"有"字领有句构式,"有"字存在句构式,"有＋N双"熟语构式,"V双＋N单"(2+1)韵律构式,"一个比一个＋VP"遍指性非差比义构式,"NP(受)＋VR＋NP(施)"致使因构式。

二、专著的考察范围

本专著借鉴以 Goldberg 为代表的认知构式语法理论,来探索和阐释汉语构式及其承继关系。然而,按照笔者的理解,构式承继问题实际上存在于两个层面。一个层面是原型构式及其相关变式之间的承继,集中体现了构式基于隐喻映射的能产性效应,按照 Goldberg 的说法可以概括为"内部承继";另一个层面是不同构式之间的承继,集中体现了基于理据最大化原理的"多重承继"网络,可以概括为"外部承继"。这后一个层面显然是更为重要的承继关系研究,构式语法理论作为功能认知学派的一个重要流派,其初衷就是希冀通过构式承继关系的研究,构建起某种语言所有构式的一个承继网络系统,呈现这个承继网络系统的全部理据性"清单",并进而发现跨语言的具有类型学价值的共性归纳。

事实上,本专著的考察和研究,第三章阐述构式原型与扩展承继时讨论了基于"能性否定＋疑问代词"的理据而产生的系列构式,第七章阐述语用心理与语境适切度时讨论了基于反预期语用心理而产生的系列表达式及其类型。这类考察和研究已经涉及构式的"外部承继"。但就总体来说,本专著的考察和研究基本上还是局限于构式的"内部承继",即原型构式及其扩展变式之间的承继。这样做主要基于如下两方面的考虑:

第一,就认知构式语法理论本身来说,对于构式之间基于理据最大化原理的"多重承继"问题,也还停留在原则性思考和示例考察阶段,并没有实质性的进展。尽管学者们正在继续探索,希望能构建起某种语言所有构式的一个承继网络系统,呈现这个承继网络系统的全部理据性"清单",并进而发现跨语言的具有类型学价值的共性归纳。但事实上能否实现,还不得而知。根据近一个多世纪以来语言研究的历程和现状,要实现这个愿望还是有难度的。就西方学者的研究理念来看,他们擅长演绎新的研究理念,建立理想化的理论框架,并以示例方式来证明这种假设的合理性;然而同时也不可避免地会产生相似的"后遗症",那就是难以做到有始有终,后期的进一步细化、充实,乃至展示某种语言的实际全貌,往往难以为继。而迄今为止的事实证明:任何一种语言理论都只能解释部分语言事实,很难解决全部问题。如果事实就是如此,我们也就不苛求了,能做到什么程度就做到什么程度了。

第二,就汉语构式研究现状来看,自觉地借鉴构式语法理论来考察汉语构式的研究成果,基本上也还停留在某个特定构式及其扩展变体的承继关系的描写和解释。这方面的个案研究成果越来越多,方兴未艾。这是因为就传统语法研究的理念来看,汉语句式或格式的研究局限于句法语义层面的"分析",没有从"整合"的角度对这些句式或格式的整体语义,尤其是话语功能乃至语用心理加以探索。因此,这就为汉语句式研究的发展提供了一个广阔的空间,引起了学界的极大关注和兴趣。正因为个案研究成果非常丰硕,才有可能使我们进一步在此基础上,对汉语原型构式及其扩展变式的承继关系加以全面、系统的梳理、分析、考察,并对相关问题加以探讨。然而,不可否认的是,但总体而言,目前汉语构式研究还只停留在"游击战"的阶段和水平。

因此,这既是本专著的局限,也是后续研究的目标。事实上,汉语研究者对于不同构式之间的多重承继性理据的研究成果也很多,只是不自觉的。至于目前汉语学界对此研究的现状究竟如何,或者说我们的后续研究应该如何继续进行,详见下文解读。

第二节　本课题后续研究的基本思路

本课题后续研究的主要目标就是汉语中不同构式之间的承继,即"外部承继",也就是 Goldberg 所强调的"多重承继"。这种不同构式之间的多重承继网络的链接,依赖于各类具有句法、语义、语用属性的"理据",而这些"理据"都具有跨范畴的共性特征。按照 Lakoff(1987)的观点,不同构式之间的多重承继网络是基于理据最大化原理形成的。Goldberg(1995)继承了 Lakoff 的观点,并在其发展性理论(2006)中进一步强调了理据的象似性和层级性。在笔者看来,链接不同构式之间、具有覆盖效应的各类"理据"具有层次性,这个层次不但体现了从上位到下位的制约性,还体现了句法、语义、语用这三个层面由表及里的关联性。

一、语用驱动的理据探索

语言是人类的交际工具,这就决定了语用驱动是语言编码形式的根本动因,不同构式之间的承继链接,最终要受到语用驱动的制约。因此这是最高层次也是最深层次的理据。

比如汉语缺乏严格意义上的"形态",语序是最主要的句法表现手段。关于语用对语序的影响,至今为止讨论最多的就是信息流的自然方向是从旧信息到新信息,由此衍生出句首的话题和句末的焦点,这意味着表达旧信息的成分倾向于前置而表达新信息的成分倾向于后置。汉语句首的话题就是这个原则的明显反映,因为话题通常是旧信息,而陈述(集中于句末焦点)通常是新信息。但是仅仅把信息流的自然方向解释成从旧到新,许多同语用有关的语序现象仍然得不到解释,因此有必要对信息流的自然方向进行更广泛的解释。陆丙甫(2005)从跨语言的角度探讨了语序优势的认知解释,认为语序是语法的核心部分,各种语言形态上千差万别,但是语序上则表现出极大的共性。他以大量的实例提出并论证了"可别度领先"的语序原则。"可别度"指可识别的程度,即指称性成分容易识别的程度。这源于 Comrie(1979)的研究,他在调查宾格的分布时发现,生命度高的受事名词更倾向于使用宾格标记(有标记形式),而生命度低的受事名词倾向于省略宾格(无标记形式)。他认为生命度可以构成一个"自然类"(natural class),理论上的解释是：主语通常为有生命和定指的事物，宾语通常为无生命和不定指的事物。当宾语为定指或有生命的事物时，容易发生主宾角色的混淆，因此就更需要形式标志加以区分。Comrie 的所谓自然类，实际上也就是认知语言学中所说的"原型"（prototype）范畴。Lambrecht（1994）认为指别性（"定指"或"不定指"）的实质主要是"可能识别度"（identifiability），可以简称"可别度"。基于这样的界定，就可把生命度也归入可别度，因为人类在进化过程中，发展出了对生物更敏感的认知特点。事实表明，可别度的各个范畴都同语序密切相关，这个原型范畴所涵盖的次范畴可以列举如下，每对范畴中左列概念的可别度都高于右列概念，代表了语序的自然方向：

旧信息	＞	新信息
话题	＞	陈述
高指别性	＞	低指别性
指别性	＞	描写性
高生命度	＞	低生命度
背景	＞	前景
框架	＞	焦点
大单位	＞	小单位
全部	＞	部分
大量	＞	小量
有界	＞	无界

从可别度高的成分到可别度低的成分，这个语序方向同人类的认知总是从已知到未知的顺序相吻。说到底，人类认知的本质就是用我们已经了解的事物去理解我们尚未了解的事物，用容易理解的现象去解释难以理解的现象。因此自然语言的信息流遵循可别度大小安排语序，是自然的趋势，也是语言的共性。

　　就目前的研究成果来看，属于语用驱动这个层面的"理据"，除了"可别度领先原则"之外，还包括基于句法临摹原则的一些研究。比如戴浩一（1988）提出的"时间顺序原则"，刘丹青（2002）解释的"联系项居中原则"，吴为善（2010）演绎的"四位同构原理"，陆丙甫（2011）发现的"重度—标志对应律"等等。

二、语义结构的理据探索

　　语用驱动的理据是最高层次也是最深层次的理据，因此对语言的语序编码、虚词使用、结构容量等有决定性的制约。而语用驱动理据会直接导致下位层次的理据的存在，即一些具有共性的语义范畴的理据。

比如"致使"范畴就是目前国内外研究的热点。从 20 世纪 60 年代开始，国外语言学界对"致使"（causative）范畴给予了相当的重视。主要研究者有 Lyons（1968）、Talmy（1976）、McCawley（1979）、Comrie（1989）、Goldberg（1995）、Saeed（1997）等。国外语法学界对致使范畴的解释除了对致使动词的分析之外，主要是侧重于对致使句中所包含的事件进行考察。他们认为任何一个"使成情景"都由两个情景因素组成，即"成因"和"成果"（因果关联）。这两个微观情景结合起来产生一个复杂的宏观情景，即"使成情景"（causative situation）。这一描述不仅揭示出致使结构内部是双述结构的特点，也反映了双述结构之间的因果的关系。受国外研究的影响，国内近年来对致使范畴的研究也相当关注。学界认为所谓致使范畴就是致使情景的表达形式，指出"致使情景"是相对于"自主事件"（autonomous event）而言的。同时认为致使情景有两方面的特点：一是包含两个事件，二是两个事件有"作用—效应"关系，事件$_1$导致事件$_2$，或事件$_2$因事件$_1$而发生。学界对该构式所包含的语义角色虽然所用术语不尽相同，但基本分析相仿，通常认为一个致使范畴的构式，通常包括"致使者""致使方式""被致使者"和"致使结果"这四个基本语义角色。事实表明，致使范畴覆盖到汉语的很多构式，按照宛新政（2005）的梳理，主要有如下一些句式：

（一）由特定句法标记构成的致使句

1. "使"字句：

> 船上无线电的报告使他们忧虑。
> 他的神态和歌声令我入迷。

2. 部分"把"字句：

> 你是想把我们家都饿死啊？
> 他可以把她落下几丈远。

（二）由特定句法格式构成的致使句

1. 使令句：

> 你叫他们来当面谈谈。
> 你们应当强迫他干！

2. 使成句：

孙广才几乎喊破了嗓子。
他们踏坏了一大堆白菜。

3. 部分"V得"句：

风吹得我十分舒服。
这女人缠得我受不了啦。

（三）由词语使动用法构成的致使句

公交始发站要方便乘客。
他对病人的态度感动了更多的人。

可见一个语义范畴涉及的不是单个的构式，而是一批构式，这就是不同构式之间承继链接的理据。按照学界前期的研究概括，汉语中已有研究成果涉及的重要语义范畴，包括"时间范畴""空间范畴""数量范畴""领属范畴""自主范畴""动态范畴""顺序范畴""持续范畴""趋向范畴""指示范畴""情态范畴""体貌范畴""程度范畴"等等。而且事实上汉语中还可以根据语法意义的表现归纳出更多的语义范畴。（参见陆俭明、沈阳 2003）

三、句法形式的理据探索

语用驱动的理据制约并导致下位层次理据的存在，即一些具有功能共性的语义范畴的理据，而语义范畴的理据进一步直接制约句法形式的理据。我们这里所说的句法形式理据，不是一般的句法结构，而是特指一些有区别性特征的结构形式，它们也在一定范围内具有理据性，对不同构式之间的多重承继具有链接效应。

比如定中结构标记"的"的隐现形成"黏合式"与"组合式"的区别，朱德熙（1982）在分析汉语形容词的属性时对两者的区别进行了描写。同理，述补结构标记"得"的隐现同样也形成"黏合式"与"组合式"的区别，郭继懋、王红旗（2001）从认知的角度对述补结构的"黏合式"和"组合式"的表达差异进行了分析。他们认为述补结构表达的因果关系可以分为"规约性的"和"偶发性的"两类。前者如"老王睡着了"，"睡"和"着（zháo）"之间的因果关系已成为一种固定的认知模式，因此客观性较强，说话人选择采用简单、直接组合的"动结式"来表达；后者如"老王在公园里睡得不会说话了"，"睡觉"和"不会说话"之间的因果关系是偶发的,因此带有较强的主观性,说话人选择复杂的带"得"字标记的状态补语句。这种对应格式体现了因果两个事件之间距离远近的句法临摹,可以说是句法相似性的典型表现。因此,他们强调带"得"字标记的状态补语句构式体现了说话人始料未及的语用心理,即事件参与者的行为与产生的结果状态与自己的心理预期不符,表达了一种反预期的主观评述。笔者认为这是很有见地的,事实上黏合式述补结构和带"得"的组合式述补结构的这种语用义的对立,不但常见于一般的述补谓语句,更常见于如下有承继关系的系列句式:

> 连动句:他偷了本太极剑法练熟了。
> 　　　　他偷了本太极剑法练得走火入魔了。
> 兼语句:这么多酒使他喝醉了。
> 　　　　这么多酒使他喝得送到医院打吊针了。
> "把"字句:他把孩子宠坏了。
> 　　　　　他把孩子宠得一点规矩都不懂。
> "被"字句:他被歹徒打伤了。
> 　　　　　他被歹徒打得连话都说不出来了。
> 动词拷贝句:孩子们玩电脑玩腻了。
> 　　　　　　孩子们玩电脑玩得如痴如醉的。
> 受事主语句:县政府大楼盖成了。
> 　　　　　　县政府大楼盖得比五星级宾馆还豪华。

这说明带"得"的组合式述补结构是一种具有理据性的句法形式,因此能用于所有能体现说话人反预期语用心理的各类构式中。类似的具有区别性特征的理据性句法形式在汉语中有很多,如"一量"组合可能表真值义(如"来了一个"),也可能表非真值义(如"一个也没来");通指类名处在主语位置通常定指(如"客人来了"),而处在宾语位置通常不定指(如"来了客人");陈述句中疑问代词置于否定词之前表"全量"(如"什么都没说,转身就走了"),置于否定词之后表"部分量"(如"没说什么,就随便聊聊");"不 V"和"没 V"都表否定,前者表示主观意愿(如"他不去"),后者表示客观陈述(如"他没去");形容词置于动词前做状语比较自由(如"彻底解决了"),置于动词后做补语往往要加"得"以及程度副词(如"解决得很彻底")。诸如此类的具有区别性特征的理据性句法形式,往往是不同构式之间多重承继的重要手段。

基础文献

论　文：

吴为善《汉语节律的自然特征》,《上海师范大学学报》(哲社版)2003 年第 2 期。

吴为善《双音化、语法化和韵律词的再分析》,《汉语学习》2003 年第 3 期。

吴为善《汉语韵律词的界定》,《语言学论丛》(第二十八辑),北京：商务印书馆 2003
　　年 10 月。

吴为善《汉语节律结构模式初探》,《对外汉语研究》(第一辑),北京：商务印书馆,
　　2005 年。

吴为善《平仄律、轻重音和汉语节律结构中"弱重位"的确认》,《语言研究》2005 年
　　第 3 期。

吴为善《汉语"动叠＋补"结构的共时比较和历时考察》,《宁夏大学学报》(人文社会
　　科学版)2007 年第 4 期。

吴为善、陈颖《述宾两字组的整合度高低及其层级分布》,《汉语学习》2007 年第
　　5 期。

吴为善《同形异构体 V＋N 的复合化及其整合效应》,《语法研究和探索》(十四),
　　北京：商务印书馆,2008 年。

吴为善、吴怀成《双音述宾结果补语"动结式"初探》,《中国语文》2008 年第 6 期。

吴为善、邱薇《黏合定中结构"N双＋N双"的整合度高低及其层级分布》,《世界汉语
　　教学》2010 年第 1 期。

吴为善《认识论、语言观的再思考：系统 信息 结构——汉语音节结构究竟告诉了
　　我们什么?》,《东方语言学》(第七辑),上海：上海教育出版社,2010 年。

吴为善《自致使义构式"NP＋VR"构式考察》,《汉语学习》2010 年第 6 期。

吴为善《递进性差比义构式及其变异》,《语言教学与研究》2011 年第 2 期。

吴为善《汉语结构的"前松后紧"规则和语法化的不对称现象》,《语法化与语法研究》
　　(五),北京：商务印书馆,2011 年。

吴为善、夏芳芳《"A 不到哪里去"的构式解析、话语功能及其成因》,《中国语文》
　　2011 年第 4 期。

吴为善《"NP(受)＋YP(t)＋QM"句式的多义性及其同构性解析》,《世界汉语教学》

2012 年第 2 期。

吴为善《"V 起来"构式的多义性及其话语功能解析》,《汉语学习》2012 年第 4 期。

吴为善《复合名、动、形的功能转指及转喻的单向性优势》,《语法研究和探索》(十六),北京:商务印书馆,2012 年。

吴为善《心理预期与肯定否定的语用不对称现象》,语言的描写与解释学术研讨会报告,上海复旦大学,2012 年。

吴为善《"有 + N双"的熟语化趋势及其语义倾向探源》,《语法化与语法研究》(六),北京:商务印书馆,2013 年。

吴为善《事件称谓性 NV 结构的来源、属性及其整合效应》,《语言教学与研究》2013 年第 2 期。中国人民大学书报资料中心复印报刊资料《语言文字学》2013 年第 6 期全文转载。

吴为善《强势层级扩张和词语概念整合的互补效应》,日本《中国语学》2013 年第 260 期。

吴为善、高亚亨《词语[±积极]语义特征的句法投射及其认知解释》,《对外汉语研究》2013 年第 10 期,北京:商务印书馆。中国人民大学书报资料中心复印报刊资料《语言文字学》2014 年第 6 期全文转载。

吴为善、顾鸣镝《"能性否定 + 疑问代词"组配的主观小量评述及其理据解析》,《语言科学》2014 年第 1 期。中国人民大学书报资料中心复印报刊资料《语言文字学》2014 年第 10 期全文转载。

吴为善《认识情态主观化:反预期表达式的语用驱动》,首届主观化理论与汉语语法研究学术研讨会报告,山东威海 2014 年。

石慧敏、吴为善《隐性语义等级序列的激活机制及其语篇整合效应》,《世界汉语教学》2014 年第 4 期。

匡腊英《"V双 + N单"的性质及其相关问题》,上海师范大学语言学及应用语言学专业硕士学位论文,2003 年。

裴晓燕《动结式重动句研究》,上海师范大学语言学及应用语言学专业硕士学位论文,2007 年。

骆林娜《类固定短语"没 X 没 Y"格式解析》,上海师范大学语言学及应用语言学专业硕士学位论文,2010 年。

王子艺《类固定短语"X 前 X 后"格式的多角度考察》,上海师范大学语言学及应用语言学专业硕士学位论文,2010 年。

章丽燕《"有 + N双"构式的整合度高低及其层级分布》,上海师范大学语言学及应用语言学专业硕士学位论文,2011 年。

石慧敏《汉语动结式的整合度分析与历史演变考察》,上海师范大学语言学及应用语言学专业博士学位论文,2010 年。

吴怀成《现代汉语动词指称化的层级性及其相关问题研究》,上海师范大学语言学
　　及应用语言学专业博士学位论文,2012 年。

顾鸣镝《汉语构式承继关系及其认知功能研究》,上海师范大学语言学及应用语言
　　学专业博士学位论文,2013 年。

陈再阳《现代汉语数量结构的指代功能及其相关构式研究》,上海师范大学语言学
　　及应用语言学专业博士学位论文,2013 年。

专 著:

吴为善《透视汉语交际技巧》,上海:上海古籍出版社,2005 年。

吴为善《汉语韵律句法探索》,上海:学林出版社,2006 年。

吴为善《广告语言》,上海:上海教育出版社,2007 年。

吴为善《汉语韵律框架及其词语整合效应》,上海:学林出版社,2011 年。

吴为善《认知语言学与汉语研究》,上海:复旦大学出版社,2011 年。

参考文献

中文文献：

白丽梅《汉语普通话中的"连⋯也/都"》，《中国语文》1981 年第 3 期。

蔡维天《谈"只"与"连"的形式语义》，《中国语文》2004 年第 2 期。

曹宏《中动句对动词、形容词的选择限制及其理据》，《语言科学》2004 年第 1 期。

曹宏《论中动句的句法构造特点》，《世界汉语教学》2004 年第 4 期。

曹宏《论中动句的层次结构和语法关系》，《语言教学与研究》2004 年第 5 期。

曹宏《论中动句的语义表达特点》，《中国语文》2005 年第 3 期。

陈平《试论汉语中三种句子成分与语义成分的配位原则》，《中国语文》1994 年第 3 期。

陈宁萍《现代汉语名词类的扩大》，《中国语文》1987 年第 5 期。

陈振宇《疑问系统的认知模型与运算》，上海：学林出版社，2010 年。

崔希亮《试论关联形式"连⋯⋯也/都"的多重语言信息》，《世界汉语教学》1990 年第 3 期。

崔希亮《汉语"连"字句的语用分析》，《中国语文》1993 年第 2 期。

崔希亮《"把"字句的若干句法语义问题》，《世界汉语教学》1995 年第 3 期。

戴浩一《时间顺序和汉语的语序原则》，《国外语言学》1988 年第 1、2 期。

戴浩一《以认知为基础的汉语功能语法刍议》(叶蜚声译)，《国外语言学》1990 年第 4 期。

丁声树等《现代汉语语法讲话》，北京：商务印书馆，1961 年。

董燕萍、梁君英《构式在中国学生英语句子意义理解中的作用》，《外语教学与研究》2004 年第 1 期。

范伟《现代汉语情态系统与表达研究》，上海师范大学博士学位论文，2010 年。

方梅《从"V 着"看汉语不完全体的功能特征》，《语法研究和探索》(九)，北京：商务印书馆，2000 年。

方梅《依附小句关联模式——无关联词语复句的衔接方式》，汉语句式理论学术研讨会报告，南昌 2013 年。

房玉清《实用汉语语法》，北京：北京大学出版社，2001 年。

冯胜利《论汉语的"韵律词"》,《中国社会科学》1996 年第 1 期。

傅爱平《黏合式名词短语结构关系的考察和分析》,《中国语文》2004 年第 6 期。

高增霞《现代汉语连动式的语法化视角》,北京:中国档案出版社,2006 年。

郭继懋、王红旗《黏合补语和组合补语表达差异的认知分析》,《世界汉语教学》2001 年第 2 期。

郭锐《表述功能的转化和"的"字的作用》,《当代语言学》2000 年第 1 期。

郭先珍《现代汉语量词用法词典》,北京:语文出版社,2002 年。

何兆熊《新编语用学》,上海:上海外语教育出版社,2000 年。

贺阳《"程度副词 + 有 + 名"试析》,《汉语学习》1994 年第 2 期。

贺阳《现代汉语欧化语法现象研究》,北京:商务印书馆,2008 年。

胡炳忠《三声三字组的变调规律》,《语言教学与研究》1985 年第 1 期。

胡裕树、范晓《动词形容词的"名词化"和"名物化"》,《中国语文》1994 年第 2 期。

黄国营《"的"字的句法、语义功能》,《语言研究》1982 年第 1 期。

黄锦章《汉语格系统研究——从功能主义的角度看》,上海:上海财经大学出版社,1997 年。

黄正德《题元理论与汉语动词题元结构研究》,《当代语言学理论和汉语研究》,北京:商务印书馆,2008 年。

江蓝生《时间词"时"和"後"的语法化》,《中国语文》2002 年第 2 期。

江蓝生《同谓双小句的省缩与句法创新》,《中国语文》2007 年第 6 期。

李福印《认知语言学概论》,北京:北京大学出版社,2009 年。

李讷,石毓智《语动词拷贝结构的演化过程》,《国外语言学》1997 年第 3 期。

李淑静《英汉语双及物结构式比较》,《外语与外语教学》2001 年第 6 期。

李文浩《"爱 V 不 V"的构式分析》,《现代外语》2009 年第 3 期。

李勇忠《构式义、转喻与构式压制》,《解放军外国语学院学报》2004 年第 2 期。

李勇忠《祈使句语法构式的转喻阐释》,《外语教学》2005 年第 2 期。

李宇明《能受"很"修饰的"有 X"结构》,《云梦刊》1994 年第 1 期。

李云靖《"NP + 的 + VP"的结构和构式语法阐释》,《语言教学与研究》2008 年第 2 期。

梁君英《构式语法的新发展:语言的概括特质——Goldberg〈工作中的构式〉介绍》,《外语教学与研究》2007 年第 1 期。

林晓恒《"都 + V + 的 + N"的构式分析》,《语言研究》2006 年第 1 期。

刘丹青《"唯补词"初探》,《汉语学习》1994 年第 3 期。

刘丹青、徐烈炯《话题与背景焦点及汉语"连"字句》,《中国语文》1998 年第 5 期。

刘丹青《汉语中的框式介词》,《当代语言学》2002 年第 4 期。

刘丹青《语言类型学与介词理论》,北京:商务印书馆,2003 年。

刘丹青《作为典型构式句的非典型"连"字句》，《语言教学与研究》2005 年第 4 期。

刘丹青《汉语名词性短语的句法类型特征》，《中国语文》2008 年第 1 期。

刘丹青《汉语"有"字领有句的语义倾向和信息结构》，《中国语文》2011 年第 2 期。

刘辉《现代汉语事件量词的语义和句法》，上海师范大学博士学位论文，2009 年。

刘润清、封宗信《语言学理论与流派》（英文），南京：南京师范大学出版社，2003 年。

刘焱《现代汉语比较范畴的语义认知基础》，上海：学林出版社，2004 年。

刘一之《"把"字句语用、语法限制及语义解释》，《语法研究和探索》（十），北京：商务印书馆，2000 年。

刘宇红《George Lakoff 语言理论的发展历程》，《外语教学》2002 年第 5 期。

刘月华《趋向补语通释》，北京：北京语言文化大学出版社，1998 年。

刘正光《语言非范畴化》，上海：上海外语教育出版社，2006 年。

刘正光主编《构式语法研究》，上海：上海外语教育出版社，2011 年。

陆丙甫《流程切分和板块组合》，《语文研究》1985 年第 1 期。

陆丙甫《定语的外延性、内涵性和称谓性及其顺序》，《语法研究和探索》（四），北京：商务印书馆，1988 年。

陆丙甫《核心推导语法》，上海：上海教育出版社，1993 年。

陆丙甫《"的"的基本功能和派生功能》，《世界汉语教学》2003 年第 1 期。

陆丙甫《共性探索背景下的汉语句法研究》，《语言学论丛》（三十辑），北京：商务印书馆，2004 年。

陆丙甫《语序优势的认知解释》，《当代语言学》2005 年第 1、2 期。

陆丙甫《蕴含共性的逻辑意义及语序优势的功能解释》，《山高水长：丁邦新先生七秩寿庆论文集》（《语言暨语言学》专刊外编之六），台北："中央研究院"语言学研究所，2006 年。

陆丙甫、罗天华《"OV 蕴含 TV"的功能解释》，《汉语学报》2007 年第 2 期。

陆丙甫《"的"的基本功能和派生功能：从描写性到区别性再到指称性》，《汉语词汇句法语音的相互关系》（徐杰、钟奇主编），北京：北京语言大学出版社，2007 年。

陆丙甫《语言共性和语言类型·导读》（Bernard Comrie 著），北京：北京大学出版社，2009 年。

陆丙甫《基于宾语指称性强弱的及物动词分类》，《外国语》2009 年第 6 期。

陆丙甫《重度—标志对应律——兼论功能动因的语用性落实和语法性落实》，《中国语文》2011 年第 4 期。

陆俭明《语义特征分析在汉语研究中的运用》，《汉语学习》1991 年第 1 期。

陆俭明、马真《形容词作结果补语情况考察》，《汉语学习》1997 年第 1 期。

陆俭明《再谈"吃了他三个苹果"一类结构的性质》，《中国语文》2002 年第 4 期。

陆俭明、沈阳《汉语和汉语研究十五讲》，北京：北京大学出版社，2003 年。

陆俭明《现代汉语语法研究教程》，北京：北京大学出版社，2005 年。

陆俭明《构式：论元结构的构式语法研究》"序"，北京：北京大学出版社，2007 年。

陆俭明《构式—语块汉语教学》，蔡昌卓主编《多位视野下的汉语教学——第七届国际汉语教学学术研讨会论文集》，桂林：广西师范大学出版社，2009 年。

陆俭明《构式与意象图式》，《北京大学学报(哲社版)》2009 年第 3 期。

陆俭明《"构式——语块"句法分析法》，《汉语语法语义研究新探索》，北京：商务印书馆，2010 年。

陆宗达《说文解字通论》，北京：北京出版社，1981 年。

吕叔湘《现代汉语单双音节问题初探》，《中国语文》1963 年第 6 期。

吕叔湘《汉语语法分析问题》，北京：商务印书馆，1979 年。

吕叔湘《现代汉语八百词》(增订本)，北京：商务印书馆，1980/2009 年。

吕叔湘《"把"字用法研究》，载《汉语语法论文集》，北京：商务印书馆，1984 年。

马庆株《时量宾语和动词的类》，《中国语文》1981 年第 2 期。

马庆株《现代汉语的双宾语构造》，《语言学论丛》(十)，北京：商务印书馆，1983 年。

马真《"把"字句补议》，《现代汉语虚词散论》(陆俭明、马真著)，北京：北京大学出版社 1985 年。

梅祖麟《从汉语"动、杀"、"动、死"来看动补结构的发展》，《语言学论丛》(第十六辑)，北京：商务印书馆，1991 年。

牛保义《构式语法理论研究》，上海：上海外语教育出版社，2011 年。

任鹰《主宾可换位动结式结构分析》，《中国语文》2004 年第 4 期。

沈家煊《"有界"与"无界"》，《中国语文》1995 年第 5 期。

沈家煊《英汉对比语法三题》，《外语教学与研究》1996 年第 4 期。

沈家煊《形容词句法功能的标记模式》，《中国语文》1997 年第 4 期。

沈家煊《"在"字句和"给"字句》，《中国语文》1999 年第 2 期。

沈家煊《不对称和标记论》，南昌：江西教育出版社，1999 年。

沈家煊《语言的"主观性"和"主观化"》，《外语教学与研究》2001 年第 4 期。

沈家煊《跟副词"还"有关的两个句式》，《中国语文》2001 年第 6 期。

沈家煊《如何处置"处置式"——论"把"字句的主观性》，《中国语文》2002 年第 5 期。

沈家煊《现代汉语"动补结构"的类型学考察》，《世界汉语教学》2003 年第 3 期。

沈家煊《语言的认知研究——认知语言学论文精选》序，上海：上海外语教育出版社，2004 年。

沈家煊《动结式"追累"的语法和语义》，《语言科学》2004 年第 6 期。

沈家煊《再谈"有界"与"无界"》，《语言学论丛》（第三十辑），北京：商务印书馆，
　　2004 年。

沈家煊《也谈能性述补结构"V 得 C"和"V 不 C"的不对称》，《语法化与汉语研究》
　　（二），北京：商务印书馆，2005 年。

沈家煊《概念整合和"浮现意义"》，复旦大学望道论坛学术报告，2006 年。

沈家煊《"糅合"和"截搭"》，《世界汉语教学》2006 年第 4 期。

沈家煊《汉语的主观性和汉语语法教学》，《汉语学习》2009 年第 1 期。

沈阳《名词短语分裂移位与非直接论元句首成分》，《语言研究》2001 年第 3 期。

施春宏《汉语动结式的句法语义研究》，北京：北京语言大学出版社，2008 年。

石定栩《动词后数量短语的句法地位》，《汉语学报》2006 年第 1 期。

石定栩《乔姆斯基的形式句法——历史进程与最近理论》，北京：北京语言文化大
　　学出版社，2002 年。

石毓智《语法的认知语义基础》，南昌：江西教育出版社，2000 年。

石毓智《语法的形式和理据》，南昌：江西教育出版社，2001 年。

石毓智《汉语发展史上的双音化趋势和动补结构的诞生》，《语言研究》，2002 年第
　　1 期。

石毓智《语法规律与例外》，《语言科学》2003 年第 3 期。

石毓智《英汉双宾结构差别的概念化原因》，《外语教学与研究》2004 年第 2 期。

宋文辉《现代汉语动结式的认知研究》，北京：北京大学出版社，2007 年。

宋玉柱《说起来及与之相关的一种句式》，《语言教学与研究》1980 年第 1 期。

谭景春《名形词类转变的语义基础及相关问题》，《中国语文》1998 年第 5 期。

宛新政《现代汉语致使句研究》，杭州：浙江大学出版社，2005 年。

王灿龙《句法组合中单双音节选择的认知解释》，《语法研究和探索》（十一），北京：
　　商务印书馆，2002 年。

王洪君《从字和字组看词和短语》，《中国语文》1994 年第 2 期。

王洪君《汉语的韵律词与韵律短语》，《中国语文》2000 年第 6 期。

王洪君《汉语非线性音系学》（增订本），北京：北京大学出版社，2008 年。

王红旗《动结式述补结构配价研究》，《现代汉语配价语法研究》（沈阳、郑定欧主
　　编），北京：北京大学出版社，1995 年。

王还《"把"字句中"把"的宾语》，《中国语文》1985 年第 1 期。

王吉辉《固定语研究》，天津：南开大学出版社，2009 年。

王健慈《汉语评判动词的语义类》，《中国语文》1997 年第 6 期。

王力《中国现代语法》，北京：商务印书馆，1945/2000 年。

王敏《现代汉语"起来"的句法、语义分析》，《淮北煤炭师范学院学报》2003 年第
　　3 期。

王寅《构式语法研究(上卷):理论思索》,上海:上海外语教育出版社,2011年。

王寅《构式语法研究(下卷):分析应用》,上海:上海外语教育出版社,2011年。

文炼《固定短语和类固定短语》,《世界汉语教学》1988年第2期。

吴葆棠《一种表失义倾向的"把"字句》,《句型和动词》,北京:语文出版社,
    1987年。

吴长安《"爱咋咋地"的构式特点》,《汉语学习》2007年第6期。

吴海波《运作中的构式:语言中概括的本质》简介,《当代语言学》2008年第4期。

吴怀成《关于现代汉语动转名的一点理论思考》,《外国语》2011年第2期。

吴宗济《普通话三字组变调规律》,《中国语言学报》1984年第2期。

伍谦光《语义学导论》,长沙:湖南教育出版社,1988年。

项开喜《"一M比一MA"格式试探》,《语言教学与研究》1993年第2期。

解正明《基于社会认知的汉语有标记构式研究》,北京语言大学博士学位论文,
    2007年。

邢福义《说"NP了"句式》,《语文研究》1984年第3期。

熊学亮《英汉语双宾构式探析》,《外语教学与研究》2007年第4期。

熊学亮、杨子《"V+NP+NP"结构的语用分析》,《外语与外语教学》2008年第
    6期。

许国萍《现代汉语差比范畴研究》,上海:学林出版社,2007年。

徐烈炯《语义学》,北京:语文出版社,1995年。

徐烈炯、刘丹青《话题的结构与功能》,上海:上海教育出版社,1998年。

徐烈炯《汉语是话语概念结构化语言吗?》,《中国语文》2002年第4期。

徐盛桓《试论英语双及物构块式》,《外语教学与研究》2001年第2期。

徐盛桓《语义数量特征与英语中动结构》,《外语教学与研究》2002年6期

徐盛桓《相邻关系视角下的双及物句再研究》,《外语教学与研究》2007年第4期。

徐阳春《虚词"的"及其相关问题研究》,北京:中国社会科学出版社,2006年。

杨建国《基于动态流通语料库的汉语熟语单位研究》,北京:北京语言大学,
    2009年。

姚占龙《也谈能受程度副词修饰的"有+名词"结构》,《汉语学习》2004年第4期。

袁毓林《谓词隐含及其句法后果》,《中国语文》1995年第4期。

袁毓林《话题化及相关过程》,《中国语文》1996年第4期。

袁毓林《定语顺序的认知理解及其理论蕴含》,《中国社会科学》1999年第2期。

袁毓林《论"连"字句的主观化表达功能——兼论几种相关的"反预期"和"解反预
    期"格式》,日本《中国语学》2006年第253号。

袁毓林《试析"连"字句的信息结构特点——兼论"都"右向约束功能的形成机制》,
    《语言科学》2006年第2期。

俞士汶等编著《现代汉语语法信息词典详解》，北京：清华大学出版社，1998 年。

张斌主编《现代汉语》，上海：上海教育出版社，1995 年。

张斌《汉语语法学》，上海：上海教育出版社，1998 年。

张斌主编《新编现代汉语》，上海：复旦大学出版社，2002 年。

张斌主编《现代汉语虚词词典》，北京：商务印书馆，2001 年。

张伯江《词类活用的功能解释》，《中国语文》1994 年第 5 期。

张伯江、方梅《汉语功能语法研究》，南昌：江西教育出版社，1996 年。

张伯江《现代汉语的双及物结构式》，《中国语文》1999 年第 3 期。

张伯江《论"把"字句的句式语义》，《语言研究》2000 年第 1 期。

张伯江《激进构式语法》"导读"，北京：世界图书出版公司，2009 年。

张国宪《"V双 + N双"短语的理解因素》，《中国语文》1997 年第 3 期。

张国宪《现代汉语形容词的典型特征》，《中国语文》2000 年第 5 期。

张建理《英汉双宾句认知对比研究》，《外国语》2006 年第 6 期。

张敏《从类型学和认知语法看汉语重叠现象》，《国外语言学》1997 年第 2 期。

张敏《认知语言学与汉语名词短语》，北京：中国社会科学出版社，1998 年。

张韧《转喻的构式化表征》，《外国语》2007 年第 2 期。

张旺熹《"把字结构"的语义及其语用分析》，《语言教学与研究》1991 年第 3 期。

张旺熹《汉语句法重叠的无界性》，《语法研究和探索》（十三），北京：商务印书馆，2006 年。

张旺熹《汉语句法的认知结构研究》，北京：北京大学出版社 2006 年。

张谊生《现代汉语副词研究》，上海：学林出版社，2000 年。

张云秋、王馥芳《概念整合的层级性与动宾结构的熟语化》，《世界汉语教学》2003 年第 3 期。

赵元任《汉语口语语法》，北京：商务印书馆，1979 年。

周红《现代汉语致使范畴研究》，上海：复旦大学出版社，2005 年。

周荐《四字组合论》，《汉语学报》2004 年第 1 期。

周韧《共性与个性下的汉语动宾饰名复合词研究》，《中国语文》2006 年第 4 期。

周韧《现代汉语韵律与语法的互动关系研究》，北京：商务印书馆，2006 年。

周小兵《汉语"连"字句》，《中国语文》1990 年第 4 期。

邹韶华《中性词语义偏移的原因及其对语言结构的影响》，《语法研究和探索》（四），北京：北京大学出版社，1988 年。

朱德熙《现代汉语形容词研究》，《语言研究》1956 年第 1 期。

朱德熙《说"的"》，《中国语文》1961 年第 1 期。

朱德熙《语法讲义》，北京：商务印书馆，1982 年。

朱德熙《语法问答》，北京：商务印书馆，1985 年。

朱军《汉语构式语法研究》,北京:中国社会科学出版社,2010 年。
祝莉《"很 + NP"类结构及其语用价值》,《广州大学学报(社会科学版)》2004 年第
4 期。

外文文献:

Bolinger,Dwight L. 1971. *The Phrasal Verb in English*[M]. Cambridge,Mass.:
Harvard University Press.

Boyd,Jeremy K. & Goldberg. Adele E. 2011. Learning what not to say:
categorization and statistical preemption in "a-adjective" production [J].
Language.

Chao, Yuen Ren, 1968. *A Grammar of Spoken Chinese* [M]. University of
California Press.台北:台湾敦煌书局 1981.中国话的文法(丁邦新译). 中国现
代学术经典·赵元任卷(刘梦溪主编).石家庄:河北教育出版社,1980.

Comrie,Bernard 1979. *The animacy hierarchy in Chukchee*[R]. The elements:a
parasession on linguistic units and levels, including papers from the Conference on
Non-Slavic Languages of the USSR (Chicago Linguistic Society).

Comrie. 1989. *Language Universals and Linguistic Typology*[M]. 北京:华夏出版社.

Croft,W. 2001. *Radical Construction Grammar*[M]. Oxford:Oxford University
Press.

Croft, W. 2005. Logical and Typological Arguments for Radical Construction
Grammar[J]. In Jan-Ola Östman. & Mirjam Fried(eds.) *Construction Grammars*
[C]. Amsterdam:John Benjiamins Publishing Company.

Diessel,H. 1997. Verb-first constructions in German[A]. In M. Verspoor,K. D.
Lee, and E. Sweetser (eds.), *Lexical and Syntactical Constructions and the
Construction of Meaning*[C]. Amsterdam:John Benjamins.

Evans,V. and Green M. 2006. *Cognitive Linguistics: An Introduction* [M].
Edinburgh:Edinburgh University Press.

Fauconnier,G. 1975. Polanty and the scale principle [J], In Grossman R. , et al.
eds. ,CLS 11,Chicago:Chicago Iinguistic Society.

Fillmore,Charles J. 1966. Toward a Modern Theory of Case [J]. In Raibel D. A.
& S. A. Schane(eds.). *Modern Studies in English: Readings in Transformational
Grammar*[C]. Englewood Cliffs,NJ. :Pretnice-Hall.

Fillmore,Charles J. 1975. An Alternative to Checklist Theories of Meaning[J]. In
Cogen C. et al. (eds.). *Proceedings of the Berkeley Linguistic Society* [C].
Berkeley:Berkeley Linguistics Society.

Fillmore，Charles J. 1985. Frames and the Semantics of Understanding［J］. *Quaderni di Semantica* 6(2).

Fillmore，Charles J. 1988. The Mechanisms of "Construction Grammar"［J］. *Proceedings of the Annual Meeting of the Berkeley Linguistics Society*.

Fillmore，Charles J.，Paul Kay & Mary Catherine O'Connor. 1988. Regularity and Idiomaticity in grammatical constructions: The case of Let alone［J］. *Language*, 64(3).

Fried，Mirjam. & Jan-Ola Östman. 2004. *Constructional Approaches to Language. Vol*. 2：*Construction Grammar in a Cross-Langauge Perspective*［M］. Amsterdam: John Benjiamins.

Goldberg，Adele. E. 1995. *Constructions: A Construction Grammar Approach to Argument Structure*［M］. Chicago and London：The University of Chicago Press.

Goldberg，Adele. E. 2006. *Constructions at work: the Nature of Generalization in Language*［M］. Oxford: Oxford University Press.

Hopper，Paul & Thompson Sandra A. 1980. Transitivity in grammar and discourse ［J］. *Language* 60.

Ji Xiaoling，1995. *The Middle Construction in English and Chinese*［A］. A thesis of The Chinese University of Hong Kong.

Kay，Paul. & Fillmore，C. 1999. Grammatical Constructions and Linguistic Generalizations: the What's X doing Y? *Construction*［J］. *Language* (75)1.

Kuno，S. 1987. *Functional Syntax: Anaphora，discourse and empathy.*［M］. Chicago and London：University of Chicago Press.

Lakoff，G. 1973. *Fuzzy Grammar and the Performancy/Competence Game*［R］. Papers from the Ninth Regional Meeting of the Chicago Linguistic Society.

Lakoff，G. & Johnson M. 1980. *Metaphors We Live By*［M］. Chicago：The University of Chicago Press.

Lakoff，G. 1987. *Women，Fire，and Dangerous Things*［M］. Chicago：The University of Chicago Press.

Lakoff，G. 1993. The contemporary theory of metaphor［J］. In Andrew Ortony (ed.)，*Metaphor and Thought*［C］. Cambridge：Cambridge University Press.

Lambrecht，Knud. 1994. *Information Structure and Sentence Form: Topic，Focus， and the Mental Representations of Discourse*［M］. Cambridge：Cambridge University Press.

Langacker，R. W. 1991. *Foundations of Cognitive Grammar*，Vol. I：*Theoretical Prerequisites*［M］. Stanford, Cal.：Stanford University Press.

Langacker, R. W. 1995. *Grammar and Conceptualization* [M]. Berlin: Mouton de Gruyter.

Langacker, R. W. 2005. Integration, Grammaticization, and Constructional Meaning [J]. In M. Fried(ed.) *Grammatical Constructions: Back to the Roots* [C]. John Benjamins.

Langacker, R. W. 2007. *Congnitive Linguistics: Internal dynamics and interdisciplinary interaction* [M]. Berlin: Mouton de Gruyter.

Langacker, R. W. 2008. *Cognitive Grammar: A Basic Introduction* [M]. Oxford: Oxford University Press.

Langacker, R. W. 2009. Developing constructions [J]. *Cognitive Linguistics* 20.

Lyons. 1968. *Semantics*. VoI. 1 [M]. Cambridge: Cambridge University Press.

Lyons, J. 1977. *Semantics*: Volume 2 [M]. Cambridge: Cambridge University Press.

McCawley. 1979. Lexical Insertion in a Transformational Gramma*r* [J]. CLS. 4, *Chicago Linguistics Society*.

Michaelis, Laura A. 2001. Exclamative constructions [J]. In M. Haspelmath, E. König, W. Österreicher, and W. Raible (eds.). *Language Universals and Language Typology: An International Handbook* [C]. Berlin: Walter de Gruyter.

Newmeyer, Frederick J. 1999. Bridges between generative and cognitive linguistics [J]. In Leon de Stadler and Christoph Eyrich (eds.), *Issues in Cognitive Linguistics*: 1993 *Proceedings of the International Cognitive Linguistics Conference* 3 - 19 [C]. New York/Berlin: Mounton de Gruyter.

Osherson, Daniel. , Ormond Wilkie, Edward E Smith, Alejandro Lopez & Eldar Shafir. 1990. Category Based Induction [J]. *Psychological Review* (97).

Pinker, Steven. 1989. *Learnability and Cognition: The Acquisition of Argument Structure* [M]. Cambridge, Mass. : MIT Press.

Saeed. 1997. *Semantics* [M]. 北京:外语教学与研究出版社.

Saussure, De Ferdinand 1959. *Course in General Linguistics* [M]. London: Peter Owen Limited.

Stefanowitsch, Anatol. 2008. Negative entrenchment: A usage-based approach to negative evidence [J]. *Cognitive Linguistics* 19.

Sung Kuoming, 1994. *Chinese Middle Construction* [A]. One part of his doctoral dissertation: Case Assignment Under Incorporation . University of California at Los Angeles.

Talmy. 1976. Semantic Causative Types [J]. Shibatani. (ed.) *Syntax and Semantics*

6: *The Grammar of Causative Constructions*.

Talmy, Leonard. 2000. Toward a Cognitive Semantics [J]. Volume I: *Concept Structuring Systems*. Cambridge, MA: MIT Press.

Taylor, John. 2002. *Cognitive Grammar* [M]. Oxford: Oxford University Press.

Zhang, Hongming. 1994. The Grammaticalization of bei in Chinese [J]. In P. Jen-kuei li, et al. (eds.) *Chinese Languages and Linguistics*. Ⅱ. Tai-pei: Academia Sinica.

〔日〕大河内康宪《量词的个体化功能》(靳卫卫译),《日本近、现代汉语研究论文选》(大河内康宪主编),北京:北京语言学院出版社,1993 年。

〔日〕木村英树《关于补语性词尾"着 zhe"和"了 le"》,《语文研究》1983 年第 2 期。

图书在版编目(CIP)数据

构式语法与汉语构式 / 吴为善著. —上海：学林
出版社,2022

ISBN 978 - 7 - 5486 - 1917 - 8

Ⅰ. ①构… Ⅱ. ①吴… Ⅲ. ①汉语—语法结构-研究
Ⅳ. ①H14

中国版本图书馆 CIP 数据核字(2022)第 254220 号

责任编辑 吴耀根 王思媛

封面设计 严克勤

构式语法与汉语构式

吴为善 著

出   版 **学林出版社**
        (201101 上海市闵行区号景路 159 弄 C 座)
发   行 上海人民出版社发行中心
        (201101 上海市闵行区号景路 159 弄 C 座)
印   刷 上海商务联西印刷有限公司
开   本 640×965 1/16
印   张 15.75
字   数 26 万
版   次 2023 年 1 月第 1 版
印   次 2023 年 1 月第 1 次印刷
ISBN 978 - 7 - 5486 - 1917 - 8/H・156
定   价 68.00 元